모두가
플레이어

조직의 한계를 뛰어넘는 탁월한 사람들

정보미 전수정 이치영 이종찬 이재하 우시혁
오준엽 서인수 노유진 김종원 김문경

모두가 플레이어

초판 1쇄 발행 2023년 2월 23일
초판 2쇄 발행 2023년 3월 3일

지은이 정보미, 전수정, 이치영, 이종찬, 이재하, 우시혁, 오준엽, 서인수, 노유진, 김종원, 김문경

편집 권정현, 이유림
마케팅 총괄 임동건
마케팅 안보라
경영지원 임정혁, 이순미

펴낸이 최익성
펴낸곳 플랜비디자인

표지 디자인 스튜디오 사지
내지 디자인 박은진

출판등록 제2016-000001호
주소 경기도 화성시 영천동 283-1 A동 3210호

전화 031-8050-0508
팩스 02-2179-8994
이메일 planbdesigncompany@gmail.com

ISBN 979-11-6832-044-4 (03320)

럭비공은 어디로 튈지 알 수 없습니다.
그러나 럭비 선수가 뛰는 방향은 늘 같습니다.
어떤 상황에서든 전진, 승리를 위해 멈추지 않습니다.
플랜비디자인도 꾸준히 한 방향으로 달려왔습니다.
일관성이 위대함을 만든다고 믿기 때문입니다.

**'개인과 조직이 더 중요한 일을 발견하고,
집중하고, 잘 할 수 있도록 돕는 책을 만들자.'**

100번째 책『모두가 플레이어』는
플랜비디자인이 지켜온 믿음의 결정체입니다.
이 세상 모든 '플레이어'와 '리더'를 응원합니다.

플랜비디자인만의 방향으로, 계속해서
그들을 위한 다음 책, 그리고 또 다음 책을 만들 것입니다.

플랜비디자인의 여정은 앞으로도 계속됩니다.

〈플랜비디자인 대표 최익성〉

차례

Chapter

1 플레이어의 시대

Chapter

2 플레이어, 팔로워와 무엇이 다른가

Chapter

3 조직을 빛나게 하는 플레이어의 5가지 역할

Chapter

4 플레이어의 일하는 힘

프롤로그

2022년 카타르 월드컵이 아르헨티나의 36년 만의 우승으로 그 장대한 막을 내렸다. 세계 최고의 선수로 불리는 메시는 평생 꿈꿔 왔던 월드컵 우승 트로피를 들어올리면서 자신이 왜 GOATGreat of All time인지를 스스로 증명해 보였다. 본선 경기부터 16강, 8강, 4강 그리고 손에 땀을 쥐도록 명승부를 펼쳤던 역대급 결승전을 보며 메시가 얼마나 실력이 대단한 필드 플레이어Field Player인지 새삼 깨달을 수 있었다.

이 책에서는 뜨거운 열정과 감동을 선사했던 월드컵 여정을 잠시 뒤로한 채, 플레이어로서 메시의 평가에 대한 질문을 던져보고 해답을 찾아 고민해 보는 시간을 가져보려 한다. 그 해답을 바탕으로 현재 우리가 몸담고 있는 기업조직의 상황과 접목하여 일터에서 뛰어난 성과를 내는 플레이어로서 가져야 할 마인드셋, 역할의 개념적 정의를 도출해 보고 플레이어답게 주도적으로 일하는 방식을 제언해 본다.

"메시는 과연 팀에서 훌륭한 리더Leader였을까?"

이 질문에 대한 정답을 명확히 알 수 있는 사람은 주변에 없겠지만 짐작해 보면 그랬을 가능성이 굉장히 높다. 질문을 바꿔서 해보자.

"메시는 과연 팀에서 뛰어난 플레이어Player였을까?"

이 질문에 대해서는 모든 사람들이 "메시는 뛰어난 플레이어다."라고 명확하게 이야기할 수 있을 것이다. 왜 사람들은 메시를 뛰어난 플레이어라고 생각할까? 대외적인 축구 규칙과 환경의 변화, 개인적인 부상과 신체능력의 저하로 전성기만큼의 기량을 선보이지 못하지만 여전히 메시는 플레이어로서 탁월한 자신만의 강점을 보여주고 있다. 뛰어난 축구 지능과 작은 키를 보완한 기술, 팀에서의 정신적 지주 역할, 끝까지 경기를 포기하지 않는 집념과 같이 여러 강점을 기반으로 자신과 팀의 성과 즉 승리를 위해 달려왔다. 그리고 앞으로도 플레이어로서 세계적인 무대에서 뛰는 경험을 계속 이어 나가려고 한다. 이러한 점이 지금의 메시를 만들었고 역사상 가장 위대한 선수로 기록될 미래의 그를 만들어가고 있다고 해도 과언이 아니다. 대부분의 사회 조직에서도 메시와 같이 뛰어난 필드 플레이어들이 존재하고 있고, 앞으로 플레이어들의 존재감과 영향력은 조직 내외를 막론하고 유례없이 더 커질 것으로 보인다. 왜냐하면 우리는 이미 플레이어들의 전성시대를 살아가고 있기 때문이다.

코로나19를 발판삼아 촉발된 혁신의 '퀀텀점프Quantum Jump'가 일어나기 이전의 기업들은 지금껏 패스트 팔로워Fast Follower를 자처하며 글로벌 기업들의 선진 경영사례를 도입해 왔다. 하지만 경영철학 자체가 아닌 방법론적인 도입으로 인해 암묵지Tacit Knowledge를 형식지Explicit Knowledge*로 전환하지 못했고 여전히 '수박 겉핥기식'의 적용에 그쳤다는 평가를 받아오고 있는 것이 현실이다. 뷰카VUCA 시대**로 대변되는 현재는 너무나 빠르게 변화하는 경영환경이기 때문에 패스트 팔로워가 아닌 퍼스트 무버First Mover로서 산업의 변

- **암묵지(Tacit Knowledge)**: 학습과 경험을 통하여 체화되어 있지만 겉으로 드러나지 않는 지식
  형식지(Explicit Knowledge): 문서와 매뉴얼처럼 외부로 표출되어 여러 사람이 공유할 수 있는 지식
  (출처: 네이버 지식백과)
- **뷰카(VUCA)**는 변동성(Volatility), 불확실성(Uncertainty), 복잡성(Complexity) 모호성(Ambiguity)의 약자로 만들어진 신조어이다.

화를 주도하고 시장을 선도하는 전략이 강조되는 상황이다. 특히 이제는 퍼스트 무버로 도약하기 위한 IT/스타트업의 노력들이 다양한 조직 내 기능과 환경, 조직문화와 일하는 방식을 이전과는 완전하게 다른 모습으로 바꿔 놓고 있다. 이에 따라 팔로워로서, 단순히 맡은 일만 수행하며 천편일률적으로 요구받던 역할만 잘하면 칭찬받던 시대를 벗어나, 보다 유연한 자세로 주도적 도전과 실행의 역할을 수행하는 실천적 플레이어들이 빛을 발하기 시작했다. 변화무쌍한 현재와 미래 조직에서 새로운 성장동력을 만들고, 기존과는 다른 창의적인 방식으로 문제를 해결하며 성과를 만들어 나가는 인재로서의 플레이어 역할이 더없이 중요해지고 있는 것이다. 그렇다면 플레이어로서 이전과는 차별화된 결과를 만들어내는 탁월한 플레이Play를 하기 위해서는 어떤 관점을 가지고 스스로를 발전시켜 나가야 할까?

이 책은 3가지 태도와 자세, 5가지 역할, 그리고 6가지 일하는 방식을 통해 그 해답을 명확하게 제시한다. 먼저, 플레이어는 주도적 실행과 긍정의 마인드셋Mindset을 통해 끊임없이 성장하고자 하며, 강점 기반의 차별화된 역량Competency을 바탕으로 대체 불가능한 특별함을 추구한다. 또한 매 순간 최고의 성과Performance를 만들어 자신을 증명하는 플레이어로서 갖춰야 할 태도와 자세를 구체적으로 소개한다. 두 번째는 플레이어로서 개인과 조직의 성장을 만들어내는 5가지 역할을 설명한다. 5가지 역할은 창의, 연결, 성과, 공헌, 성장으로 구분되며, 팔로워가 아닌 리더의 역할을 통해 자신이 수행하는 업무에서 최고의 성과를 낼 수 있어야 하며 이를 위한 세부적인 역할 프레임에 대해 소개하고 있다. 마지막 세 번째는 플레이어가 실제 기업에서 어떤 모습으로 일하는지에 대해 그 방식을 담았다. 플레이어의 생각과 행동, 스스로에게 필요한 역량을 키우는 방법을 구체적인 사례를 통해 스토리텔링Storytelling함으로써 플레이어가 일을 시작하고, 지속하며, 끝맺는 힘을 6가지로 구분하여 상세히 명시하였다.

모든 축구 플레이어들은 평생을 간절히 원하고 바라는 월드컵이라는 영광스런 무대를 위해 뼈와 살을 깎는 준비와 노력을 한다. 현실 기업조직에서도 기존의 팔로워와는 다른 플레이어로서 성장하고 발전하기 위해서는 지금까지와는 다른 노력이 반드시 수반된다. '중요한 건 꺾이지 않는 마음'이라는 명언처럼 부디 이 책을 통해 플레이어답게 꺾이지 않는 마음을 가지고 본인만의 특별한 스토리를 바탕으로 가치 있고 유의미한 성과를 만들어내기 바란다. 거침없는 실행과 엣지Edge 있는 한방으로 일을 즐기며 개인과 조직의 성장을 이끄는 세상의 모든 플레이어들을 진심으로 응원한다.

저자들이 현장에서 만난 플레이어들

1. 제이슨이 만난 플레이어

A는 지금까지 만난 사람 중에 일에 관해서만큼은 정말 S급 플레이어라는 생각이 들 정도로 탁월한 사람이었다. 어떤 점이 'A를 그렇게 탁월한 플레이어로 만들었을까?'

주도적으로 실행한다.

아이디어가 아무리 탁월해도 실행을 하지 않으면 의미가 없다. A는 큰 틀에서 방향성이 정해지면 일의 우선순위에 따라 저돌적으로 밀어붙여 추진하였다. 프로젝트 중간에 방향성이 바뀌거나 방법론적으로 풀리지 않는 일도 새로운 아이디어를 찾아 진행시켜 일을 마무리하고자 했다. 조직에서 기획안만 만들고 일이 성사되지 않는 일은 허다하며, 일이 중간에 엎어지거나 제대로 추진되지 않는 일도 다반사이다. 그런 점에서 주도적 실행력은 조직에서 기대하지 않은 성과를 지속 창출함으로써 그녀를 탁월한 플레이어로 만드는 일등공신이 되었다.

자발적으로 도전한다.

A는 업무의 영향력을 확대하기 위해 도전적으로 임했다. 탑다운 Top-down으로 내려오는 일은 두말할 것도 없고, 일을 스스로 찾아 추진하여 성과를 만들어내곤 했다. 일은 새롭게 경험하면 할수록 암묵적인 노하우가 쌓여 이전보다 훨씬 빠르고 정확하게 처리해낼 수 있다. 그리고 한 번도 해보지 않은 새로운 일이 주어졌을 때도 이전 경험에 비춰 맞춤식 해결이 가능하기 때문에 당황하지 않고 일에 대한 자신감을 가질 수 있다. 이런 점에서 실패를 두려워하지 않고 자발적으로 새로운 일에 도전하는 A의 모습은 나에게 커다란 영향력을 끼쳤다.

주체적으로 연계한다.

두 가지 이상의 것을 합쳐서 새로운 것을 만드는 용어를 매쉬업 Mash-up이라 표현하는데 A는 키워드와 키워드를 연결시켜 새로운 콘텐츠를 만드는 데 탁월한 능력이 있었다. 이종 간, 동종 간 상관없이 자신이 생각하는 아이디어를 자유롭게 발전시키기 위해 하나의 키워드, 한 개의 콘텐츠, 한 단락의 스토리에 집중하기보다 다양한 키워드, 콘텐츠를 연계시켜 새롭고 너무나 흥미로운 스토리를 만들었다. 지식과 정보의 홍수 속에서 내/외부 고객에서 가치 있는 콘텐츠를 제공하기 위한 A의 노력은 자신만의 주체적 연계를 통해 엄청난 빛을 발하였다.

2. 제이가 만난 플레이어

B는 마케터다. B는 새로운 일에 도전하고 성과를 만들어낸다. 성과를 만들어내는 데서 그치지 않고, 성과 '보고'를 통해 본인과 본인의 동료들이 만들어낸 결과물을 꼭 어필한다. 그리고 이를 베스트 플랙티스Best Practice화하여 다른 법인으로 확산하게끔 한다. 이를 통해 자신과 부서의 가치를 높이고 회사의 성과도 만들어간다.

기다리지 않는다. 본인의 스토리를 만들어간다.

B는 시킨 일로는 차별점을 찾지 못함을 잘 안다. 당연히 조직에서 해야 할 일들도 해내지만, 항상 새로운 프로모션을 그려간다. 새로운 프로모션을 위해, 주위의 좋은 사례들을 지속적으로 학습하고, 이를 본인 것으로 체득한다. 이렇게 체득한 사례들의 장단점을 기반으로 재조합하여 새로운 프로모션을 만들어내고 또 부족한 부분을 평소 학습으로 보완하여 완성도를 높여간다. 그렇게 만들어진, 설득력 있는 스토리로 무장하고서 기획서 보고를 시작한다.

혼자 하지 않는다. 함께하고 함께하게 한다.

B는 기획서를 혼자 만들지 않는다. 먼저 함께할 동료들을 설득하여 본인과 같은 생각을 움직여줄 진용陣容을 만든다. 스스럼없이 아이디어를 나누면서 단단한 논리와 함께 튼튼한 팀웍을 만들어간다. 이와 동시에, 리더들에 이를 보고하고 그들의 기대와 지원을 이끌어낸다. A 혼자가 아닌, 위, 아래, 주위가 함께 하는 판을 만들고 그 위에서 함께 목표를 향해 달려가게끔 한다. 또 그렇게 만들어낸 성과를 주위 부서, 타 국가에 우수 사례로 공유하고 횡전개하며 함께 하는 범위를 계속 넓혀간다.

어제와 다른 오늘을 산다.

기획 보고와 동시에 예상되는 성과까지 미리 그린다. 실제 진행할 프로모션 준비와 동시에, 기획 보고, 실행 보고, 중간 결과 보고, 최종 보고의 일정을 미리 그려놓고 동료들과 성과를 향해 한발 한발 내딛는다. 기획 보고부터 최종 보고까지 계속 살을 붙여 가는 형태로 보고서의 양과 질을 높인다. 실제 업무와 보고의 밸런스를 놓치지 않고 동기화하면서 시의적절한 내외부 결과를 만들어간다. 대부분의 결과는 그려왔던 기획보고와 매칭이 되지만, 그렇지 않은 경우는 프로모션 반성과 개선사항을 도출하여, 같은 결과가 나오지 않게끔 정비한다. 그렇게 하루하루를 다르게 살아간다.

3. 크리스탈이 만난 플레이어

"왜 이렇게 힘들게 살아요? 괜히 욕만 먹는데, 누가 알아준다고 그렇게 해요. 적당히 해요!"

열기에 가득 찼던 회의실을 나오면서 한마디 했지만, C는 익숙한 듯 웃고 만다. 남들 다 안 된다는데, 결국 끌고 가겠다고 한다. 유사 프로젝트 레퍼런스가 전혀 없는데, 어떻게 고객사를 설득하겠다는 건지 전혀 알 수가 없다. 그 시간에 다른 걸 하는 게 낫지 않겠냐고 한 번 더 찔러봤지만 이 프로젝트를 수행할 수만 있다면 사업 카테고리를 하나 추가할 수 있고, 보수적이었던 산업군에 진입하는 거라 소문만 잘나면 이후 큰 힘을 받을 거란다. 누가 사장인지 모르겠다.

프레젠테이션 당일 C는 새로운 변화를 만드는 데 구태의연한 방법론을 활용하시겠냐며 쟁쟁한 레퍼런스를 자랑하는 회사들을 무력화시켰다. 남들이 컨셉과 기획으로 어필하고 있을 때 결과물이 어떻게 나올 수 있을지 샘플을 제작해 갔다. 그 덕에 고객사 사장단 승인까지 속전속결로 마무리되었다. 프레젠테이션에서 쐐기를 박았던 마지막 멘트를 잊을 수가 없다.

"처음입니다. 그래서 익숙한 듯 해치울 수 없습니다. 정성을 다해 잘 해낼 겁니다."

덕분에 회사 멤버들은 피곤해졌다. 또 안 해봤던 일을 꾸역꾸역 해내야 했기 때문이다. 하지만 결국 이 프로젝트는 기사화될 정도로 의미 있는 결과물을 만들어냈고, 예상했던 대로 다른 프로젝트를 연이어 물고 들어왔다.

C는 늘 이렇게 1%의 가능성만 보여도 해볼 방법이 있지 않겠냐고 덤벼든다. 게임의 룰을 바꿔 자신의 전장으로 끌고 들어온다. 그리고 멋진 플레이를 선보인다. 식사 후 커피 한 잔 사들고 오는 길에 짙은 미소와 함께 C가 한마디 한다.

"오늘, 좀 고된 일이 있어야, 조직에 '내일'이 있는 거에요. 하루가 익사이팅하지 않나요?!"

Chapter
1

플레이어의
시대

1 플레이어,
그들은 누구인가

 일터에서 일을 잘한다는 것은 과연 어떤 모습일까? 그리고 우리가 조직에서 인정을 받기 위해서는 어떤 노력을 해야 하는가? 소수의 사용자(사업자 또는 CEO)를 제외하면, 현재 대한민국을 살아가고 있는 대다수의 우리 직장인들은 이와 같은 질문을 끊임없이 한다. 회사 생활을 하다 보면 스스로의 노력이 온전히 인정받지 못하는 경우도 생기고, 반면에 동료는 상대적으로 더 작은 노력으로도 높은 인정을 받는 경우도 있다. 이제 막 발걸음을 디딘 신입사원도, 최선을 다해 조직에서 끝까지 살아남기 위해 노력하는 부장도 심지어 임원들의 최고의 고민이자 목표는 언제나 같았다. 자신의 일을 인정받는 성과로 만들어내는 것이 곧 개인의 존재 이유이자 목표이다. 이와 같은 고민과 노력이 더해져 조직이라는 바퀴는 앞으로 굴러가는 것이다.

다만 일을 잘한다는 정의는 시대와 환경이 변화하면서 조금씩 변화해 왔다. 초기 산업화 시대에 사용자들이 선호하는 근로자는 더 적은 페이를 받고 더 오래 일할 수 있는 사람이었다. 그게 아이든 노인이든, 여성이든 남성이든 중요치 않았다. 그저 하나의 부품으로서 그리 어렵지 않은 단순 업무에 육체를 갈아넣으며 수행할 수 있는 자가 곧 인재였다. 이 시기, 소수의 사용자와 관리자를 제외하면 근로자는 노동을 착취당할 뿐이었다. 이와 같은 불합리한 구조는 여러 사회, 문화, 제도적 측면과도 물론 연관이 있겠으나, 가장 중요한 키워드는 바로 '대체 가능성'이다. 숙련된 근로자를 필요로 하지 않았고, 이는 얼마든지 다른 노동자들로 대체가 가능했기에 이와 같은 산업화의 그림자는 꽤 오랜 기간 유지되었다.

2023년 현재, 노동 전반의 제도나 사회적 인식이 변화되었고, 이제 기업의 역할은 단순한 수입 창출이 아니라 이윤의 공정한 배분, 지속가능한 ESG 경영, 사회적 책임까지 확대되었다. 단순했던 업무는 대부분 자동화가 되었고, 누구나 할 수 있는 대체 가능한 업무들은 점차 사라지고 있다. 과거에는 일찍 출근해서 밤새 근무하는 성실함이 인재의 덕목이었다면, 이제는 '대체 가능'의 반대말인 전문성. 시장의 수요를 가진 전문 영역을 개척한 사람들이 곧 새 시대의 인재가 되었다. IT, 의학, 법률 등의 분야가 아니더라도, 일반적인 사회생활에서도 마찬가지이다. 과거에는 불가능했던 일들이 가능해진 요즘 그 일을 수행할 수 있는 사람, 기존의 방식에서 벗어나

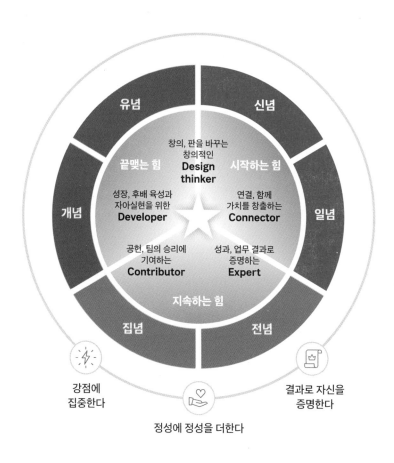

조직의 문제를 해결하고 새로운 성장동력을 만들 수 있는 사람 등 이제 조직에서는 새로운 역할을 필요로 한다. 바로 이것이 이 책을 통해 말하고 싶은 '요즘 시대의 일잘러', 플레이어의 이야기이다. 과거 조직과 리더의 요구였던 팔로워가 아니라, 더욱더 개인화되고 복잡해지는 현재 그리고 미래 조직에 필요한 인재. 그들이 바로 플레이어다.

플레이어는 빠른 실행력과 높은 성과를 보여주며, 자신의 일을 사랑하고 동시에 성장을 만들어내는, 요즘 시대의 요구에 부합하는 인재다. 우선 그들은 탁월한 역량을 갖췄다. 다른 이들과 분명히 구분되는 선명한 장점이 있다. 예를 들어 코딩과 데이터 애널리틱스에 능한 인사 담당자라던가, 수준 높은 기획력을 가진 전략가, 거창한 스킬은 아니지만 다른 사람이 해결할 수 없는 문제에 솔루션을 제안할 수 있는 창의력을 가진 직무 전문가 등이 이에 해당한다. 플레이어는 수행하는 업무 영역에서 자신만의 차별화된 역량을 보유하고 있다.

흔히 '라떼는 말이야'에 등장하는 영웅들의 모습에서 우리가 교훈을 얻을 수는 있지만, 그때 그 영웅들이 현재에도 활약할 수 있을지는 한 번 냉정하게 생각해 볼 필요가 있다. 새로운 시대는 언제나 새 영웅을 요구한다. 이제 훌륭한 팔로워의 시대는 저물고 있다. 우

리는 새로운 플레이어의 시대에 접어들었고 그들에게 필요한 태도
와 역량, 역할과 일하는 방식을 살펴볼 필요가 있다.

2 왜 플레이어의 시대인가?

요즘 MZ세대들은 모를 수도 있지만, 80년대 카세트 플레이어는 그 시절 누구나 가지고 싶어하던 최고의 아이템이었다. 이문세의 노래를 테이프가 늘어져 소리가 울 때까지 듣기도 했고, 쉬는 시간에는 플레이어에 들어간 배터리 소모를 아끼려 연필에 카세트를 꽂아 돌리기도 했었다. 이후 CD 플레이어가 혜성처럼 등장했고, 곧이어 MP3 플레이어가 대중화되기 시작했을 무렵에는 이 카세트 플레이어는 누구도 사용하지 않는 고물이 되거나 누군가의 추억으로 남겨졌다. 아마도 Z세대부터는 이러한 카세트 플레이어를 구경조차 못 해봤을 것이다. 물론 기술의 발전이 이와 같은 변화를 가능하게 했겠지만, 보다 중요한 원초적인 원인은 '필요'다. 소비자들은

더 쉽고 간편하며 효율적인 방식을 선호했다. 그 결과 이제는 실시간 스트리밍으로 언제 어디서든 내가 원하는 노래, 심지어 영상을 휴대폰으로 보고 들을 수 있는 세상이 되었다. 팔로워십 역시 마찬가지이다. 만약 더 이상 팔로워십을 원하지 않는다면 어떻게 될까? 기존 팔로워보다 효율적이고 효과적인 누군가를 필요로 하고 있다면? 이미 기술의 진보를 포함한 사회, 정치, 규범, 세대 등 거스를 수 없는 흐름은 우리가 몸담고 있는 조직과 리더를 변화시키고 있다. 그리고 이미 기존 팔로워에서 최소 2단계 진화한 인재들이 기존과 다른 방식으로 이미 존재하고 있다.

도대체 조직에는 무슨 일이 일어난 것일까?

Why 1. 책임과 권한의 주인이 바뀌었다

나와 당신이 어디서 무슨 일을 하든 그 과정과 성과에 영향을 미치는 가장 중요한 문제가 있다. 바로 '이 일의 책임을 누가 져야 하는가?'이다. 대부분 우리가 그냥 지나치거나 대충하는 일들은 책임과 권한의 부재와 연관이 있다. 예를 들어, 동네에 버려진 쓰레기들을 보고 일반적인 보통 사람의 생각은 쓰레기를 '주워야겠다.'가 아니라 '지저분하다.'이다. 만약 이웃집에 사는 누군가가 당신에게 "왜 당신의 동네인데 쓰레기를 방치하느냐?"고 묻는다면 역시나 상식적인 답변은 '제가 왜요?' 내지는 '그건 청소부가 해야 할 일 아닌가요?' 더 나아간다면 '그럼 당신이 치우던가! 나는 안 버렸어요!'일 것이다.

전통적인 우리의 일터에서는 이러한 문제를 조기에 해결하고자 서열이라는 것을 만들었다. 쓰레기를 주우라는 상급자의 지시를 하급자는 따라야 하며, 대신에 맡겨진 구역의 모든 책임은 상급자가 담당했다. 그러다 보니 예상치 못했던 문제가 발생하게 된다.

고민의 주체가 리더와 예비 리더(주무사원)에게 한정된다는 것이다. 자연스럽게 책임과 권한을 가지게 된 리더와 예비 리더들은 자연히 더 오래 근무하고, 더 오래 고민했다. 왜냐하면 조직장의 이익

극대화를 위해 구역별 성과에 따른 차등 대우를 하기 때문이다. 당연히 나와 크게 상관이 없는, 책임도 권한도 없는 팔로워와 긴 고민 끝에 나온 리더의 결정은 그 무게가 달랐다. 결국 이 시기에는 리더의 지시에 팔로워가 얼마만큼 잘 따라와주는지, 리더가 필요할 때는 언제든 볼 수 있고, 열심히 일할 수 있는지가 중요했다. 그렇게 근태와 성실함이 곧 팔로워의 역량이었다. 자연스럽게 리더는 팔로워에게 늘 불만일 수밖에 없다. 왜 이렇게 깊이 있는 생각을 못 하는지, 왜 이렇게 내 마음을 몰라주는지, 왜 이렇게 책임감이 없어보이는지. 반대로 팔로워도 늘 고민한다.

"아 왜 내가 이런 인간을 만난 거지…."

이와 같은 조직의 오랜 문제, 숙제를 해결하기 위해 수많은 노력과 인고의 시간이 더해진 결과 현재 조직은 수평적인 문화와 소통을 지향하게 된다. 이러한 변화 속에서 개인의 자율성과 동시에 책임 권한은 점점 커지고 있다. 이제 조직의 한 명 한 명이 직무 전문가로서 더 깊이 고민하고, 빠르게 행동하기 시작했다. 이들은 더 이상 팔로워가 아니다. 스스로 책임감을 가지고 능히 혼자서도 성과를 낼 수 있는 플레이어다. 그리고 무엇보다 팔로워는 언어 자체의 의미가 수동적이다. 이제는 새로운 수평 조직으로의 변화 속에서 리더와의 새로운 관계를 나타낼 수 있는 신조어가 필요하다. 이것이 바로 플레이어다.

Why 2. IT/스타트업/이커머스의 전성시대

누구나 좋은 회사에서 일하고 싶어한다. 높은 보수, 자신이 속한 산업과 회사의 성장성, 자유롭고 수평적인 문화, 매력적인 복리후생, 그리고 무엇보다 내가 성장할 수 있고, 멋진 리더와 동료가 함께 일하는 곳! 직장인이라면 누구나 입사를 원하는 꿈의 직장의 모습일 것이다. 그리고 2023년 현재, 누가 뭐라 하더라도 이러한 조건에 가장 근접한 곳은 IT/스타트업일 것이다.

한국 역사상 가장 참담했던 6.25 전쟁 이후, 처참한 국가를 재건하고 성장하는 과정에도 전 세계에서 가장 활발한 산업화가 이곳 한반도에서 진행되었다. 이후 1990년까지는 제조업이 한국 경제를 이끌었고, 이 제조업이 곧 최고의 직장이었다. 그러다 2000년 이후 세계화와 인터넷 발달이 급속도로 이루어졌고, 유통업이 폭발적으로 성장했다. 그러다 2019년 큰 사건이 발생한다. 바로 covid-19 전염병이 전 세계를 위협한 것이다. 그리고 2023년 현재까지도 완전한 종식은 어려운 시점이다. 언제든 재유행이 가능하고, 이 전염병은 끊임없이 진화하며 오래오래 우리를 괴롭힐 것이다. 생존을 위해 우리는 흩어져야만 했다. 하지만 우리는 혼자서는 결코 살 수 없는 인간이다. 그렇게 우리가 만나서 놀고, 말하고, 쇼핑하고, 영화보고 심지어 일하는 장소가 현실에서 인터넷, 모바일로 옮겨졌다.

여기서 결론은 우리는 항상 선구자, 선도기업을 따라가려는 본능을 가지고 있다는 점이다. 옆집 아들이 전교 1등이면 당연히 그가 어떻게 공부하는지 알고 싶고, 성공한 기업가, 학자, 재테크 달인이 있다면 그들의 성공담을 듣고 싶어하는 것이 정상이라는 것이다. 과거 우리의 기업들이 모토로라의 6시그마, 제너럴 일렉트릭General Electorinics의 인사제도를 벤치마킹 했듯이, 오늘날 우리들이 넷플릭스나 실리콘밸리, 국내 IT기업을 배우려고 하는 이유가 바로 그것이다. 사실 이들이 완벽한 정답은 아니다. 평균 근속연수가 2~3년 이내이며, 대기업의 수직적인 문화가 답답해 이곳으로 이직한 인재들의 일부는 적응하지 못하고 다시 돌아간다. 즉, 어느 곳이든 완벽한 곳은 없다. 다만 모두 진화하고 있을 뿐이다. 단지 나에게 강압적으로 지시하거나, 나의 근태를 24시간 감시하거나, 어쩌다 실수한 내 자신을 크게 야단치는 사람은 없다. 그렇지만 딱히 도와주는 사람도, 체계적인 온보딩 교육 시스템도 없는 경우가 부지기수다. 심지어 산업 변동성이 전통적인 기업에 비해 매우 크다.

그럼에도 거시적인 변화는 결국 선구자들이 만들어간다. 적어도 현재 그리고 가까운 미래에는 이들 IT/스타트업의 일하는 방식이 정답에 가깝게 느껴질 것이다. 이들은 요즘 뷰카VUCA 시대에 가장 잘하고 있는 집단임은 분명하다. 이미 우리가 가진 것보다 세상은 더 빨리 변화하기 때문에 과거처럼 유능함보다는 시장, 소비 트랜드의 변화에 쉽게 적응할 수 있는 이들의 일하는 방식을 대기업들도 배우고 쫓아갈 수밖에 없다. 보다 유연하고 더 작은 단위로, 주도적인 플레이어로 성과를 내야 하는 시대. 좋든 싫든 이미 우리는 이러한 시대에 살고 있다.

Why 3. 리더에 대한 인식의 변화

당신은 만약 현재의 직무에서 고용보장, 급여 등이 동일한 조건이라면 굳이 리더를 하고 싶은가? 물론 사람마다 다를 수 있다. 하지만 분명 "예"라고 답변하는 비율은 불과 10여 년 전과는 확연히 다를 것이다. 왜냐하면 팔로워라는 개념이 실종되고 새롭게 플레이어를 조직에서 필요로 하듯, 과거와는 전혀 다른 리더의 역할을 새로운 시대가 요구하고 있기 때문이다. 요즘 어느 조직이나 시니어들이 리더를 기피하는 현상 때문에 고민이 많을 것이다. 얼마 차이도 안 나는 급여에 내 일은 일대로, 성과는 성과대로, 리더십은 리더십대로 발휘해야 하는 삼중고에 시달려야 하는 리더를 과연 누가 선뜻 하려 하겠는가? 과거 리더는 개인의 실력보다는 포지션에서 오는 힘과 팔로워의 성과로 성장했다. 결국 회사, 조직을 나가는 이유도 본인의 실력, 실적이 아니라 자신을 제대로 따라와 주지 않은 팔로워나(또는 이들을 탓하거나), 사건/사고, 내부의 공격에 기인하는 경우도 많았다. 하지만 이제는 해당 리더의 신뢰나 명성, 리더십보다 실력이 더욱 중요해졌다. 이제는 본인이 명장이 되어 모든 것을 진두지휘하는 시대는 끝났다. 반대로 플레이어들을 양성하고, 그들이 성과를 잘 내고 인정받을 수 있도록 만들어주는 리더를 필요로 한다. 아무리 명경기를 만들어도 결국 이겨야 명장이고, 골을 넣는 것은 결국 플레이어다.

즉, 투입되는 시간 가치보다는 산출물인 결과가 더욱 중요해진 시기인 것이다. 1시간을 일해도 남들보다 10을 더 만들 수도 있고, 반대로 10시간을 일해도 0 나아가 -10을 만들 수도 있다. 그렇기 때문에 이제 더 이상 시간을 관리해서는 안 된다. 성과를 극대화할 수 있는 시스템과 문화를 만들고, 그 과정과 결과를 관리해야 한다. 심지어 이른바 노가다(일용직 시장)에서도 물량제가 주를 이룬다. 시간제는 8시간을 다 채우면 일당을 주는 방식이고, 물량제는 하루에 500개를 옮기면 그 시점이 곧 퇴근 시간이다. 참 신기하게도 물량제는 기존 시간제에 비해 2~3시간 일찍 끝난다고 한다. 감시자가 붙을 필요도 없고, 심지어 점심도 안 먹고 빨리 끝내려는 열정(?)도 볼 수 있다. 하지만 아직까지도 이 세상에는 이보다 못한 조직과 리더가 많다. 리더의 눈에 구성원이 보이는 것을 좋아해서는 안 된다. 구성원이 만들어오는 성과를 냉정하게 평가할 수 있어야 한다.

프랑스의 전설적인 축구 선수 지단이 미드필더였을 때 별명은 중원의 지휘자였다. 결코 감독이 아니다. 그 역시 다른 선수들과 같은 플레이어다. 하지만 다른 선수들의 움직임에 영향을 미치고, 감독의 전술이 실제 현장에서 발휘될 수 있도록. 자신의 성공보다 팀의 성공을 위해 스스로 움직인다. 오늘날 같은 시대를 살고 있는 것이 너무나 자랑스러운 프리미어 리그 토트넘의 영웅 손흥민 역시 개인 스스로도 성과를 내지만, 언제나 팀 성과를 우선시하며 이타적인 그의 플레이는 팀 동료 전체를 일류로 만들어준다. 감독이 답답하다고 경기장에 들어가서 공을 찰 수도 없지만, 설사 할 수 있다 해도 선수들의 사기만 저하되고 실제 경기력 역시 경기장 밖에 있는 후보보다도 못할 것이다. 리더가 자신의 빛을 발하는 시대는 끝난 지 오래다.

요즘 MZ세대를 보면 어떤 생각이 드는가? 그들은 본인의 강점을 어필하고 활용하는 것을 좋아한다. 이 얼마나 멋진 일인가. 과거 팔로워는 강점을 숨겼다. 왜냐하면 리더가 싫어했기 때문이다. 리더는 자기가 가장 빛나기를 바랐다. 하지만 요즘 정말 능력있고 인정받는 리더는 플레이어의 강점을 잘 알고, 이용할 줄 아는 리더이다. 비록 대중들은 리더가 아닌 플레이어에 집중하겠지만, 결국에는 플레이어가 만든 승리의 결과가 리더를 명장으로 만들어줄 것이다.

3 플레이어,
그들이 일하는 방식

불과 10년 전까지만 하더라도 역사와 전통, 규모를 자랑하는 제조, 유통, 금융 등 안정적 산업, 또는 기업에서 오래오래 근무하는 것이 우리 일반적인 직장인들의 바람이었다. 외환위기 등 극히 예외적인 경우를 제외하고는 당시 잘나가던 사업이 한 순간에 몰락하거나, 반대로 혜성처럼 등장한 IT, 스타트업이 전체 산업 트렌드를 변화시키는 선도기업이 되는 일은 그리 흔치 않았다. 모두가 선호하는 대규모의 조직에서 더 빨리, 오래 근무한 리더와 선배들의 존재감은 막강했다. 오랜 기간 반복되고 발전해온 프로세스는 더 이상 손댈 곳이 없는 것처럼 보이거나, 반대로 전체에 미치는 영향, 히스토리에 의해 무엇인가를 바꾸려고 하는 시도나 목소리는 조용히 그 힘을 잃어버리고는 했다. 기존 리더와 선배의 경험과 지식, 평가 (이로 인한 레퍼런스)는 막대한 힘을 가지고 있었고, 이는 개인의 직장 내 생존과 직결되는 문제였다. 그렇기 때문에 합리적인 직장인들은 나의 리더, 선배와 보다 가까워지기 위해, 또는 호감을 얻기 위해 실제 업무와는 별개이거나 업무 외적인 영역을 중요시했다. 경조사는 기본이고 퇴근 후 술자리, 복사 심부름과 같은 소소한 심부름까지 도 말이다. 분명 **과거 팔로워십은 관계에 특히 집중했다.**

그러다 조용히 그리고 은밀하게 변화가 시작되었다. 이 변화의 중심에는 무선 인터넷, 모바일 기술 발전이 존재한다. 이들 기술은 기존 산업 구조를 완전히 바꿔버렸다. 편리함은 실제 제품, 서비스 를 만났을 때 발휘하는 기쁨을 가뿐히 넘어섰다. 상상하는 대부분 의 소비, 여가 행위가 언제 어디서든 누구나 가지고 있는 휴대폰을 통해 이루어졌다. 여기에 최근 전세계를 강타한 코로나19라는 팬 데믹 상황은 이러한 변화를 더욱 가속화시켰다. 이제 더 이상 변화 의 속도는 기업이 예상하고 따라가기 힘든, 뷰카VUCA 시대가 도래 했다. 이제 누구도 앞으로 5년 아니 당장 1년 뒤의 변화를 예측하기 어려운 시기이다. 항상 새로운 가치를 추구하는 소비자 니즈는 더 욱더 세분화되었고, 매스 미디어는 몰락했다. 기업은 이제 덩치가 큰 조직보다 시시각각 빠르게 변화할 수 있는 조직이 생존에 더 유리한 구조가 되어버렸다. 이러한 변화 흐름에 맞춰 자연스럽게 평생 직장과 직무가 사라졌다. 어제까지는 분명 우리 회사의 핵심인재였던 리더도 당장 오늘부터는 필요 없어질 수 있다. 폐쇄적이었던 기업 정보. 즉, 근무환경, 복리후생, 처우, 문화, 일하는 방식이 이제는 지인 찬스 없이 관련 플랫폼을 통해 누구나 손쉽게 확인해 볼 수 있다. 과거처럼 한 직장에 오래 근무한 사람보다 다채로운 경험을 가진 사람이 더 매력적으로 보이기 시작한다. 관계의 힘이 그 힘을 잃어가는 동안, 업무 성과에 대한 가치는 더욱 증가한다. **이제 더이상 '관계'가 개인의 생존, 성장에 도움을 주지 않는다.**

이와 같은 변화의 흐름 속에서, 기존에 '팔로워'에 대한 조직의 수요는 이제 더 이상 찾아보기가 어렵다. 조직은 원한다. 이 예측불가능하고, 급속도로 변화하고 있는 시대에서 현재 나와 우리 팀의 성과에 당장 도움을 줄 수 있는 인재, 시키지 않아도 받는 연봉보다 더높은 가치를 만들어줄 수 있는 '주도적 구성원'을 원한다. 바로 이들이 '플레이어'이다. 리더와 친밀하고, 리더의 말이면 무엇이든 따라주는 팔로워가 아니라 리더 자신 그리고 팀에 도움이 되는 플레이어. 이들에게 조직적응 및 온보딩에 대한 기다림은 불필요하다. 플레이어라면 누구나 신입사원이든, 어제 갓 들어온 경력사원이든 3개월, 6개월 뒤가 아니라 출근한 바로 그 시점부터 성과를 만들어낼 수 있어야 한다. 이들에게 자신의 성과는 곧 개인의 가치를 증명하고, 생존과 직결된다. 그렇기에 플레이어는 기다리지 않는다. 스스로 필요한 업무를 계획하고, 이를 수행한다. 플레이어는 주저하지 않는다. 필요한 사람을 스스로 찾아 관계를 맺고, 긍정적인 상호작용을 통해 도움을 받거나, 성과를 창출하는 데 활용한다. 우리 주변의 **플레이어는 과연 어떤 생각을 가지고 있고, 어떻게 일하고 있을까?**

대다수의 플레이어는 '활용되기'보다 '활용한다'

우리는 국내 주요 기업, 컨설팅 업계 리더와의 인터뷰를 통해 그 힌트를 찾아낼 수 있었다. 우선 플레이어는 '사람'을 활용한다. 펜실베니아 와튼 스쿨의 교수이자 작가인 애덤 그랜트는 2013년 발간된 그의 저서 『기브 앤 테이크』에서 착하면서 동시에 베풀고, 또한 성공하는 상위 1%가 되라고 이야기한다. 그 이후에도 기존의 관념에서 벗어나는 새로운 생각을 그의 SNS와 도서를 통해 접하고 있다. 이런 게 팬심이 아닌가 싶다. 누군가에게 가지는 지속적인 매력 또는 호감을 말이다. 그런데 현실에서는 2가지 문제가 존재한다. 우선 첫 번째, 일단 내가 무언가를 줄GIVE 수 있으려면 스스로가 빛이

나야 한다.

요즘 MZ세대 플레이어들은 **리더, 선배의 가르침에만 의존하지 않는다.** 직접 스스로 배우고 해보기를 선호하며, 필요하다고 판단되는 기술, 스킬 등은 사내 교육이 아니라 외부 플랫폼을 통해 학습한다. 정말 필요하거나 도움이 되는 내용도 아니고, 크게 공감되거나 논리적이지 않은 이유로 이들의 성과물을 지적한다면 아마도 당신은 근시일 내에 '꼰대'로 불리게 될 것이다(어쩌면 이미 그렇게 불리고 있을 것이다. 무서운 세상이다). 그렇다고 리더, 선배가 실망할 이유는 없다. 플레이어들은 스스로 리더를 찾아온다. 만약 당신이 그들에게 도움이 되는 사람이라면 귀찮을 정도로 찾아와 질문을 하고, 원하는 것을 받아낼 것이다. 플레이어들에게 리더와 선배, 동료들은 나와 팀 성과를 만드는 데 필요한 조력자이다. 이와 동시에 플레이어 역시 팀, 조직 성과에 도움을 준다. 이들은 이제 무조건 상명하복하는 수직적 관계에 매어 있다는 이유나 상무님이 거리두기 해제 후 모처럼 추진하신 저녁 회식 때 불참했다는 이유로 무시할 수 있는 존재들이 아니다. 사실 이러한 플레이어들은 꽤 오래 전부터 존재했다. 자신에게 도움이 되고 필요한 사람이 누구인지 정확하게 알고 있다. 그리고 필요할 때 도움을 요청하는 일에 망설임이 없다.

또한 효과적으로 자신의 **'시간'을 활용할 줄 안다.** 인터뷰를 통해 만나본 S사 A과장은 언제나 출근 시간이 빠르다. 보수적인 기업 문화 속에서 새벽같이 출근하는 경영진에 대응하기 위해 A과장은 자신의 라이프스타일을 완전히 변화시켰다. 어설프게 일찍 출근하기보다, 항상 첫 출근할 수 있는 시간에 회사에 나와서 자신의 리더, 동료가 오기 전 경영진의 긴급 오더를 미리 끝내 놓는다. A과장의 출근 시간은 독보적이다. 이러한 루틴이 지속될수록 A과장에 대한 리더, 동료들의 신뢰는 더욱 높아진다. A과장은 자신의 시간에 대한 선택과 집중을 통해 업무 성과를 낸 덕분에, 조직에서 높은 신뢰를 얻고 있다. 다만 이와 같은 사례는 어디까지나 지시 받기 전에 이루어졌을 때 비로소 빛을 발한다는 사실을 잊지 말자(이미 모두가 새벽같이 출근하는 조직에서는 아무런 의미가 없다). 또는 충분한 여유시간이 있으며, 중요도가 높은 업무를 최대한 일찍 착수하여 나만의 스케줄, 페이스에 맞춰 업무를 리딩 할 수 있는 시간 활용 능력도 플레이어의 고급 스킬 중 하나이다.

플레이어는 **'전략'을 활용하는 데에도 능숙하다.** 영업부서 과장 B는 거래처와의 미팅에 앞서 회의록을 미리 작성한다. 그리고 해당 회의록에 맞춰서 실제 회의를 리드해 나아간다. 그는 2박 3일의 전체 출장 일정에서 단 1일 만에 모든 합의와 결과물(회의록)까지 모두 만들어낸다. 그리고 남은 2일은 자신의 다른 업무나 개인 일정으로 활용한다. 그 누구도 뭐라고 할 수 없다. 일반적으로 소요되는 일정 내에 기대했던 성과를 모두 달성했기 때문이다. 필자가 직접 겪어본 후배 C 역시 마찬가지이다. 여러 대안이 존재하는 업무는 보통 어떤 안으로 진행할지를 리더에게 의사결정 받고 그 다음 프로세스에 들어가는 것이 일반적이다. 하지만 C는 플레이어였다. 이미 후속 작업까지 모두 마친 상태에서 고집스럽기로 유명한 리더의 결정과 피드백을 거의 대부분 자신의 결과물과 일치시킨다(물론 간혹 예상과 다르게 흘러가기도 했지만, 신속히 대응해 내고는 했다).

위의 사례만 봐서는 이와 같은 예시들이 다소 단순하고, 쉬운 스킬로 보일 수 있다. 하지만 실제로 이것을 실행하는 플레이어가 되기 위해서는 부단한 노력이 필요하다. 우선 리더보다도 강한 '오너십ownership'이 필요하다. 그 누구보다 업무에 대한 애정과 성과에 대한 갈증이 있기 때문에 스스로 결정하고 행동할 수 있는 것이다. 이들에게 나의 업무는 다른 사람이 아닌 나의 일이기에 필요한 사람, 시간, 전략 등 가용한 자원을 모두 활용하려고 한다. 그리고 실제 결과물로 만들어내기까지는 어디까지나 '능력'이 필요하다. 이와 같이 **플레이어의 모든 행동에는 사실 보이지 않는 수많은 고민과 노력이 내재되어 있다.**

플레이어는 '설득'하지 않는다, '협상'한다

리더들에게 다음과 같이 질문해 보았다.

"여기 두 명의 부하 구성원이 있습니다. A는 근태도 불량하고, 회식도 피하지만 요청한 업무 수행에 대한 결과가 매우 만족스럽습니다. 반대로 B는 근태도 좋고, 싹싹하며 개인적으로도 높은 친밀도를 가지고 있습니다. 하지만 업무 수행 결과에 대해 항상 아쉬움이 남고, 그 시간도 오래 소요됩니다. 당신은 어떤 구성원과 함께 일하기를 선호하십니까?"

위와 같은 질문을 불과 10년 전에 리더들에게 했을 때 돌아오는 답변은 거의 대부분이 B였다. 실제로 당시 국내 대부분의 기업의 신입 입문교육에서 신입사원의 자세, 마인드셋, 직장 예절 관련 프로그램은 거의 필수적으로 포함되기도 했다. 즉, 개인이 가지고 있는 지식, 기술, 능력보다는 태도에 집중했다. 물론 당시에는 신입사원들에게 중요한 업무나, 주요한 의사결정을 위임하던 시대가 아니었다. 하지만 시대가 바뀌고 신입사원뿐만 아니라 리더가 바라는 구성원의 모습도 바뀌었다. 요즘 리더는 시키는 일만 잘하는 팔로워보다는 시키지 않아도 기대하지 못했던 성과를 스스로 만들어낼 수 있는 플레이어를 원한다. 리더-구성원 간 더욱더 수평적, 비즈니스적 관계로 진화하고 있는 것이다. 예를 들어 1장짜리 보고서 기준으로 볼 때, 플레이어에게 들이는 리더의 시간은 5분. 하지만 팔로워에게는 적게는 15분, 많게는 50분의 시간이 소요된다. 팔로워에게는 업무에 대한 배경부터 기대하는 최종결과물 이미지까지 일일이 설명해야 하기 때문이다.

그런데 이와 같은 리더의 시간을 단축시키는 플레이어만의 비법이 하나 더 있다. 바로 '협상'이다. 기존의 팔로워는 주로 '설득'한다. 내가 지금 리더에게 보여주고 있는 성과물이 어떤 배경과 목적으로 만들어졌고, 내용은 얼마나 고민했으며, 기대하는 효과는 무엇인지. 당연히 리더의 마음에 한번에 들기는 하늘에 별 아니 달을 따는 것처럼 어려운 일이 될 수밖에 없다. 또한 팔로워는 업무의 양도 많고, 항상 시간에 쫓긴다. 도대체 왜 그럴까? 실제 사례를 살펴보자.

인터뷰 대상자인 플레이어 A에게 어느 날 리더가 업무 확장을 요구했다. 그리고 A는 채 10초도 생각하지 않고 이를 거절한다. 왜냐하면 A에게 해당 업무는 당연히 다른 사람이 해야 하고, 그래야 더 잘할 수 있는 업무이기 때문이다. 여기에는 기존 팔로워들의 단골 리액션인 '죄송합니다' 또는 '이렇게 하면 어떨까요?' 따위는 없다. 이후 판단, 필요한 설득은 온전히 리더의 몫이다. 그렇게 지켜진 업무 범위 속에서 A는 언제나처럼 성과를 발현한다. 언제나처럼 A는 리더에게 좋은 평가를 받는다.

바로 이 지점에서 플레이어와 팔로워가 분명하게 나누어진다. **시키는 일을 다 하는 것이 과연 옳은 일일까?**

플레이어는 협상을 주저하지 않는다

플레이어는 협상을 주저하지 않는다. 자신의 업무, 일하는 방식부터 나의 가치(연봉), 조직 내 성장CDP, 교육의 기회까지도 말이다. 흔히 협상 이론에서는 내 패를 먼저 보여주는 것을 지양하라고 말한다. 이는 마치 우리가 휴대폰을 사러 간 매장에서 "얼마까지 알아보고 오셨어요?"라는 점원의 말에 "얼마까지 해주실 수 있는데요?"라고 되물어야 하는 이유와 같다. 현실 협상에서도 마찬가지이다. 과거 전통적인 팔로워는 내 생각을 최대한 정돈, 정리해서 먼저 이야기하는 방식을 선호했다. 먼저 내 것을 보여주고 상대방이 생각할 수 있도록 말이다. 이와 같은 방식은 상대를 절대 넘어설 수 없다. 단지 얼마만큼 만족시키는 일에 그칠 수밖에 없다. 애초에 협상의 여지는 없다. 하지만 플레이어의 진정한 고객은 리더가 아니다. 바로 자기 자신이다. 리더의 의사결정은 나 자신의 최고의 성과를 위한 과정일 뿐이다. 그렇기 때문에 그들은 항상 협상한다. 1가지 업무를 정말 잘하는 사람이 10가지 업무를 모두 못하는 사람보다 훨씬 유능하다는 말에는 어느 누구도 반박할 수 없을 것이다. 일의 범위, 권한, 프로세스, 결과물까지 지배할 수 있어야 진짜 플레이어다. 또한 스스로의 성장, 가치(평가, 보상 등)를 위해 끊임없이 협상하는 사람들이다.

플레이어는 '심리적 안전감'이라는 경기장 속에서 활약한다

회사 생활을 하다 보면 정말 남보다 못한 리더와 함께하는 특별한 순간을 경험할 때가 있다.

국내 유명 회사에 재직 중인 리더 A는 과거 입찰 비즈니스 업무에서 견적 담당업무를 수행했었다. 당시 해당 업무는 많은 것들을 담당자가 판단하고, 실제 행동까지 걸리는 시간이 상당히 촉박했다고 한다. 결과에 대한 리스크는 큰데, 행동에 대한 리더의 의사결정이 제대로 이루어지기 어려운 구조이다. 여느 날처럼 정신없이 일하고 있었던 A, 너무 긴급했던 나머지 터무니없이 높은 금액으로 응찰을 하는 대형 실수를 하고야 말았다. 그리고 그의 시간은 다른 사람들의 10배 아니 100배로 느리게 흘러갔다. 오만가지 걱정과 영겁과 같은 시간이 흐르는 동안 어느 누구도 실무자인 A의 편을 들어주지 않았다. 리더 역시 무조건 담당자 책임으로 몰아갔다. 다행히 회사가 원래 제안하려 했던 가격보다 훨씬 낮게 응찰한 경쟁업체가 있음이 확인되었고, 그제서야 A는 무거운 마음에서 벗어날 수 있었다. A는 지금도 이야기한다.

"당시 리더나 동료 중 단 한 명이라도 누군가 "괜찮아, 괜찮아" 해줬다면. 만약 실수를 감싸주고 격려해 주는 리더가 있었다면!"

유명 컨설팅 회사에 재직 중인 B는 이전 회사의 리더를 아직도 생생하게 기억하고 있었다. 어느 날 공식 회의 석상에서 "머리털을 뽑아버리겠다."라는 폭언을 들은 B는 이후 업무뿐만 아니라 회사 생활에 회의감을 느끼게 되었다. 그 아무리 메시, 호날두라도 감독이 사소한 패스 하나에 육두문자를 구사한다면 어찌 경기에 집중할 수 있으랴?

이와 같이 상사의 비인격적 감독과 무시, 공격성 발언은 주도성이 무기인 플레이어에게는 마치 사약과 같은 존재이다. 플레이어의 주요 키워드 중 하나는 바로 '능동성'이다. 이들은 시켜서 일하는 사람들이 아니다. 이들에게는 마음껏 자신의 기량을 펼치고, 설사 사소한 실수를 하더라도 비판받지 않을 것이라는 믿음. 즉, **심리적 안전감은 플레이어가 숨 쉴 수 있는 공기와 같다.**

돈을 빌려주고 갚을 때를 생각해 보자. 다음 중 더 조급한 사람은 누구일까? 돈을 빌려준 사람일까, 아니면 돈을 갚아야 되는 사람일까. 이 난제의 정답은 주변 지인들에게 실제 일상에서 돈을 빌려준 경험과 빌려본 경험을 물어본다면 손쉽게 알아낼 수 있다(물론 관련 경험이 모두 최근에 있었다면 더 크게 공감할 수 있을 것이다). 해당 질문에 대한 대부분의 답변은 한결같다. 내가 돈을 빌렸던 것보다 돈을 빌려준 경험이 월등히 오래 그리고 더 강력히 기억된다. 사람은 누구나 불확실한 손해, 리스크에 대해 높은 스트레스를 받는다. 이와 같은 스트레스는 고스란히 장기 기억에 저장된다. 더욱 재미있는 문제는 당연히 받아야 할 돈을 다시 달라고 말하는 행위에도 우리가 더 큰 스트레스를 받는다는 사실이다. 정말 신기하게도 이와 같은 대화는 다음과 같은 형태로 시작된다. "미안한데… 혹시 지난번…" 결국 돈을 빌려준 사람이 더 조급한 것이 이상과 대비되는 아이러니한 현실이다.

마찬가지로 당연한 일, 자신의 일을 하는 데도 주변의 시선, 눈치, 암묵적인 규범에 얽매이는 것 자체가 문제다. 심리적 안전감은 조직에서 플레이어들에게 제공해야 될 지극히 자연스러운 환경이다. 심리적 안전감이라는 훌륭한 경기장을 제공해 주고, 이후에 플레이어들이 마음껏 플레이 할 수 있도록 환경을 조성해 주어야 한다. 조직에서 기대 이상의 성과를 내는 플레이어를 원한다면 당연한 일을 미안하다고 이야기하지 않을 수 있는 문화쯤은 반드시 만들어주어야만 한다. 최고의 플레이어가 마음껏 그라운드를 누비며 관중(고객)을 만족시킬 수 있도록 말이다. 그것이 우리가 하고 있는 비즈니스의 본질적인 목적이기 때문이다.

이처럼 기존 팔로워가 일하는 방식과는 다른 그들. 다양한 산업, 직무 등 주어진 위치에서 현재 그리고 미래의 주역으로 활약하고 있는 플레이어. 이제 그들의 이야기를 본격적으로 시작한다.

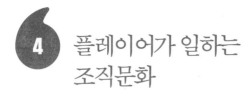

4 플레이어가 일하는
조직문화

나의 일, 나의 책임 _ '책임이 전제된 자율' 문화

여기 A와 B 직원이 있다. A와 B 모두 주어진 업무를 깔끔하게 처리하며, 주도적으로 일을 만들어서 본인이 A부터 Z까지 해결해 나가는 스타일이다. A와 B의 리더들은 자율적으로 업무를 처리해 나가는 것에 있어 지금까지 큰 문제가 없었고, 목표 대비 성과가 좋았기 때문에 계속 지지를 해 왔었다. 주변 동료들도 A와 B 모두 프로페셔널한 직원이라며 칭찬을 아끼지 않고 있다. 하지만 문제를 처리하는 과정에서 이 둘의 평가는 완전히 바뀌어버렸다.

A는 자신이 맡고 있는 프로젝트에서 큰 문제가 발생했을 때 해

결이 원활하지 않자 바로 리더에게 찾아가 도움을 구했다. A의 리더는 당연히 A가 지금껏 자율적으로 맡고 있는 프로젝트를 잘 이끌어가고 있다고 생각했기 때문에 갑작스럽게 발생한 문제에 대해 대처하기가 쉽지 않았다. 결국 문제를 해결하지 못해 맡고 있던 프로젝트는 중단되었고 다른 팀에게 넘어가게 되었다. 이 과정에서 A는 제대로 해결해 주지 못한 리더에게 문제가 있다며 책임을 전가하는 말을 여기저기 하고 다녔고 결국 주변 동료들은 A의 행동에 크게 실망을 하고 A와 함께 아무도 일을 하고 싶지 않은 상황으로 치닫게 되었다.

B 역시 자신이 맡고 있는 프로젝트에 큰 문제가 발생하였다. B는 우선 자신이 끝까지 해결하기 위한 노력을 지속적으로 취했다. 본인이 해결하지 못하게 되자, 리더에게 도움을 청하였는데 리더와 함께 발생한 문제를 해결하고자 노력을 하였다. 그럼에도 불구하고 B 역시 그 문제를 해결하지 못하고 그 프로젝트가 중단되는 사태에 이르렀다. B는 어느 누구를 탓하지 않고 이 모든 것이 자신이 프로젝트를 이끌어가지 못한 잘못이라며 스스로를 자책했다. 이러한 B의 행동을 통해 주변 동료들은 B야말로 진정한 플레이어라며 칭찬을 아끼지 않았다.

자율과 책임. 수없이 들었지만 실천하기 어려운 말이다. 특히 조직 안에서는 더욱 그렇다. 왜냐하면 얼마만큼의 자율과 책임이 나에게 주어지는지 판단하기 어렵고 생각하고 싶지도 않기 때문이다. 대부분은 그저 시키는 일만 제대로 처리하고 문제가 발생했을 때 혹시라도 "나 때문에….."라는 말을 듣지 않을 만큼만 일을 하고 싶어한다. 하지만 플레이어에게 자율과 책임은 모두 중요하다. 책임이 동반된 자율성이 중요하다. 책임지지 않는 자율적인 처사는 그 누구도 인정해 주지 않는다. 자율적으로 일을 처리하고 실천하는 것은 바로 스스로 책임질 수 있다는 믿음에서 나오는 행동이다. 플레이어를 플레이어답게 만드는 것, 그것이 바로 책임이 동반된 자율성이라고 볼 수 있다. 우리는 어떤 플레이어와 일하고 싶은가? 어떤 플레이어로 성장하고 싶은가? 그렇게 하기 위해 우리는 어떤 문화를 가져가야 하는가? 그 해답은 이미 정해져 있다.

실패해도 괜찮아_'도전'하는 문화

도전정신. 숱하게 들어왔던 말이다. 한때 기업들은 도전정신의 키워드를 핵심가치로 내세워 조직문화 전반에 걸쳐 내재화하고자 노력했다. 하지만 도전정신을 외치던 기업의 직원들에게 물어보자.

"과연 일을 할 때 도전정신을 가지고 일하고 있나요?"

대부분의 직원들은 아니라고 대답할 것이다. 신입사원 교육 때부터, 핵심가치 교육, 리더십 교육 등 여러 교육을 통해 '우리 회사에서는 도전정신을 갖춘 인재를 원합니다.'라고 주야장천 강조하지만 현실은 도전적으로 일하는 직원들이 많지 않다. 이는 여러 가지 이유가 있다.

주도적으로 새로운 일에 도전하는 직원에게 더 많은 일이 몰릴 수도 있고, 새로운 일에 도전했을 때 온전히 혼자 책임져야 될 수도 있고, 주변에서 그 일에 대해 무신경할 수도 있다. 여러 이유 중 가장 큰 것은 바로 도전을 하는 것은 좋으나 실패했을 때 그 실패를 인정해 주지 않고 다그치고 책임을 지게 하는 문화가 만연해 있기 때문이다. 최근 급속도로 성장하고 있는 IT기업에서는 서서히 변화가 관찰되나, 기존의 전통적 제조업 기반 기업들에서는 여전히 큰 문제로 나타나고 있다.

플레이어에게 도전정신은 바로 자기 업무 영역을 계속해서 넓혀나가기 위한 노력을 의미한다. 플레이어는 반복된 업무에 만족하기보다 스스로 업무를 개척해 나감으로써 자신의 존재를 인정받고 싶어하는 존재이다. 그렇기 때문에 새로운 일에 도전하고, 한 번도 해

보지 않은 일을 시도하는 것이다. 이때마다 플레이어 주변의 선후
배 및 동료들은 플레이어가 도전적으로 시도하는 일에 대해 결과가
어떻게 나오든 격려와 지지를 해주는 것이 필요하다. 설령 실패로
끝난다 하더라도 도전한 것에 박수를 보내고 새로운 도전을 응원해
주어야 한다. 플레이어가 플레이그라운드에서 더 활발히 도전하며
뛰어놀 수 있도록 환경을 바꿔나가야 한다.

이러한 노력으로 조직에서 계속해서 새로운 플레이어를 만들어
낼 수 있으며, 플레이그라운드에서 플레이어에 의해 무수히 많은
성과를 만들어낼 수 있을 것이다. 성공과 실패에 상관없이 끊임없
이 새로운 일에 도전하는 플레이어와 그들이 만들어가는 플레이그
라운드를 기대해 본다.

초일류로 일하자_'스피드' 문화

최근 초일류로 일하는 사람들의 특징을 정의한 것 중에 첫 번째
가 목표(성과)이고, 두 번째가 납기(일정)라는 말을 들은 적이 있다.
그리고 이를 위해 가장 중요한 것이 바로 '스피드'라고 한다. 업무를
하는 데 있어 특히, 일을 잘하기 위해서는 왜 스피드가 중요할까?

요즘 시대를 흔히 VUCA 시대라고 부른다. 기업들이 과거에는 경험하지 못한 복잡하고 불확실한 상황과 위험이 점점 더 커져가고 있는 시대에 직면하고 있다. 그렇기 때문에 현시대를 살고 있는 플레이어는 전통적인 산업 시대의 업무 방식과는 다른 방식으로 경쟁 우위를 유지해야 되는 노력이 필요하다. 그것이 바로 스피드 있게 업무를 처리하는 것이며, 플레이어들이 이러한 문화를 지속적으로 만들어가는 것이 중요하다. 사례를 살펴보자.

A는 일을 잘하기로 소문난 직원이다. 이 소문을 듣고 때마침 '일 잘하는 방법' 콘텐츠를 만들기 위해 준비하고 있던 인사팀에서 인터뷰를 하게 되었다. 인터뷰를 하면서 인사팀 직원들은 실제 A가 일을 하는 방식을 따라 해보게 되었는데 결과는 '아, 일 잘하는 사람은 이렇게 일하는구나.'를 뼈저리게 느낄 수 있었다고 한다. A는 우선 주어진 일은 기한이 많이 남아 있음에도 불구하고 빠르게 처리를 한다. 언제 어떻게 다른 일이 자신에게 떨어질지 모르기 때문에 일이 주어지는 동시에 처리해 나가며, 이렇게 일을 처리하기 때문에 훨씬 더 많은 일을 짧은 시간 안에 처리할 수 있다고 한다. 그리고 단순히 스피드하게 업무를 하는 것만이 아니다. 잘못된 점이 발견되면 처음부터 작업을 하는 것이 아니라 거기서 다시 수정하고

반영하는 작업을 통해 리드타임을 줄여나간다. 이렇게 하면 빠르게 일을 처리하면서도 정확성을 높여서 주어진 일은 물론 주도적으로 업무를 개척해 나갈 수 있다고 한다.

위 사례와 같이 스피드 있게 업무를 처리하는 것이 플레이어에게 필요하다는 점을 알 수 있다. 더욱이 뷰카vuca 시대, 급변하는 경영 환경과 그에 따른 조직의 변화가 언제, 어떻게 나에게 영향을 끼칠지 모르는 상황에 처해 있다. 그렇기 때문에 플레이어답게 스피드 있게 업무를 해 나가며, 수정과 적용의 과정에서 성과를 만들어 나가는 노력이 필요하다. 리더는 그런 플레이어의 일하는 방식이 초일류로 일하는 방식임을 인정하고 성원과 지지를 아끼지 말아야 한다.

우리 모두가 함께 플레이어 _ 서로 '성장'하는 문화

얼마 전 모 교수님이 강연을 하면서 이런 질문을 했다.
"여러분은 어제보다 오늘 성장하고 있나요?"
그 질문을 받고 계속 곱씹어 답을 내리려고 노력해 보았지만 "잘 모르겠다."로 귀결되었다. "플레이어에게 성장은 중요한가?" 이 질문에 대한 정답은 정확히 알고 있다. 바로 "그렇다."이다. 플레이어에게 성장이란 계속해서 본인의 실력을 펼치기 위해 필수적으로 필요한 것이다. 왜냐하면 너무 많은 지식과 정보들이 넘쳐나는 세상에서 나의 업무와 연결하여 나만의 것으로 만들지 못하면 더 이상 지적 영역이 넓혀지지 않으며, 하루가 다르게 변화하는 조직의 상황과 문제에 맞춰 일을 처리할 수 없다. 내가 알고 있는 지식과 정보가 하루만 지나도 옛것이 되어 더 이상 쓸모가 없어지기 때문이다. 결국 성장의 이슈는 모든 플레이어에게는 반드시 함께 가져가야 할 동반자와 같다고 볼 수 있다.

그렇다면 "플레이어는 어떻게 성장할 수 있는가?" 이 질문에 대한 정답은 "함께 성장하는 것"이다. 플레이어와 플레이어가 선의의 경쟁자로서 서로를 견제하기도 하며, 함께 문제를 해결하기도 하며, 고민을 나누고 아이디어를 더해 가는 과정에서 성장이 이뤄지는 것이다. 스스로 학습하고 스스로 문제를 해결하는 것도 필요하지만, 이보다 각각의 플레이어가 모자란 부분을 채워주면서 시너지를 만들어 나가는 것이 더없이 중요하다. 시너지가 커지면 커질수록 플레이어의 개별 전문성은 더욱 향상될 것이며, 조직 차원에서의 역량도 더욱 높아질 것이다.

아프리카 격언 중에 '빨리 가려면 혼자 가고, 멀리 가려면 함께 가라.'는 말이 있다. 각각의 플레이어 개인만 잘 한다고 해서 성장이 보장되는 시대가 아니다. 본인의 능력, 행동과는 관계없이 성과를 내지 못할 때도 있다. 그렇기 때문에 우리는 조직 차원에서의 성장을 위해 각각의 플레이어들이 함께 서로를 배우고 존중하며 강점을 더욱 강화하기 위한 노력을 해야 한다. 예측 불허의 격변기를 사는 플레이어들은 기존의 '개인 플레이어'의 허물을 벗어던지고, 더 큰 성장과 발전, 시너지를 만들어 나가기 위한 '우리 모두의 플레이어'가 되어야 한다.

플레이어,
팔로워와
무엇이 다른가

플레이어를 한 마디로 요약하면 **'요즘 일잘러'**를 의미한다. 지금은 경영 환경도, 경제 시스템도, 사회적인 인식 합의 과정도 완전히 다른 뉴노멀의 시대이다. 그래서일까. 요즘의 플레이어에게는 과거 팔로워에게 일률적으로 요구하던 근면 성실함과 같은 '태도'적인 측면보다 남들과는 분명히 다르며 선명하게 돋보이는 '역량'을 요구한다. 조직 내에서 자신의 명확한 포지션을 인지하고 있으며, 자신만의 장점, 필살기를 끊임없이 개발한다. 이는 곧 **차별화된 역량**으로 이어진다.

또한 플레이어는 남다른 **마인드셋**Mindset도 가지고 있다. 이제 개인이 가진 역량뿐만 아니라 어떤 가치를 추구하는지에 따라 그 성과가 달라지는 시대이다. 요즘 MZ세대가 이전 세대보다 절차적인 안정성, 프로세스의 준수보다 전반적인 효율성, 가성비를 중요시하는 이유와도 맞닿아 있다. 과거 산업 현장에서 근로자의 일하는 시간이 곧 성과를 의미했던 시대는 제조, 대면 서비스업을 제외하고는 이미 대다수의 사업과 업종에서 사라지고 있다. 다만 얼마나 오래, 어디서 뭘 입고 일하는지 보다 이들 세대는 한정된 나의 시간과 자원을 최대로 활용하여 최상의 결과물을 만들고자 하는 마인드셋을 가지고 있다. 다시 말하면 플레이어는 '요즘' 시대의 '일잘러'이다.

마지막으로 요즘 플레이어 역시 **최고의 성과**Performance**를 추구**한다. 그렇기에 일을 함에 있어 어떤 일을 하는지부터가 더욱 중요해졌으며, '그냥 해', '그거 해봤는데 안돼'와 같은 기존의 생각에 보란 듯이 도전하여 빛나는 성과를 만들어낸다. 그렇기에 그들은 약점보다는 강점에 집중하고, 스스로 집중하고 있는 분야에 대해서는 그 누구보다 최선을 넘어서며, 자유롭게 일하되 결과로 인정받고자 한다. 이번 챕터는 바로 이와 같은 그들의 플레이가 역량, 마인드셋, 성과 측면에서 기존 팔로워와 무엇이 다른지 살펴보고자 한다.

1 플레이어의
Mindset

① 직장인 vs. 직업인

- **직장인**職場人 [명사] 규칙적으로 직장을 다니면서 급료를 받아 생활하는 사람.
- **직업인**職業人 [명사] 어떠한 직업에 종사하고 있는 사람.

똑같은 '일'을 하지만 그 일을 하는 사람을 정의하는 두 가지 단어가 존재한다. 한 명은 직장인, 한 명은 직업인이다. 같은 일을 하지만 '일'을 대하는 그들의 태도와 행동은 명백히 다르다. 직장인은 삶을 영위하기 위한 '돈'을 얻고자 직장을 다니는 사람들이고 직업인은 업業에 대한 사명감을 가지고 업을 추구하는 사람들이다. 주변을 둘러보면 생각보다 많은 직장인들이 매주 로또 당첨만을 기다리며 직장에서 주어진 일을 끝내고 주말이 오기만을 기다린다.

특히 9 to 6 이후의 워라밸을 중시 여기는 직장인의 경우, 그들의 삶은 저녁 6시부터 시작된다. 사실 우리의 소중한 삶과 일상은 오전 9시, 아니 어쩌면 출근을 준비하기 위해 일어나는 새벽 시간부터 시작된다. 근데 퇴근 후부터 진정한 삶이 시작된다고 생각하는 직장인의 경우, 10시간 이상의 천금 같은 시간을 버리는 것과 같다. 직장 생활 10년만 생각해도 도대체 직장이라는 공간에 버리는 시간이 얼마인가?

반면 직업인은 사명감과 소명의식을 가지고 자신의 일에 임하는 사람들이다. 스스로 일의 가치를 느끼고 '왜 이 일을 해야 하는지'에 대한 목적만 납득되면, 일상과 일의 경계가 불분명해진다. 직장이라는 공간에서 퇴근하더라도, 머릿속에는 일을 더 잘 해내기 위한 방법들을 고민하고 문득문득 떠오른 생각들을 바로 노트북을 켜고 정리한다. 직장인이 이들을 봤을 땐, 직업인들의 저녁 없는 삶을 안타깝게 느낄 수도 있고 '당신 회사도 아닌데 왜 그렇게까지 열심히 하냐'고 의아해 할 수도 있다. 그러나 시간이 흘러 태도가 아닌 일의 성과로 평가받기 시작하는 직책을 가질 때쯤, 이들의 삶은 명백히 달라진다.

앞으로 개인과 회사는 함께 고속 성장할 수 있는 '직업인'이 필요하다. 그렇다면 사전적 의미가 아닌, 회사와 조직에서 통용될 수 있는 '직업인'은 어떻게 정의할 수 있을까?

직업인

주도적 도전과 성취를 통해 자신의 권한과 책임을 확대해 가며 회사와 조직을 성장시키는 사람

그럼 조금 더 자세하게 들어가보자. 그동안 다양한 산업군과 기업 규모에서 직장 생활을 하며 많은 회사 선후배 및 동료들을 만나왔다. 그중, 소명의식과 사명감을 가지고 자신의 일에 진심인 사람들을 만나며 '이런 사람들은 직장인이 아니라 진짜 직업인이구나!'를 느꼈던 특성들을 다음와 같이 정리했다.

직업인 vs. 직장인

직업인	긍정 에너지	삶의 일부	개선
직장인	합리적 비평	워라밸	입증

직업인의 3가지 특성에 대해 조금 더 자세히 알아보자. 직장인은 이와 정확하게 '반대'라고 생각하면 되겠다.

하나, 긍정 에너지를 바탕에 둔다.

[조코 윌링크 Jocko Willink**⁕ 명언]**

- 임무가 취소되었나? ▶ "다른 업무에 집중할 수 있게 된 거네."

- 작전 지원을 받지 못했나? ▶ "간결함을 유지할 수 있게 된 거야."

- 예상치 못한 문제가 생겼나? ▶ "해결책을 찾을 기회가 온 거야."

- 승리하지 못했나? ▶ "그 문제들을 통해 배우게 된 거야."

직업인은 긍정 에너지를 바탕으로 '실패'에서 교훈을 찾고, 주도

⁕ 미국에서 활동하는 작가이자 팟캐스터이자 은퇴한 미 해군 장교로 Navy SEAL에서 복무했으며 SEAL Team 3의 전 구성원

적으로 개선할 용기를 가진다. 또한 예기치 못한 문제 상황에 부딪
혔을 때, "누구 때문이야." 대신 "함께 풀어보자"고 말하며 긍정의
힘을 전파하고 동료들을 응원한다. 반대로 직장인은 문제 상황을
맞닥뜨렸을 때, 이 상황의 책임자와 원인을 찾고 주변 동료들에게
"아. ○○○ 대리가 준비를 좀 완벽하게 하지 못한 것 같네."라며 탓
하거나 이 프로젝트가 실패할 수밖에 없는 명분을 찾는다. 동료들
은 새로운 프로젝트가 시작할 때, 과연 누구와 함께 일하고 싶을까?
긍정 에너지를 전파하며 동료들과 힘을 합쳐 문제를 해결하는 직업
인과 할 수 없는 이유만 찾는 직장인 중 당신이라면 누구와 동행하
고 싶은가?

둘, 일을 삶의 일부로 받아들인다.

직업인에게 사실 출퇴근 시간은 의미가 없다. 이들은 물리적으로 회사라는 공간에서 퇴근했더라도, 친구들을 만나러 가는 지하철에서 또는 샤워를 하면서도 '일'을 고민한다. 이는 9 to 6 정규 업무 시간을 채운 후, 퇴근을 하면 머릿속에서 '퇴근' 버튼을 누르고 완전히 다른 즐거움을 찾는 직장인들과는 확연히 다르다.

새로운 아이디어나 사업을 100배 성장시킬 아이디어는 갑자기 떠오르는 것이 아니다. 끊임없는 고민과 성찰을 통해 나온 결과물이다. 게임회사를 다닌 A과장이 만난 B게임 기획자의 사무실 한 벽면은 게임 등장인물들의 사진으로 가득 차 있다. 그리고 몇 시간을 그 벽을 바라보면서 골똘히 고민하는 B기획자의 모습이 자주 발견된다. 그뿐만 아니라 모두가 퇴근하는 시간, 밤 10시 이후에도 그 모습은 다른 구성원들에게 자주 목격된다. 어느 날 A과장은 B기획자에게 물었다.

A과장 무슨 생각을 그렇게 골똘히 하시나요?

B게임 기획자 등장인물 간 능력치를 어떻게 하면 유저들이 가장 좋아할 수 있는 밸런스로 맞출 수 있을지 고민입니다. 이는 아주 세심한 작업이라 끊임없이 고민해야 하거든요.

회사에서 진행하는 일들은 모두 '목적'이 있다. 게다가 회사원들 모두 그 노동에 대한 대가로 월급을 받고 있기에, 회사가 기대하는 성과에 부응해 탁월한 성과를 창출해야만 한다. 아침에 출근해서 저녁 6시까지 주어진 일을 근근이 해내며 시간을 버텨내는 사람 vs. 시간 가는 줄 모르고 자신에게 주어진 일을 조금이라도 더 잘 해내기 위해 사명감을 가지고 치열하게 고민하는 사람 중, 누구의 성과가 더 탁월할 것인가? 10년 뒤 이들의 자리는 어떻게 그리고 얼마나 달라져 있을까?

셋, 개선하려고 노력한다.

직업인은 경쟁에서 타인을 이기는 것보다 자신이 속한 업계에서 전문가가 되겠다는 자기만의 목표 지점에 도달하는 데 주요한 관심이 있다. 반면 직장인은 직장 내에서 내가 남보다 더 낫다는 걸 입증하려고 한다. 이들은 직장 내의 구도를 승진과 탈락, 즉 이기고 지는 프레임으로 보기 때문에 경쟁적인 태도를 취한다. 그렇기에 조직 내 목표 설정 방식부터 다르다. 직업인은 스스로 몰입할 수 있고 성장할 수 있는 높은 목표를 세우고, 성취하기 위해 몰입한다. 그렇기에 회사에서 '이 정도면 된다'는 기준을 훨씬 넘어서는 경우도 있다.

대표적 사례로, 회사에서 캐릭터 아트를 담당하고 있는 A차장의 경우, 캐릭터의 눈썹 한 올 한 올, 눈에 보일까 말까 한 손톱까지 세심하게 신경 쓰며 지우고 그렸다를 반복한다. 누가 봐도 '이 정도도 충분히 잘 그렸는데?'라고 생각할 수 있지만, A차장은 스스로 만족하지 못했다. 이러한 특성을 가진 직업인들 덕분에, 유저들 사이에서 A차장이 만들고 있는 게임이 '장인 정신'의 대표작으로 평가받고 있다.

반면, 회사에서 도전적인 목표를 요구할 때마다 지금도 충분히 버겁다며 이를 거부하는 사람들도 있다.

B과장이 만난 C차장 선배의 경우, 10년 이상 채용 분야에서 일하며 현업 요구사항에 대한 빠른 응대와 친절함으로 현업에 있는 동료들의 칭찬이 자자하다. 그러나 최근에 IT회사들의 공격적인 채용 브랜딩 활동들로 인재 영입 경쟁이 치열해지면서, B과장이 속한 회사에서도 잘나가는 회사 서비스만 믿고 채용 브랜딩 업무를 하지 않을 수 없어 C차장 선배에게 미션이 내려졌다. 그러나 C차장은 현재도 개발본부에서 인력을 뽑아 달라는 요구사항이 많아 그 일에 집중할 수 없다며 2년 동안 차일피일 미뤄왔다. 실무자끼리 모여 있을 때마다 C차장은 "나는 지금 너무 편하고 익숙한데, 왜 계속 브랜딩 기획 업무를 나한테 주는지 모르겠다."라며 불평했다. 그 결

과, 그 일을 수행할 과장 직급 후배가 들어왔고, 조직장은 그 과장에게 C 차장의 채용 업무까지 모두 인수인계 받으라는 미션을 부여했다. 게다가 그 과장은 업무 욕심까지 있는 후배라, C차장의 업무 역할 범위가 빠르게 줄어들고 있다.

결과론적으로는 자신을 입증하려는 직장인보다, 성취를 목표로 개선하는 전략을 취하는 직업인이 더 나은 '경쟁력'을 갖추게 된다. 무언가 입증하려는 직장인은 자신이 개선할 점이 별로 없으며 이미 경지에 올랐다는 것을 보여주려 애쓰기 때문이다. 또한 자신의 능력을 입증하려는 직장인은 익숙한 분야에만 머무르는데, 그것이 자신의 능력을 입증할 수 있는 안전한 전략이기 때문이다. 반면 개선하려는 직업인은 새로운 분야에 대한 호기심을 가지고 있어 도전을 두려워하지 않는다. 도전하는 과정에서 새로운 일과 지식을 배우며 한 단계 더 성장할 수 있는 기회라고 생각한다.

최근 코로나 및 물가 급등 등 다양한 요인으로 기업의 경영 환경이 어려워지면서 양질의 일자리가 통계상 부족하다. 그러나 아이러니하게도, 기업 인사 담당자로서 느끼는 현실은 정 반대다. 대기업부터 스타트업까지 대부분의 기업들은 인재, 즉 '직업인'에 목말라 있다. 주변 인사 담당 동료들에게 물어봐도, 기업에서 채용해야 할 포지션은 계속해서 늘어가고 있지만 적합한 사람을 찾지 못해 보류하고 있는 케이스도 상당하다고 한다. 트렌드와 기술이 빠르게 변화하는 때, 기업은 회사의 비전에 공감하고 이를 함께 달성해 나갈 수 있는 강한 사명감과 책임감을 가진 직업인을 채용하고 싶다.

회사에서 하루하루 버티는 삶, 퇴근하면 잠깐은 행복하지만 당장 내일 아침이 되면 퇴사하고 싶다는 생각만 하며 반복되는 일상을 살아가는 '직장인'이 될 것인가? 아니면 자신의 일의 가치를 발견하고 완전히 몰입해 조직 내 역량을 인정받으며 '나'만의 브랜드를 만들어 나가는 직업인이 될 것인가? 선택은 당신의 몫이다.

② 고정 마인드셋 vs. 성장 마인드셋

2021년 잡코리아와 알바몬이 MZ세대 취준생과 직장인 1,776명을 대상으로 진행한 '직업에 대한 태도'에 대한 설문조사 결과 '직업을 통해 이루고 싶은 것'이라는 질문에 '개인의 역량 향상과 발전'이라는 답변이 56.4%(복수 선택 응답률)로 가장 많았다. 2020년 대학내일 20대연구소에서 발표한 「2020 세대별 워킹 트렌드」에서는 '세대별로 업무를 통해 추구하는 가치'라는 질문에 Z세대의 27.1%가 '자아 실현'을, 18.6%가 지적 성장을 꼽았다. 재미있는 부분은, 세 번째 항목이 '경제활동 수단(11.4%)'으로 조사되었는데, 같은 항목에 대해 X세대와 밀레니얼 세대에서는 각각 28.7%, 28.5%로 직업 활동의 가장 중요한 목적인 것으로 조사되었다.

한편, K 인터넷 서점 사이트에 '성장'을 키워드로 검색해 보면 1만 권이 넘는 도서가 검색된다. 실제로 수년 전 『5초의 법칙』(멜 로빈스Mel Robbins, 2017, 한빛비즈), 『미라클 모닝』(할 엘로드Hal Elrod, 2016, 한빛비즈) 등과 같이 '성장'을 주제로 한 책들이 베스트셀러에 오르기도 했었고, 여기서 파생되어 유튜브에서 '미라클 모닝'을 키워드로 검색해 보면 〈미라클 모닝 1년 후기〉, 〈200명과 함께 미라클 모닝 도전기〉 등 다양한 챌린지 영상이 검색되기도 한다. 이러한 '성장 붐Boom'은 '고정 마인드셋'과 '성장 마인드셋'의 개념을 제시한 『마인드셋』(캐럴 드웩Carol S. Dweck, Ph.D., 2017, 스몰빅라이프)이 베스트셀러에 이르면서 절정에 이른다(고정 마인드셋과 성장 마인드셋에 대해서는 해당 도서를 참고하거나, 유튜브에 '성장 마인드셋'을 키워드로 검색해 보자. 무수히 많은 영상을 확인할 수 있을 것이다).

바야흐로 **'성장의 시대'**, '호모 아카데미쿠스'의 시대인 듯하다.

어떻게 성장할 것인가?

'성장의 시대'에 '끊임없이 자기개발을 하고 성장해야겠구나.'라는 생각이 들었다면 나의 성장을 위해서 어떻게 해야 할 것인가? 정답은 없겠지만 자신만의 성장 로드맵을 그리기 위한 몇 가지 방법을 제안한다.

하나, 비교하지 말자

성장을 위한 자기개발을 계획하고 실행하는 과정에서 가장 경계해야 할 부분이 바로 '다른 사람과 나를 비교하는 것'이다. '나는 이만큼 했는데 저 친구는 아직 저 정도밖에 성장하지 못했군.', '내가 저 친구보다 더 빨리 가고 있어.'와 같이 타인과 자신을 비교한다면 이는 곧 자만심으로 이어지고 우물 안 개구리가 되기 십상이다. 성장은 '저 사람보다 더 나아지는 것'이 아니다. 달리기 경기나 요트 경기처럼, 상대방보다 앞서가기만 하면 성공하는 게임이 아니다. 상대방과의 경쟁이 아닌, 나 자신을 더욱더 가꾸고 발전시켜나가는 과정이 바로 성장의 과정이다.

반대로, '저 친구는 벌써 저만큼 성장했는데, 나는 왜 아직 이 모양일까?', '난 이미 늦은 걸까?'와 같이 타인과 자신을 비교하며 주눅들거나 조바심 낼 이유도, 필요도 없다. 이는 곧 자존감 저하와 자기 비하로 이어지고 스스로의 동기를 무너뜨리게 될 수도 있다. 사람은 누구나 그릇의 크기가 다르고, 가지고 있는 역량도 다르다. 방향과 속도도 제각각이다. 각자의 목표를 바라보고, 각자 현재 위치에서 각자가 할 수 있는 방법과 속도로 노력하여 자기만족을 위한 성장을 해 나가는 것이다.

둘, 따라 하지 말자

다른 사람과 자신이 다르니 비교하지 말자고 했다. 당연히 성장하기 위한 노력도 자신에게 맞는 방법을 찾고, 선택해야 한다. 주변을 둘러보면, 자기개발, 성장도 하나의 유행, 트렌드처럼 여기는 경우들이 많다. "요즘은 미라클 모닝이 대세래.", "연예인 ○○○도 미라클 모닝 열심히 한다고 하던데, 나도 한 번 해볼까."와 같이 유행하는 아이템을 소비하듯 접근하면 처절한 실패를 맛보는 경우가 많다.

실제로 『5초의 법칙』에서 얘기하는 것처럼, 무언가 결정의 순간이 왔을 때 좌고우면하지 말고 로켓 발사를 카운트다운 하듯이 5초 이내로 결단을 내리고 실행에 옮기는 방법은, 평소 우유부단하고 '결정 장애'를 가진 사람에게 도움이 될 수도 있다. 그러나, 평소에 작은 결정이라 하더라도 최대한 많은 경우의 수를 생각하고, 비교 분석하여 최선의 선택을 내리기를 선호하는 사람에게는 큰 도움이 되지 않을 것이다. 아니, 오히려 역효과를 볼 수도 있다.

마찬가지로 새벽 일찍 일어나 한두 시간을 오롯이 자기개발에 투자하는 『미라클 모닝』 역시 소위 '아침형 인간'처럼 생활패턴이나 바이오리듬이 맞고, 강력한 의지를 가진 사람에게는 마치 신세계를 만난 것처럼 놀라운 결과를 가져올 수도 있겠지만, 본인에게 맞지 않은 사람에게는 수면의 질이 낮아져 만성 피로를 겪거나 '아침형 인간'이 되기 위해 '저녁이 없는 삶'을 살게 되거나, 며칠 해보다가 '아, 역시 난 안돼, 내가 늘 그렇지 뭐'라는 식으로 자포자기하게 되면 오히려 더 큰 역효과를 볼 수 있다.

성장 노력은 유행도, 트렌드도, 누구에게나 공통적으로 적용되는 '만능 아이템'도 아니다. 자신의 상황과 성향에 맞는 무언가(그것이 무엇인지를 찾는 것은 바로 자신의 몫이다.)를 찾아 꾸준히 노력해 보자. 메모하는 습관을 가진 사람은 시시때때로 떠오르는 아이디어와 생각들을 수첩이나 스마트폰 메모장에 기록하거나, 급할 때는 녹음을 해두는 노력들이 성장의 발판이 될 수 있을 것이다. 미라클 모닝은 상황상 할 수 없고, 출근 시간에 스마트폰으로 무언가를 보고 듣는 것을 좋아한다면, 그 시간을 활용해 외국어 공부든 교양 강의들을 꾸준히 들어보자. 남들이 중요하지 않다고 생각되는 아이템도 나에게 의미가 있다면 남들 시선 신경 쓰지 말고 그 분야의 최고가 될 때까지 노력해 보자. 언젠가는 자신의 몸에 꼭 맞는 방법들을 통해 한 뼘 더 성장해 있는 스스로를 발견할 수도 있을 것이다.

셋, '성장의 끝 그림'을 먼저 그려보자

개인적으로 가장 중요하다고 생각하는 '성장의 끝 그림 그리기'이다. 성장 방법을 찾기 전에 선행되어야 할 것이 바로 성장의 방향과 목표지점을 설정하는 것이다. 일명 '성장의 북극성'을 설정해 보자. 끝 그림이 명확하다면, 그 과정상의 방법은 유연하게 변할 수 있다. '골프 백돌이 탈출'이라는 목표를 가졌다면, 프로에게 레슨을 받을 수도, 일주일에 3번 이상은 연습장에서 열심히 연습을 할 수도, 유튜브에서 다양한 프로들의 레슨 영상을 찾아볼 수도 있을 것이다.

성장의 끝 그림은 선명할수록 좋다. 생각만 하지 말고 글로 써보자. 글로만 쓰지 말고 시각적으로 상상해 보고 그려보자. 혼자만 간직하지 말고 주위에 알려보자. 성장의 북극성은 점점 더 선명해질 것이고, 달성하고자 하는 동기도 점점 커질 것이다.

오늘부터 시작

　자신이 가진 것을 하루하루 소진해 가며 번-아웃이 될 것인가, 자신의 능력이 소비되어가는 만큼 지속적으로 노력하고 성장하여 새로운 무기를 장착해 갈 것인가. 목표도 없이 남들과 비교하고 남들을 따라 하며 우왕좌왕하다가 넘어지고 실패하고 스스로를 비판할 것인가. 바로 오늘부터 자신만의 '성장의 끝 그림'을 그리고 자신의 현재 위치에서 할 수 있는 자신만의 방법을 찾아 하나씩 실천해 보자.

래퍼 비와이,
"내일의 목표를 어제 이룬 것처럼 오늘 행동하라."

〈쇼미더머니〉 시즌5 우승자인 래퍼 비와이Bewhy의 꿈에 대한 인터뷰를 소개하고자 한다.

비와이는 고등학생 시절, 자신의 꿈을 이루기 위한 방법으로 「비와이 열풍」이라는 제목으로 자신에 대한 기사를 작성했고, 〈쇼미더머니〉 우승을 한 그해에 자신이 작성했던 기사의 내용을 현실에서 모두 이루었다고 한다. 그는 '내일의 목표를 어제 이룬 것처럼 오늘 행동하라.'는 신념에 따라 '안 이루어지면 어쩌지?'라는 걱정보다는 자신감을 넘어선 확신을 가지고 노력한 끝에 자신의 꿈을 이룰 수 있었다고 한다.

"스스로 인정해 주는 게 중요한 것 같아요. 남이 인정해 주는 건 남이 준 자신감인 거잖아요."

고등학생 시절, 자신이 음악을 좋아한다는 것을 깨닫고 인정한 이후부터 그 꿈을 이룰 생각에 너무나도 행복했었다는 비와이처럼, '성장의 끝그림'을 그리고 행복한 노력을 통해 목표한 성장을 이루어내는 여러분이 되기를 바란다.

자세한 이야기는 다음의 영상을 참고해 보자.

https://www.youtube.com/watch?v=w3NxoSg17Fc

3 아웃사이드 인 vs. 인사이드 아웃

문제 해결을 위한 2가지 전략

우연히 2015년 픽사Fixar에서 제작한 애니메이션 〈인사이드 아웃〉이라는 영화를 본 적이 있다. 극사실주의 형태의 영화와 드라마를 즐겨보는 편이라 애니메이션을 좋아하지 않지만 주위의 강력한 추천으로 보고 싶다는 호기심이 생겼고 평점이 9점대여서 나름의 기대감을 가지고 영화를 보게 되었다. 영화를 보고 난 후 나 역시 주변 사람들에게 이 영화를 추천하기 시작했다. 그만큼 큰 감동과 인사이트를 얻었다.

'인사이드 아웃'이라는 말은 마케팅 전략에서 나온 용어이다. 화살표가 안쪽에서 바깥쪽으로 가야 한다는 말이다. 여기서 인사이드는 '기업'을 의미하며, 기업의 이익과 목적 그리고 주주들의 이익을 위해서 경영을 한다는 뜻을 내포하고 있다. '인사이드 아웃' 전략과 반대로 '아웃사이드 인' 전략이 있다. 한마디로 설명하면 '고객' 중심 경영, 즉 지속적으로 고객이 원하는 바를 파악하고 불만을 체크하여 소통함으로써 마케팅과 경영의 전반에 걸쳐 고객의 눈높이에 맞추고 귀를 기울이는 전략이다. 〈인사이드 아웃〉 영화는 마케팅과 관련된 이야기를 하는 것도 아니고, 영화 스토리 역시 경영과는 전혀 관련이 없는 이야기이다. 다만, 경영 전반에 이런 전략이 활용되고 있고, 영화를 통해서 전하고자 하는 메시지가 자신을 스스로 경영하고 성장시키기 위한 마인드셋을 강조하고 있기 때문에 자신의 상황을 대입하여 곱씹어 볼 만한 주제임은 분명하다.

영화, 마케팅 전략과는 별개로 우리가 조직 내 일하는 과정에서 문제상황을 해결하기 위한 마음가짐에 따라 '아웃사이드 인', '인사이드 아웃'은 다른 의미로 해석될 수 있다. 여기서는 '아웃사이드 인 Outside In'의 의미를 '문제의 원인이나 결과를 바깥쪽에서 찾는 사람'으로 해석하고, 반대로 '인사이드 아웃 Inside Out'의 의미는 안쪽, 즉 '문제의 원인과 결과를 자신으로부터 찾는 사람'으로 해석해 보고자 한다. 업무적 관점에서 플레이어라면 어떤 전략을 활용할 수 있을까? 아웃사이드 인 할 것인가, 인사이드 아웃 할 것인가. 2명의 사례를 통해 문제상황에서 어떤 마음가짐이 중요하고 필요한지 살펴보도록 하자.

아웃사이드 인 Outside In

여기 업무적으로 '아웃사이드 인' 하는 A과장이 있다. A과장은 팀에서 중간관리자 역할을 수행하고 있다. 어느덧 사업계획 수립 시즌이 다가왔고, A과장의 팀에서도 내년 예산을 수립하라는 지시가 떨어졌다. A과장은 팀장으로부터 팀원별로 담당하고 있는 업무에서 필요한 예산을 작성하고 취합하여 보고해 달라는 지시를 받았다. A과장은 팀원들에게 팀장의 지시사항을 전달하고 기한 내 작성해 달라고 요청했다. 작성 기간이 다 되어서 A과장은 팀원들에게 전달받은 양식을 토대로 전체 취합을 한 후 팀장에게 공유하였고, 일정을 잡고 팀장과 함께 예산안에 대해 리뷰하는 시간을 가졌다.

여기서 사건이 터지고 말았다. A과장은 팀원들이 작성해 준 양식을 그대로 복사/붙여넣기 하였는데 팀원별로 그 예산이 어떤 기준과 원칙에 의해 작성이 된 것인지 논의가 되지 않은 상태였다. 예산의 적정성에 대해 팀원들과 합의가 이뤄지지 않았던 것이다. 또한 당해 연도 예산 사용 실적 대비 내년 예산 비용 수준이 약 20% 높게 책정되었는데, 이 부분도 팀원들의 의견을 들어보지 않고 그대로 작성을 하는 바람에 그 사유를 알지 못하였다. 팀장은 A과장의 잘못을 지적했고, A과장은 자신이 잘못했음을 인지하였지만 팀원들이 처음부터 적정한 기준에 맞게 예산을 작성하지 않은 것이라고 답변했다. 더 나아가 예산 수립을 지시하였을 때 자신의 역할에 대해 팀장이 제대로 설명해 주지 않았고 자신은 팀장 지시 사항에 맞게 해야 될 일만 하였다는 식으로 문제를 회피하려고 했다. 팀장은 중간 관리자로서 A과장이 팀에서 해야 될 역할과 문제를 해결하는 방식에 대해서 계속 설명하였지만, A과장은 끝내 자신의 잘못을 반성하고 성찰하기보다 자신이 책임을 지지 않으려는 태도로 일관했다.

자신으로부터 문제를 발견하고 해결하는 것이 아닌 문제를 회피하고 남 탓으로 돌리려는 A과장의 아웃사이드 인 마인드셋은 문제해결 과정에서 적정하다고 볼 수 있을까? 일 잘하는 플레이어의 관점에서 본다면 당연히 적절하지 않다고 판단할 수 있을 것이다.

인사이드 아웃 Inside Out

여기 '인사이드 아웃' 하는 B과장이 있다. B과장 역시 팀에서 중간

관리자 역할을 수행하고 있다. 사내에서는 그룹웨어 플랫폼을 신규로 개발하고 적용하기 위한 프로젝트가 진행 중인데, B과장은 팀을 대표하여 프로젝트 멤버로 참여하게 되었다. 킥오프Kick-off 이후 프로젝트가 진행되는 과정에서 매주 회의를 통해 안건을 상정하고 이를 해결하기 위한 노력을 지속하고 있었다. 어느 날 그룹웨어에 필요한 기능을 전사 차원에서 조사하던 중 B과장의 팀에서 특정 기능이 필요하다는 것을 인지하게 되었다. 그리고 이 기능이 필요하다는 것을 프로젝트 멤버들에게 설득하는 과정에서 B과장은 여러 문제상황을 맞닥뜨리게 되었다.

우선 제한적인 개발 예산 때문에 전사 차원에서 필요한 여러 가지 기능 중 일부만 선택하여 플랫폼에 넣을 수 있다는 문제가 생겼다. 즉, B과장의 팀에서 필요한 기능이 전사 차원에서도 반드시 필요한 기능인지를 명확하게 설명할 수 있어야 했다. 두 번째는 추가적인 비용이 소요되지 않기 위해서 기능 설계 시 모든 팀이 만족할 수 있도록 설계가 되어야 했다. B과장은 고민에 빠졌다. 자신이 IT 전문가도 아닐뿐더러 관련 지식이 많지 않았기 때문에 프로젝트 멤버들을 설득할 자신이 없었다. 그럼에도 불구하고 프로젝트는 계속 진행되어야 하므로 B과장은 문제를 반드시 해결해야만 하는 상황에 놓이게 되었다. B과장은 먼저 자신이 IT 전문가가 되어야 할 만큼 지식을 쌓아야 설득을 할 수 있다고 생각했다. 그래서 관련된 서적과 문헌 자료를 살펴보며 필요한 기능에 대해 이해하는 노력을 하기 시작하였다. 더불어 팀원들에게 도움을 요청해 기능 설계 시 필요한 세부 체크리스트를 함께 만들고, IT 부서 담당자들에게 조언을 구해 이를 구체화해 나갔다. 결국 B과장은 명확한 설명과 충분한 설득의 과정을 통해 자신의 팀에서 필요한 기능이 전사적으로 반드시 필요한 기능임을 어필할 수 있었고 여러 문제 상황을 슬기롭게 해결해 나갈 수 있었다.

위에서 살펴본 B과장의 사례로 본 문제 해결 과정에서의 아웃사이드 인 마인드셋은 어떠한가? 일 잘하는 플레이어의 관점에서 납득할 만한 노력으로 보이는가? 충분히 그렇다고 답할 수 있을 것이다.

플레이어의 마인드셋 강화 방법

지금까지 2가지 사례를 통해 문제를 해결하는 과정에서 어떤 마음가짐을 가져야 할지 살펴보았다. 특히 인사이드 아웃 마인드셋을 통해 살펴본 바와 같이 스스로 문제를 발견하고 이를 해결하기 위한 노력이나, 타인의 도움을 통하면 얼마든지 멈춰 있지 않고 성장할 수 있다는 것을 확인할 수 있었다.

세상에는 2가지 부류의 사람이 있다. 아무리 어렵고 힘든 일일지라도 위험을 감수하고 기꺼이 도전하는 사람, 아니면 안전이 보장된 테두리를 크게 벗어나지 않고 그 안에서만 머무르려는 사람. 누구에게나 새로운 일, 한 번도 해보지 않았던 일을 시작하는 것은 어려운 일이다. 하지만 마지막에 웃는 사람은 과정이 아무리 힘들고 지치더라도 자신의 상태를 냉정하게 평가하고, 오늘 보다 더 나은 내일을 위해 매 순간 어려움에 맞서 끊임없이 도전과 성장하는 사람이다. 조직의 생리도 마찬가지이다. 마지막에 우뚝 서서 그 자리에 멈춰 있는 팔로워들을 웃으며 바라보는 플레이어가 되고 싶은가? 그렇다면 플레이어로서 스스로를 발전시키기 위한 방법 3가지를 제언해 본다.

첫째, 배우려는 의지, 즉 학습에 대한 열정이 필요하다. 자신이 기존에 알고 있는 것에만 매몰되면 지금까지 겪어보지 못한 상황에서 발생하는 여러 문제들을 효과적으로 해결하기 어렵다. 배우려는 의지에 따라 새로운 지식이 축적되며 이를 실천하면서 문제 해결 역량이 높아질 수밖에 없다. 성장하고자 한다면 배우는 것이 필수이다.

둘째, 피드백을 수용하고 반영하는 긍정적인 태도가 필요하다. 어쩔 수 없이 우리는 조직에서 상사, 부하, 동료 등 다양한 사람들을 통해 피드백을 받게 된다. 단순히 피드백을 받는 것에 그친다면 거기서 성장은 멈출 수밖에 없다. 피드백을 수용하고 개선하려는 노력을 통해 발전하게 되는 것이다. 그러므로 긍정적인 태도로 나를 위한 피드백을 적극적으로 수용하는 자세를 가져야 한다.

셋째, 자신을 칭찬하는 노력이 필요하다. 누구나 문제 해결 과정에서 실패도 하고 성공을 하기도 한다. 결과에만 몰두하게 되면 실패를 했을 때 거기에 매몰되어 쉽게 빠져나오기 어려울 수 있다. 그렇기 때문에 실패든 성공이든 결과보다 과정에 만족하며 스스로 칭찬하고, 과정을 통해 배울 수 있도록 해야 한다. 결국 시간이 지나게 되면 칭찬을 바탕으로 더 나은 방향으로 성장하고자 노력하는 사람이 플레이어로서 그 역량을 발휘할 수 있을 것이다.

고여 있는 우물이 아닌 흘러가는 강물처럼 스스로 나아지기 위해 끊임없이 자신을 증명해 나가는 플레이어로서 부단히 성장하기를 기대해 본다.

④ 실패 = 장벽 vs. 새로운 기회

요즘처럼 스마트폰도, PC도 대중화가 되지 않았던 약 20년 전. 거의 모든 동네마다 오락실이 존재했다. 당시 하루 용돈은 몇 백 원에 불과했고, 한 판에 백 원이라는 돈을 투자해서 최대한 오래 게임해야 효용은 늘어났다. 오락실 사장님은 기계별 게임마다 난이도를 설정할 수 있는데, 이것을 높게 설정할수록 게임 플레이가 초반에 빨리 끝나기 때문에 사람이 많이 몰리는 가게일수록 대부분 높은 난이도로 세팅했다. 그렇기 때문에 게임을 클리어 하고 엔딩을 보는 사람은 극히 드물었고, 게임을 클리어 한 그들은 나름 그 동네 오락실에서는 스타였다(물론 사장님에게는 빌런이었다). 일면식 없는 인연이지만, 그들의 플레이를 보기 위해 관중들은 몰려들었다. 남들이 할 수 없는 클리어의 기쁨을 맛본 그들은 멈추지 않았고 끊임없이 진화했다. 버그를 발견한다거나, 치트키를 쓴다거나, 누구도 선호하지 않는 약캐(약한 캐릭터)로 우리가 전혀 상상조차 할 수 없는 방법과 과정으로 클리어의 기쁨을 만끽한다. 과연 이런 사람들은 어떤 특성을 가졌을까? 남들보다 뛰어난 재능을 가지고 있을까? 동체시력이 강한가? 아니면 신들린 컨트롤? 결론부터 이야기하면 정말 극소수를 제외하고는 그들은 매우 평범하다. 다만 몇 가지 합리적인 차이점을 가지고 있을 뿐이다.

우선 그들은 해당 게임에 엄청난 돈과 시간을 투자한다. 일반적인 사람들이 전체 용돈의 10분의 1을 오락실에 소비한다면, 이들은 거의 전부를 쏟아붓는다. 두 번째로 끊임없이 새로운 방법을 연구한다. 이렇게도 해보고 저렇게도 해보고, 때로는 과감하게 도전하고 실패하기를 반복하면서 그들은 심지어 개발자가 의도하지 않았던 오류마저도 발견하고 이마저 기회로 만든다. 마지막으로 진심으로 해당 게임을, 그리고 과정을 좋아한다. 대부분의 게이머들은 도중에 실패하지 않고, 클리어하는 것을 목표로 게임에 임한다. 그렇기에 실패하는 것에, 내가 투자한 코인과 시간이 낭비된 것에 아까워한다. 또한 우연한 승리에도 기뻐한다. 하지만 진정한 프로 게이머들, 플레이어들은 다르다. 때로는 실패가 뻔히 보이는데도 아무도 생각하지 못한 방식의 플레이를 반복하며, 성공을 했을 때도 물론 좋겠지만 설사 실패하더라도 해당 과정에서 재미를 느낀다.

물론 회사에서 하고 있는 일을 게임으로 비유하기에는 각각이 가지고 있는 책임의 무게가 다르고, 수행되는 환경이나 목적이 너무나 상이한 것이 사실이다. 하지만 반복되는 실패에 좌절하고 멈춰서는 팔로워와는 달리, 이 실패마저도 새로운 도전과 성장의 기회로 만들어버리는 플레이어를 설명하기 위한 예시로서 매우 적절해 보인다. 왜냐하면 플레이어는 마치 게임에 푹 빠진 게이머처럼 어리석을 정도로 자신의 일에 집착하고, 새로운 도전과 실패를 두려워하지 않으며, 그 과정에서 최고의 과정을 만들어내기 때문이다.

플레이어들이 일에 빠지는 이유 = 재미와 의미

우리는 모두 유희하는 인간, 호모 루덴스이다. 반복되는 일상에서 나름의 재미를 찾기 위해 영화를 본다거나, 친구들을 만나 수다를 떤다. 휴일에는 일상에서 벗어나 드라이브를 가거나, 색다른 경험(재미)을 찾아 집 밖을 나선다. 대부분의 플레이어들이 일에 몰입하는 이유는 정말 그 일이 재미있기 때문이다. 해당 과업을 어떻게 처리하면 좋을지 고민하는 과정부터 수많은 난관을 헤쳐나가는 그 과정에서 그들은 보람을 느끼고 즐거움을 얻게 된다. 더욱 놀라운 것은 설사 처음에는 흥미가 없던 일일지라도, 그 일의 효율성과 성과를 높이는 일에 그들은 다시금 매력을 느낀다는 사실이다. 그렇기에 플레이어는 지시받지 않는다. 주어진 퀘스트를 수행하는 자체에 즐거움을 느끼기 때문에 시키지 않아도 주도적으로 일할 수 있는 내적 동기가 그들의 내면에 가득하다.

다만 아무리 플레이어라 할지라도 외부적인 요인에 의해 그들의 재미가 반감되면 그들의 주도성과 생산성은 급격히 떨어진다. 내가 재미있어서 게임(일)을 하는데, 심지어 잘하고 있는데도 누가 옆에서 이래라저래라 참견하거나 세세한 것까지 지시하고 간섭한다면 당장 그 장소를 떠나고 싶어할 것이다. 또한 리더의 마이크로 매니징이 아니더라도 주변의 영향력 있는 관전자가 프로 참견러이거나, 부정적인 마인드의 소유자여도 마찬가지이다. 특히 과도한 걱정과 뭘 해도 안 되는 이유만 찾는 이들과 함께 있다면 그들의 부정적 생각이 미러링mirroring되고, 플레이어들의 표정과 마음에서 웃음은 자연히 사라지게 된다. 특히 주도적이고 자기 지향적인 요즘 MZ세대 플레이어의 경우 이와 같은 환경에서는 그 어떤 일의 의미(재미, 성장)를 느끼지 못하고 조직을 과감히 이탈하려 할 것이다. 그들은 결코 인내력이 없는 것이 아니다. 보다 합리적인 선택을 하는 것일 뿐.

그들은 새로운 방식에 도전하는 것을 두려워하지 않는다

지금까지 수많은 일잘러, 플레이어를 만나봤지만 과거 함께 근무했던 후배 A야말로 새로운 방식에 끝판왕이다. 조금 과장된 비유 같겠지만 곁에서 지켜본 느낌은 마치 리더는 총을 만들라고 했는데 폭격기를 만들어 온다거나, 상대의 항복을 받아오는 식의 일 처리를 보여주었다. 당연히 A는 2년 후배였지만, 나름 빠르게 승진한 나보다도 1년 더 빠르게 높은 직급으로 승진했다. 그는 일의 목적을 먼저 생각했고, 이기는 방법을 정확하게 알고 있었다. 보통은 우리도 생각은 하지만 현실적으로는 할 수 없는 많은 일들, 이른바 'I Know, but Cannot' 부류의 극악 난이도의 솔루션을 A는 어떻게 그렇게 잘 할 수 있었을까?

우선 A는 수용력이 대단히 뛰어나다. 보통 한 분야에서 3년 이상 근무한 대리급 정도만 돼도 어느 정도 전문성을 발휘할 수 있다. 그리고 보통 이 시기부터 우리에게는 방어기제라는 것이 생긴다. 상대방의 지적이나 질문에 적절하게 대응하지 못하는 경우 지금까지 고생했던 것만큼 아니 그 이상의 추가적인 나의 자원이 투입되어야 하기 때문이다. 이는 어쩌면 지극히 자연스러운 현상이다. 하지만 A는 그렇지 않다. 부단히 리더의 피드백뿐만 아니라 신입사원의 말도 안 된다고 생각되는 아이디어도 최선을 다해 공감하고, 실제로 받아들이는 모습을 보여주었다. 수용력은 말 그대로 역량이다. 힘주어 노력하지 않으면 발현될 수 없다. A 자체가 창의력이 뛰어난 것은 아니다. 하지만 그는 주변의 아이디어를 결코 소홀히 하지 않았고, 자신의 것으로 충분히 만들어냈다.

실패를 기회로 만드는 그들의 3가지 노하우

게임을 하다가 중간에 실패하면, 보통 이런 문구가 나온다. "You died, continue?" 처음에는 당연히 도전을 한다. 하지만 게임의 난이도가 생각보다 높다거나, 흥미를 잃게 되는 경우 우리는 과감히 게임을 접는다. 실패는 우리가 살면서 마주하게 되는 아주 극히 자연스러운 과정이고 일부다. 하지만 실패의 경험은 언제나 고통(스트레스 등)을 주기 때문에 이를 수없이 반복하는 것은 극히 어려운 일이다. 이왕이면 지혜롭고 슬기롭게 이 실패를 극복하고, 미션을 지속할 수 있다면 얼마나 좋을까. 그리고 플레이어들은 이에 대한 적어도 세 가지 노하우를 가지고 있다.

우선 이왕이면 새로운 도전에 의한 실패를 선호한다. 예측되는 실패는 사전에 예방하고, 최대한 피한다. 이들에게 실패는 오직 전에 없었던 새로운 도전에 의한 실패, 누구에게나 자랑스럽게 이야기할 수 있는 실패이다. 그리고 이왕이면 빠르게 실패한다. 너무 완벽한 보고서나 기획안을 보여주기보다, 새로운 아이디어를 수시로 그리고 꾸준히 어필한다. 그리고 무엇보다 실패를 자산화할 줄 안다. 그들은 미처 세상에 빛을 보지 못한 실패한 보고서도 버전, 유형별로 그들의 데이터베이스Data Base 안에 쟁여 둔다. 그리고 필요할 때에 적절히 꺼내 쓴다. 너무나 손쉽게 말이다.

내가 기회를 만드는 방법

Digitas 아트 디렉터 김승우

현재 글로벌 마케팅 전문 회사에서 아트 디렉터로 일하고 있는 주인공은 과거 취업 준비기에 영상 제작 능력을 어필하기 위해 비디오 다이어리를 제작하기 시작했고, 링크드인에 연결된 6~700명의 마케터, 디렉터, 카피라이터 들에게 자신이 제작한 영상에 대해 피드백을 줄 것을 요청했다. 자신을 채용해 달라는 부탁이 아니라 성장할 수 있도록 도와달라는 부탁을 받은 업계 전문가들은 경계심을 풀고 적극적으로 피드백을 주었다.

'문고리'를 잡는 데 성공한 주인공은 피드백을 주었던 전문가들의 회사를 방문하여 직접 피드백을 받기도 했고, 한국인으로서 영어 실력이 부족하고 외국인들이 자신의 한국 이름을 발음하기 어려워한다는 점을 극복하기 위해, 함께 일했던 동료들에게 자신의 한국 이름을 발음하는 영상을 촬영하여 공유하기도 했다. 외국인들에게는 어려운 한국 이름을 발음하는 영상은 재미있기도 했지만, 생각보다 좁은 광고 업계에서 주인공과 함께 일해 본 동료들이 주인공의 레퍼런스가 돼주는 효과도 있었다.

마침내 학교에 리쿠르팅을 온 기업 담당자에게 5분 동안 자신의 포트폴리오를 설명한 기회를 얻었으나 좋은 결과를 얻지 못했다. 하지만 이 경험을 계기로 일주일에 한 번씩 자신의 작업물을 리크루터에게 이메일로 보내고 피드백 받기를 4, 5개월을 지속한 끝에 결국 원하는 곳에서 일을 시작할 수 있게 되었다고 한다.

자세한 스토리는 다음의 영상에서 참고하기 바란다.

https://www.youtube.com/watch?v=pYRHwZaSGDk

2 플레이어의 Competency

① 대체 가능 vs. 대체 불가능

당신은 회사/조직에서 얼마나 중요한 일을 하고 있나요?

당신이 지금 다니고 있는 회사에 퇴사 통보를 한다고 가정한다면, 상위 리더뿐만 아니라 임원까지 달려 나와 당신의 퇴사를 적극 만류할 가능성은 어느 정도인가요?

또는 당신이 퇴사했을 때, 조직이 한동안 제대로 작동하지 않을 가능성은 어느 정도일까요? 이 책의 독자 다수는 이 모든 질문에 'Yes' 또는 '매우 높다'고 답변할 가능성이 높다. 왜냐면 현재 여러분들이 있는 위치에 오르기까지, 정말 많은 노력을 기울였을 것이기에 자신에 대한 확신과 자신감이 높을 뿐만 아니라 실제로도 조직에서 중요한 일들을 수행하고 있을 가능성이 높기 때문이다.

그러나, 우리는 조직생활을 하며 넘버원No.1과 온리원Only one은 명백히 다르다는 것을 느낀다. 실제로 우리 주변엔 자신의 업무 분야에서 열심히 그리고 묵묵히 일하며 지속적으로 좋은 성과를 창출하고 주변 동료들에게도 긍정적인 피드백을 받는 넘버원No.1의 훌륭한 후배, 동료, 선배들이 많다. '그들이 퇴사한다고 하면 어쩌지?'라는 걱정이 드는 분들이 벌써 우리 주변에도 한두 명이 아닐 것이다. 그런데 참 신기하게도 그들이 퇴사한다고 조직에 통보했을 때, 임원이 적극 만류하고 회사에서 카운터-오퍼counter-offer(직원을 유지하기 위해 리더가 활용하는 도구로 직원을 놓칠 수 있다는 불안감에 승진이나 연봉 인상, 일회성 보너스, 주식 증여, 다른 팀으로의 이동과 같은 대안을 제시하는 것)까지 제안하지만, 막상 그들이 퇴사한 후 새로운 사람이 오면 늦어도 6개월 내 조직에서 그 사람이 한 일은 생각보다 쉽게 대체된다.

A차장의 경험을 한 가지 소개하겠다. A차장은 B회사에 조직문화팀이 새롭게 생기면서 합류했다. 입사 후, A차장이 팀 리더에게 받

은 미션은 '조직문화팀이 있어야만 하는 이유를 경영진과 구성원들에게 빠른 시간 내 증명해달라.'였다. 그래서 A차장은 조직문화 방향성 설계부터 10여 개의 소통 프로그램 기획, 조직문화 진단과 개선 프로그램 실행, 온보딩 프로그램 기획, 비전 굿즈 제작 등의 업무들을 8개월 내 진행하며 경영진뿐만 아니라 구성원들에게도 확실하게 조직문화팀의 존재를 널리 알렸다. 덕분에 인사와 관련된 사안이 생기면 조직문화팀으로 가장 먼저 연락이 오고, 다른 팀에서 하던 일들 중 잘 진행되지 않는 일들도 임원이 A차장에게 넘겼다. 덕분에 A차장은 입사하자마자 임원의 강력한 지지를 받으며 많은 일들을 수행했고 (그 당시) 직장 생활 7년 차 만에 차장으로 승진할 수 있었다. 그러던 중 동종 산업군 내, 상위 기업에서 스카우트 제의가 왔고 한 살이라도 어릴 때 더 큰 기업에서 일을 하고 싶은 욕심에 A차장은 퇴사를 결심했다. A차장이 처음에 동료들에게 이직 소식을 알렸을 때, 그들 모두 공통적으로 말했다.

"바로 카운터-오퍼 올 것 같은데?"

"절대 못 그만두게 할 것 같은데…."

"A상무님이랑 면담 엄청 할 것 같은데?"

"차장님 나가면 조직문화팀은 어떻게 해요? 차장님이 실무 다 하잖아요….”

　실제로 퇴사 통보를 했을 때, 팀장뿐만 아니라 상무님도 수차례 A차장을 잡았고 면담도 하며 더 좋은 미래를 약속해 주셨다(상무님은 구성원이 나간다고 했을 때, 절대 잡지 않는 사람으로 유명하고, 20년 이상 직장 생활하면서 A차장 포함 딱 3명만 잡았다고 말씀하셨다고 한다). 그렇지만 30대 초반의 젊은 배짱이랄까? A차장은 좋은 제안에도 불구하고, 이직을 결심했다. 그 당시 A차장은 퇴사 결심 순간부터 퇴사 후 5개월이 지난 시간까지도 무척이나 건방지게도, '나 없으면 우리 팀 안 돌아갈 텐데… 어쩌나…' 하는 걱정을 했다. 퇴사 후 팀 동료들이 연락 올 때마다 “차장님이 하던 일, 다 취소DROP 됐어요. 대체할 사람이 없잖아요. 사람도 계속 채용 중인데 마땅한 사람이 없는지 A 상무님이 2차 면접에서 계속 떨어뜨리고 있어요. 그래서 지금 조직문화팀… 아무것도 안 하고 차장님이 진행하던 일들만 겨우 운영되고 있어요.”라고 말했다. 그때마다 괜히 기분 좋고 뿌듯했다. 그렇게 6개월이 지나고, 그 회사엔 역량 있는 새로운 조직문화 담당자가 입사했고, 팀 내 여러 부침이 있긴 했지만 결국 팀은 여전히 돌아가고 있다. A차장은 상무님과 가끔 연락을 하는데, 그때마다 언제든 돌아오고 싶으면 말하라고 하지만 퇴사 면담 때처럼 적극적이진 않으시다고 한다. 이때의 경험으로 A차장은 자신이 대체 불가능Only one한 인재가 아닌, 자신 역시 대체 가능한 사람이었다는 것을 뒤늦게나마 깨달았다.

물론 직장인들 중 프리라이더free-rider(무임승차자)도 존재하고, 채용 시 기대했던 역할을 충분히 해내지 못하는 사람도 일부 있지만, 대체로 K-직장인들은 자신의 몫을 다하고자 노력하고(신기하게도 대한민국 직장인들은 밥값을 해야 한다는 신념을 가지고 있다.) 충분한 성과를 내고 있다. 그러나 '노력'만으로는 대체 불가능Only one할 수 없다. 많은 직장인들이 승진, 연봉 인상, 자존심, 자아실현 등 각자 다양한 이유로 회사 내에서 '인정' 받고자 많은 노력을 하고 있기 때문이다. 그뿐만 아니라 회사 내에서 노력을 하는 것에서 그치지 않고 '갓생(영어 god과 인생이란 뜻의 한자 生의 합성어로, 부지런하여 다른 사람의 모범이 되는 삶을 뜻하는 신조어) 살기'처럼 회사 밖에서도 MBA 진학, 각종 강의 수강, 업계 내 사람들과의 네트워킹 쌓기 등 다양한 활동에 참여하며 K-직장인들은 오늘도, 지금도, 치열하게 노력하고 있다.

그렇다면, 대체 불가능Only one한 이들은 어떤 사람들일까? 그들의 특징은 무엇일까? 직장 생활 기간 동안 만난 훌륭한 후배, 동료, 선배, 리더들 중 나뿐만 아니라 주변 사람들까지 모두 동의하는 대체 불가능Only one한 리더가 한 명 있다. 그분을 떠올리며 대체 불가능한 인재의 대표적인 특징 9가지를 아래와 같이 꼽았다.

하나, 한 분야에 깊게 몰입한다. 즉, 성공한 덕후(성덕)의 인생을 살고 있다.

둘, 자신이 하는 일에 '사명감'과 '자부심'을 가지고 있다.

셋, 준비하는 데 '준비'하지 않고 바로 '실행'한다.

넷, 공감 센스가 상당히 높다.

다섯, 따뜻한 정이 있다.

여섯, 해야 할 일과 하지 않을 일의 목록이 있다.

일곱, 시간 낭비를 아주 싫어한다. 그래서 살살 돌려 말하는 화법이 아니라 때론 직설적이고 차갑게 느껴질 때가 있다.

여덟, 자신의 약점을 '최소화'하고 강점을 '부각'할 수 있는 일을 한다. 약점의 경우, 주변 동료들의 도움을 받아 상쇄시킨다.

아홉, 무엇보다 업무 역량이 매우 탁월하다.

위의 특징을 보유한 대체 불가능Only One한 리더 A는 회사 임직원 전체 3,000명 (과장을 조금 보태면) 모두가 인정하는 대체불가능한 리더이다. 회사 전체 매출이 1조가 조금 넘는데, 약 40% 이상의 매출을 일으킨 사업 분야의 리더다. 더 정확히 말하면 '개발 리더'다. A리더는 자신이 개발한 콘텐츠 전체를 기획하고 스토리를 만들어 나가는 데에, 매우 디테일하다. A리더의 자리는 항상 밤늦게까지 불이 켜져 있을 정도로 업무에 몰입해 있다. 구성원 전체가 A리더의 건강을 걱정할 정도다. 또한 각 업무 파트를 나눠서 담당하고 있는 실무자조차 혀를 내두를 정도로 디테일한 세부사항 하나하나까지 실무자들과 논의하고 확정한다.

이렇게 말하면 일부 사람들은 '너무 간섭하는 거 아니야? 권한 위임을 아예 안 하는 거 아니야?' 라고 생각할 수 있다. 그러나 신기하게도 대부분의 구성원들은 A리더와 함께 업무를 논의하는 시간을 매우 귀하게 여긴다. A리더의 통찰력을 가까이에서 보고 경험하고 배울 수 있는 시간이기 때문이다. A리더는 구성원 내에서 믿고 따를 수 있는 리더다. 왜냐면 A리더는 업무 역량이 훌륭하고 이를 최대한으로 활용하여 막강한 성과를 창출해 구성원들이 영혼을 갈아넣은 결과물과 그들의 역량과 존재를 세상에 널리 알려준 사람이기 때문이다. 또한 A리더는 그 성과를 혼자 독식하려고도 하지 않는다. 구성원들의 노력이 없었다면 이 성과를 만들어낼 수 없었다는 것을 잘 알고 그 성과를 구성원들과 공유하려고 한다.

이런 A리더가 속한 회사의 조직문화팀에서는 A리더만의 특별한 리더십을 '형님 리더십'으로 정의했다. 야근을 일삼을 정도로 일이 너무 많고, 힘들고, 세세한 것 하나하나까지 간섭하는 리더. 생각만 해도 스트레스이고 힘들 것 같지만, 예상과는 정반대로 그런 리더와 오히려 대화 한 번 더 하고 싶어하는 실무자들. A리더야말로 대체 불가Only one한 매력적인 플레이어가 아닐까 싶다.

② 무난한 vs. 엣지 있는

우리는 일상에서도 흔히 '엣지 있다'는 표현을 많이 쓴다. 영어 Edge에서 유래된 이 표현은 차별화되고 뚜렷한, 남다르다는 의미로 쓰이고 있으며 콜린 영영사전 기준 6번째 명사적 해석으로 영향력force, 효율적인effectiveness, 또는 예리함incisiveness을 의미하기도 한다. 그만큼 일상에서는 잘 쓰지는 않지만, 비즈니스나 패션 등 창작 분야에서는 빈도 높게 사용되는 편이다. 이번에 이야기하려는 팔로워와 플레이어의 결정적인 차이점도 바로 엣지Edge이다. 조직에서 단순히 눈앞의 일을 쳐내고 상급자의 수정 피드백을 받아 버전을 업그레이드 하는 팔로워가 있는가 하면, 기대를 넘어서는, 기대조차 하지 않았던 엣지로 무한한 감동을 주는 플레이어도 존재한다. 과연 이들은 무엇이 다를까?

과거 대다수의 팔로워들은 시키는 일들을 기존의 방식으로 처리하기에도 바빴다. 그도 그럴 것이 대내외 경영 환경의 변화가 과거에는 지금처럼 급격하지 않았기에, 조직에서는 안정적이고 튀지 않으며 주어진 자리에서 묵묵히 일하는 인재를 선호했다. 그렇다고 당시의 팔로워들이 결코 주도적이지 않은 것은 아니었다. 그래서 일부는 시키지 않았지만 그들이 필요하다고 생각하는 일을 했고, "왜 시키지도 않은 일을 하냐?"는 피드백을 받으며 상급자와 코드를 맞추어 나갔다. 이때의 책임감은 주어진 역할에 대해 200% 이상의 최선을 다하는 것이었고, 리더들은 이들의 일하는 모습을 관찰하고 관리하는 것이 중요하다고 생각했다. 마치 패임이 없는 평범Flat한 땅과 같이 실수가 없고, 무난한 성과를 만들기 위해 노력해야만 했다. 차별화된 결과물이 없다 보니 업무로는 변별력이 떨어졌고, 남들보다 일찍 출근하고, 늦게 퇴근하는 팔로워, 리스크를 빠르게 발견하고 먼저 큰소리로 외치는 팔로워가 인정받았다.

하지만 세상은 급격하게 변했고, 시장도 고객도 현재 더 빠르게 변화하고 있는 중이다. 기존의 일하는 방식으로는 이 변화의 속도를 맞추기가 더 어려워진 것이다. 다행히 자연스럽게 조직 내 이와 같은 변화 속에서 생존을 위한 진화는 이루어졌다. 우선 기업은 빠른 변화 속도에 대응하기 위해 불필요하게 많은 조직과 의사결정권자를 축소하고, 성과를 만들어내는 최소 조직인 팀 중심으로 조직을 개편하기 시작했다. 또한 업무 프로세스의 자동화, 효율화 노력을 통해 불필요한 비효율을 제거시켰다. 사실 이러한 노력은 과거에도 지속되어 왔던 것이지만, 최근 그 속도나 규모가 크게 늘어났다.

이제 일을 잘하는 것이 더욱더 중요해졌다. 과거에는 성과를 만들어내는데 투입된 시간, 그 일을 하면서 보여주는 태도가 중요했다면, 이제는 시간이 얼마나 투입되었던, 전날 이 사람이 밤을 새던, 결근을 했건, 보다 얼마나 좋은 성과를 냈는지가 더 중요해졌다. 자유롭게 일하되 결과로 이야기하는 조직, 스스로 자신의 가치를 증명해 내는 플레이어가 새로운 인재의 기준이 된 것이다.

그렇다면 플레이어는 어떻게 일할까? 그들은 지시받지 않는가? 결론부터 이야기하면 그들은 자신만의 엣지를 가지고 있다. 다른 팔로워들과는 차별화되고, 특별한 무언가를 자신의 일 안에서 만들어낸다. 그렇기에 그들의 일하는 과정과 결과물은 상당히 매력적이다.

엣지 있는 일하기란?

엣지 있는 생각은 크게 3가지 요소를 포함하고 있다. 가지고 있는 힘Power과 실질적인 효과성effectiveness 그리고 예리함incisiveness이다. 우선은 힘이 있어야 한다. 내가 해당 분야에 권위와 전문성을 입증할 수 있거나 또는 그 일이 가능한 지위에 있어야 한다. 똑같이 나의 건강을 걱정해 주는 의사와 친구의 조언 중에 당신은 어떤 이의 말을 신뢰할 것인가? 우리가 엣지 있는 생각을 실제로 말하고 현실로 만들어내는 데 가장 큰 장애물이 바로 이것이다. 아무리 훌륭하고 좋은 아이디어도, 이것을 믿을 수 있고 실천해 낼 수 있다는 주변의 믿음과 신뢰, 이것이 첫 번째 요소인 힘이다. 그렇다면 뉴비Newbie(초심자)들은 플레이어가 될 수 없을까? 당연히 가능하다. 힘을 가진 리더나 동료를 설득하고, 자신에게 필요한 책임과 권한을 만들어낸다면 충분히 가능하다. 이 과정이 결코 순탄하지 않고, 때로는 오랜 시간을 필요로 하지만 말이다.

다음으로 가져야 하는 요소는 바로 실질적인 효과성이다. 'Creative'와 'Crazy'의 결정적인 차이점이기도 하다. 아무리 기발하고, 세상에 없었고, 그 누구도 생각하지 못했던 아이디어라 할지라도 실제적으로 효용을 가지고 있지 않다면 그것은 무용한 생각이다. 실질적인 효과성을 가지기 위해 플레이어는 사실 엄청난 노력을 기울인다. 또한 이를 극대화하기 위해서는 상당한 전문성과 경험을 요하며, 세상을 보는 시야와 안목, 최신 시장, 고객, 기술 트렌드에 대한 꾸준한 관심을 수반한다. 또한 현실적이고 구체적인 부분을 많이 다루기 때문에 관련된 근거 데이터나 분석, 다양한 이해관계자와의 네트워킹 역량도 필요하다. 이는 말은 쉽지만 상당히 어려운 영역이다. 플레이어가 그저 남들과 다른 생각을 가진 사람이라고 보면 곤란하다. 이들은 다른 팔로워가 하지 않고, 하기 어려워하는 영역에서 자신만의 실력을 탄탄히 쌓아온 능력자이다. 실제로 필자가 만나본 MD직무의 플레이어는 자신이 담당하고 있는 제품의 소재부터 생산 라인, 필요한 자원부터 전반적인 원가, 수익률까지 모든 것을 파악하고 있었다. 당연히 남들보다 훨씬 더 빠르게 해당 분야의 리더가 되었고, 이후에도 초고속으로 승진했으며 현재는 경영자가 되기 위한 준비를 하고 있다.

마지막으로 갖춰야 할 요소는 바로 예리함이다. 예리함을 갖춘 생각, 그리고 일하는 방식은 비즈니스나 업무 프로세스에서 날카로운 인사이트와 도움을 준다. 단, 예리한 지적질은 해당되지 않는다. 그리고 많은 팔로워들과의 차이점도 바로 이것이다. 앞서 과거 조직의 환경과 일하는 방식 내에서는 이른바 숨은 리스크 찾기와 예방이 인정받는 팔로워가 되기 위한 요소였다고 언급했었다. 이것은 그냥 세밀하게 숨은 그림을 찾는 것과 같다. 누구나 시간을 들이고 집중하면 찾을 수 있고, 어느 누구라도 그냥 할 수 있는 일일뿐, 역량이 아니다. 반면 예리함은 전체 프로세스에서의 임팩트를 찾아내거나 제안할 수 있는 역량이다. 이를 위해서는 일의 궁극적인 본질과 목적, 전체 프로세스를 완벽하게 통찰하고 있어야 하며, 다른 이들이 볼 수 없는 무언가를 끄집어내는 일이다. 이는 팔로워처럼 누군가의 보고서나 주장에서 찾아내고 발견할 수 있는 것들이 아니다. 이를 위해서는 우선 자신만의 전문 영역이 존재해야 한다. 즉 다른 이들이 감히 범접할 수 없는 높은 수준의 전문성을 확보하거나 또는 다른 이들이 하지 않는 일을 해낼 수 있는 분야. 플레이어의 예리함은 바로 이 분야, 필드에서 나온다.

수많은 위기를 넘어서는 엣지의 힘

사실 이 순간에도 대부분의 조직에서는 리스크가 적은 무난함FLAT을 선호한다. 그렇기에 수많은 플레이어들이 실패를 경험한다. 엣지 있게 일하는 것은 생각보다 쉬운 것이 아니다. 남들과 차별화된 아이디어는 주변의 평범한 리더와 팔로워들을 불편하게 한다. 왜 이것을 해야 하는지 설득하는 데 많은 에너지를 필요로 하며, 지지자를 만드는 일도 쉽지 않다. 앞서 말한 3가지 요소도 하루아침에 만들어지는 것이 아니다. 그만큼 꾸준하게 자신을 단련해야 비로소 주변의 사람을, 조직을, 나아가 세상을 놀라게 만들 수 있다. 결국 이를 지속할 수 있는 힘도 '엣지'라고 볼 수 있다. 조직에는 위기가 반드시 온다. 때로는 넘어설 수 없는 커다란 파도가 밀려오고, 이내 공포는 전 조직에 전염된다. 그리고 이럴 때, 엣지를 가진 플레이어가 조직에 힘이 된다. 송곳처럼 날카롭고 예리한, 그리고 실질적인 힘을 가진 그들의 생각과 일이 결국 조직 전체를 살리는 돌파구를 만들어낸다.

기교 부릴 생각 말고, 기본부터 잘 하란 말이야!

유튜브 드라마 〈비열한 삼거리〉에서 '억달이 형님'이 동생들을 다그치며 내뱉은 말이다. 개그맨 김형인이 기획, 연출을 맡은 〈비열한 삼거리〉는 언뜻 조인성 주연의 영화 〈비열한 거리〉에서 모티브를 따온 것 같지만, 등장인물이 건달이라는 것만 같을 뿐, 실상은 허세 가득하고, 어설프며 '찌질'하기까지 한 건달들의 일상을 그린 코믹드라마이다. '용맹이 형님'을 중심으로 한 '삼거리파' 식구들은 함께 숙소 생활을 하며 하루하루를 근근이 연명하고 있는데, 교도소에서 출소하여 합류한 '억달이 형님'이 '비빔밥', '두꺼비', '뭉게', '항아리' 등 동생들의 행실이 마음에 들지 않았는지, "라떼는 말이야."로 시작된 일장 연설 끝에 위의 문장을 내뱉는 장면이 나온다.

어떤 주제에 대해 깊이 고민하다 보면 꿈에서도 영감을 얻는 경우가 있는데, 별생각 없이 보던 유튜브 드라마에서 이 문장을 듣는 순간 머릿속에서 뭔가가 번쩍하는 느낌이 들면서, 회사라는 조직 내에서의 모습을 들여다보게 되었다.

우리의 사무실로 돌아와보자.

A와 B는 비슷한 시기에 같은 팀에 합류했다. A는 지역본부에서 영업과 영업 기획, 영업 관리 등 직간접 영업 관련 업무를 5년 정도 하고 특유의 성실성과 꼼꼼함, 크지는 않지만 지역 본부 차원에서 할 수 있는 다양한 아이디어들을 업무에 적용하는 등의 성과를 인정받아 본사 마케팅팀에 합류했다. B는 업종은 다르지만 두세 군데 회사에서 5년 정도 마케팅 실무를 담당한 뒤 경력직으로 입사하여 마케팅팀으로 배치되었다.

A와 B는 비슷한 시기에 같은 팀에 합류하다 보니, 자연스럽게 서로 비교의 대상이 되는 경우가 많았다. 먼저 A는 입사 이후 계속 지역 본부에서 근무하다가 본사로 처음 들어와서인지, 또는 영업 관련 업무 경험은 있지만 본격적인 마케팅 업무는 처음이어서인지는 모르겠지만, 업무를 진행함에 있어 매사 조심스러워하고, 선배들의 업무 방식이나 자료를 그대로 이어받아 진행하는 경우가 많았다.

B의 경우는 A와는 좀 달랐다. 입사 전에 이미 마케팅 실무 경험이 풍부하고 자신감도 있어서, 입사 초기부터 다양한 아이디어를 제안하거나 입사 전 다른 회사에서 진행하고 반응이 좋았던 마케

팅 이벤트들을 당사 제품군에 맞게 수정하여 적용하고자 하는 기획안을 제시하기도 했다. 아울러 조직 내 의사결정권을 가진 멤버라면 부서나 직급에 관계없이 개인적인 술자리를 갖는 등 적극적으로 소통하고, 시장 조사나 마케팅 이벤트 수행 등 외부 협력 업체도 자신이 함께 일해 본 업체들을 적극적으로 활용하는 등 자신의 색깔을 뚜렷하게 내보였다. B보다 연차나 업무 경험이 짧은 직원들은 "역시 경력직이라 다르다."는 말들을 하기도 했지만, 마케팅팀에 오래 있었던 멤버들은 기존에 자신들이 해오던 업무 방식이나 노하우를 부정당하는 것 같아 언짢아하는 경우도 종종 발생했다. 심지어는 '역시 경력직이라, 우리 회사에서도 길게 일하지 않고, 레퍼런스 프로젝트 몇 개 만들어서 금방 또 이직할 거야.'라는 시선까지 생겨버렸다.

A와 B, 둘 중 어느 쪽이 더 옳고 바람직한 모습일까? 결론적으로 말하자면, 누가 옳고 누가 틀린 문제는 아니다. 두 사람의 업무 방식, 스타일의 차이일 뿐이다. 어떤 경우에는 A의 방식이 조직에서 환영받을 수 있고, 또 어떤 경우에는 B의 경우가 전문성을 바탕으로 조직에 새로운 활력을 불어넣을 수 있다. 그리고 아직 두 사람이 마케팅팀에 합류한 후 초반이라, 두 사람의 미래가 어떨지는 아무

도 모른다. 다만 이 글에서는 예시로 든 상황에서 '성급하게'와 '차근차근'에 방점을 두고, 3단계 접근법을 소개하고자 한다.

플레이어의 3단계 접근법: 기본부터 차근차근

회사에서 일을 하다 보면 의외로 루틴하게 돌아가는 업무들이 많다. 영업 부서의 월/분기/반기/연간 실적 마감, 패션 업계의 S/S, F/W 계절별 신상품 출시, 인사 부서의 상/하반기 채용이나 조직 평가 외에도 매년 비슷한 시기에 비슷한 내용으로 진행되는 각종 사내 행사 기획/운영 등이 그 예이다. 마케팅팀의 업무 또한 각 제품군별로 나누어서 진행되는 경우가 많고, 제품군의 특성에 따라 매월, 분기 또는 계절별, 매년 등 일정한 주기로 반복적으로 진행되는 업무들이 많다. 이런 업무들은 오랜 기간 동안 반복적으로 수행되면서 그 과정에서 얻은 경험들이 조직 내에 자산화되어 공식적으로는 업무 매뉴얼화, 비공식적으로는 업무 노하우라는 형태로 전수되어 오는 경우가 많다.

이런 상황에서 타부서에서 직무 전환으로 합류한 경우이든, 경력직으로 입사한 경우이든, 합류 초기부터 성급하게 자신의 경험이나 업무 스타일, 자신의 색깔을 드러내려 하는 경우에는 본인의 의도와는 다르게 환영받지 못하고, 자칫 기존의 질서를 흔들고 조직의 노하우를 무시하려 한다는 오해를 살 수도 있다. 물론, 새로운 멤버의 시각에서 기존의 멤버들이 보지 못하는 부분을 보고 개선 포인트를 찾을 수도 있겠지만, 그렇다 하더라도 당장 자신의 목소리를 높이기보다는 3단계로 나누어 접근해 보자.

월간이든, 분기별이든, 연간이든, 또는 주기적인 사이클로 돌아가지 않고 단발성 프로젝트성으로 진행되는 업무라 하더라도, 첫 번째 사이클이나, 첫 번째 프로젝트는 일단은 기존의 멤버들의 생각이나, 기존의 방식대로 업무를 진행하자. 그 과정 속에 뭔가 불합리하다고 생각되거나 군데군데 개선할 부분들이 눈에 띄더라도, 일단은 기존대로 진행하면서 해당 업무를 이해하려 노력하는 모습을 보여주자. 어떤 경우에는 처음에는 이상하게 여겨졌던 부분들이, 몇 번 하다 보니 처음에는 몰랐던 배경과 이유가 있었다는 것을 깨우치는 경우도 있을 것이다. 설령 그런 경우가 아니라 하더라도 첫 번째 단계에서는 새로운 아이디어나 개선하고 싶은 포인트들은 꼼꼼하게 메모하고 정리하면서 '무난하게' 한 사이클을 수행할 것을 추천한다.

첫 번째 사이클을 무난하게 진행했다면, 주위의 시선이나 평가 역시 무난할 것이다. '최소한 사고는 치지 않는군.', '처음 맡은 업무인데 무난하게 잘 수행했군.'이라는 말과 함께 여러분에 대한 첫 평가는 플러스도, 마이너스도 아닌 딱 기본 점수 정도일 것이다.

이제 한 사이클이 지나고 두 번째 업무 사이클, 또는 두 번째 프로젝트를 맡게 되었다. 지금부터는 첫 번째 사이클에서 생각했던 개선점이나 아이디어들을 조금씩 꺼내보자. 단, 이때도 한 번에 급하게 쏟아내기보다는 '간 보기' 식으로 조금씩 풀어놓자. 선배나 동료, 해당 업무의 전임자 등에게 의견을 물어가며, '나는 급진적으로 무언가를 바꾸려고 하는 것이 아니라, 나의 아이디어를 조금씩 제안하려고 하는 것이다.'라는 인상을 심어줄 필요가 있다. "업무 매뉴얼에는 A방식으로 진행하도록 되어 있어서 지난번에는 그대로 진행했는데, B방식으로 해봐도 좋을 것 같은데 그동안 A방식으로 진행해왔던 특별한 히스토리가 있었나요?", "지난번 고객 이벤트는 작년 시즌과 같은 C아이템 시즌 2로 진행했는데, 이번 이벤트는 요즘 유행하는 D아이템으로 한번 준비해 볼까 하는데, 그동안 비슷한 아이템으로 진행했던 적이 있나요?"처럼 기존의 방식을 존중하면서, 자신의 생각을 조금씩 더하는 시도를 해보자. 여러분에 대한 주변의 시선도 '기존 방식을 무시하면서 자기 생각만 내세운다.'거나 또는 반대로 '업무에 대한 고민이나 자기 생각 없이 기존의 방식대로만 하려고 한다.'라는 시각보다는 긍정적인 모습으로 비쳐질 것이다. 또한 내 생각을 바로 적용하지 않고, 선배, 동료나 전임자의 조언을 구하는 것은 어쩌면 여러분에 대한 경계심이나 불신을 품고 있었을지도 모르는 그들을 여러분 편으로 만들 수 있는 길이 될 수 있다.

두 번째 사이클에서 조심스레 적용했던 여러분의 아이디어가 좋은 결과로 이어졌다면, 여러분에게 '아낌없는 조언'을 해주었던 그들에 대한 감사 표현 또한 잊지 말자. "선배님이 좋은 의견 주신 덕분에 이번 이벤트가 잘 진행될 수 있었던 것 같습니다.", "제가 업무 히스토리를 몰라서 막막했던 부분이 있었는데, ○○님 덕분에 그 업무 흐름을 빨리 파악할 수 있었어요."처럼 말이다. 조직 생활을 하면서, 때로는 '내가 어떻게 생각하고 있는지'보다는 '내가 어떻게 생각하고 있는 것처럼 보이는지'가 더 중요할 때도 있다.

자, 이제 3단계이다. 처음은 기존대로 해봤고, 두 번째는 기존의 방식을 존중하면서 자신의 생각을 조금씩 입혀 보았다면, 세 번째는 '이제 이 업무는 온전히 나의 것'이라는 인식을 심어줄 수 있도록 본격적으로 자신의 스타일대로, 기존의 노하우에 자신의 아이디어를 더해 시너지를 낼 수 있도록 하자. 월간 업무라면 3개월째이고, 분기 업무라면 계절이 두 번 바뀐 시기이며, 프로젝트성 업무라면 세 번째 프로젝트이다. 자신의 색깔을 내기에 충분한 시간이며, 신입사원이 아닌 이상 조직에서도 여러분에게 충분한 기회를 주었다고 생각할 것이다.

이처럼 단계적으로 여러분의 색깔을 분명하게 보여주고, 그 결과가 좋았다면, 이제 여러분에 대한 의심이나 불신의 시선은 신뢰와 지지의 시선으로 바뀌고 다른 업무도 믿고 맡길 수 있다는 평가를 받을 수 있을 것이다.

마지막으로 다시 한번 강조하자면, 조직에 새롭게 합류한 여러분에게는 새로운 출발점일 수 있겠으나, 기존 조직과 멤버들의 입장에서는 기존 업무가 오랜 기간 동안 지속되어 오고 있는 가운데 여러분이 합류한 것이다. 출발점에서 한참 지난 중간 지점에서 버스에 탑승한 사람이 갑자기 버스의 노선을 바꾸려고 한다면 환영받을 수 없다. 기초부터 차근차근, 기존의 방식과 노하우를 존중하며 신뢰를 획득한 후에 단계적으로 여러분의 색깔을 입혀가며 인정받을 수 있기를 바란다.

4 약점 최소화 vs. 강점 극대화

완벽完璧, 결함이 없는 완전함을 추구하던 시대

산업화를 거쳐 1, 2차 세계 대전 이후에 전 세계 경제 성장은 처음에 제조업으로부터 시작되었다. 생산에 특화된 대규모의 설비투자와 자본은 상대적으로 높은 진입장벽을 만들었고, 여기에 후발주자가 차마 따라올 엄두조차 낼 수 없는 품질, 가격 경쟁력, 시장점유율, 축적된 기술과 브랜드 가치는 날로 더해져 외부 경쟁 환경에서 해당 사업이 지속적으로 성장할 수 있도록 외부 변화 충격에서 사업을 보호하는 든든한 성벽이 되었다. 이후 세계화와 인터넷의 발달은 무역, 유통업을 거쳐 오늘날 IT기업으로의 산업 패러다임을 변화시켰다. 대기업들은 상대적으로 안정적인 인프라와 효율적인 시스템을 구축했고, 임직원들에게 안정적인 업무 환경을 만들어주었다. 이와 같은 조직에서는 특정 사람의 역할보다는 전체 시스템과 프로세스의 중요성이 훨씬 더 높았다.

전체 시스템을 관리하고 개선하는 역할을 수행하는 극소수의 관리자, 기획자, 의사결정권자 외에 대부분의 임직원들은 다분히 반복적이고, 얼마든지 교체가 가능한 역할을 수행했다. 투입하는 시간에 따라 생산성이 결정되었고, 새로운 무언가를 제안하는 직원보다는 주어진 책무를 불만 없이 성실하게 수행하는 직원들의 주인의식, 책임감, 성실성, 근태 관리 등을 높이 샀다. 이 시기에 가장 이상적인 팔로워는 누가 뭐래도 제때 잘 출근해서 주어진 일을 실수하지 않고 완벽하게 해내는 인재였다.

뷰카VUCA 시대, 영원한 강자는 없다

하지만 세상은 우리의 기대보다도 훨씬 더 빠르게 변화하고 있다. 불과 몇 년 전까지만 하더라도 이른바 FAANG(페이스북, 애플, 아마존, 넷플릭스, 구글)으로 대변되던 글로벌 IT 선도기업은 코로나가 장기화되며 엔데믹을 향해 나아가는 지금 이 시점에 또다시 변화를 맞이한다. 누구나 동경했고 배우려고 했던, 절대 강자인 페이스북(현재의 메타), 넷플릭스가 기존 사업의 정체 속 새로운 미래 성장 엔진의 부재로 잠시 왕좌에서 밀려났고, 2023년 1월 현재는 MANTA(마이크로소프트, 애플, NVIDA, 테슬라, 알파벳)의 시대로 불린다. 이마저도 역시나 언제든 변할 수 있다. 당장 일 년 뒤의 시장을 가늠할 수 없는 것이 바로 요즘 시대이다. 이처럼 불확실하고 급격한 변화 환경 속, 이른바 뷰카VUCA의 시대를 살고 있는 우리는 당장의 내일을 정확하게 예측하기 어려워졌다.

이와 같은 환경 변화는 기존의 일하는 방식을 완전히 변화시켰다. 과거에는 통했던 방식이 오늘날에는 효과적이지 않거나, 때로는 전체 사업의 수명을 단축시키기도 한다. 이처럼 완벽하게 달라진 경영 환경, 불확실한 미래에 대응하기 위해 기업들이 주목하고 있는 것 중 하나가 바로 **애자일Agile 조직**이다. 애자일은 '날렵한', '민첩한'과 같은 사전적 의미를 가지고 있다. 소프트웨어 개발 방법론 중 하나인 애자일 프로세스에서 출발한 이 개념은 조직 간 사일로silo(조직 장벽과 부서 이기주의)를 없애고, 전통적인 수직 구조를 벗어나 자율과 권한을 가진 팀을 구성하는 문화를 의미한다. 언제든 시대의 변화에 빠르게 대응하고 살아남기 위해 우리는 끊임없이 변화해야 한다. 이를 위해 많은 조직들이 과거 공룡처럼 거대한 기능주의적 조직을 세분화 또는 스핀오프하거나 사내 벤처, 기업형 벤처 캐피털CVC: Corporate Venture Capital 등 다양한 방식을 통해 미래 변화에 대비하기 위해 노력하고 있다.

팬데믹 이후 전세계적으로 우리는 대퇴사의 시대를 거쳤으며, 현재까지도 많은 인재들이 힘들게 입사하고, 한때는 헌신했던 조직을 주저 없이 떠나는 이유 중 하나는 조직이 이와 같이 급격한 환경 변화에도 기존의 방식과 체계를 고집하고, 변화하기를 주저하기 때문이기도 하다. 변화를 받아들이지 않는 조직과 리더의 곁에서는 나의 성장도, 조직의 미래도 보이지 않는다. 이는 어쩌면 대단히 자연스러운 선택이다.

최고성과자Maximizer?

새로운 애자일 조직에서 플레이어는 기존의 팔로워들이 요구받았던 완벽주의가 아니라 최대한의 성과를 창출하는 데 집중하기 시작했다. 팔로워가 과거 셰프의 지시를 받아 완벽한 수프를 만드는 데 집중했던 조리사라면, 이제는 개별 조리사가 스스로 셰프가 되고 필요한 경우 자발적으로 협업하며 고객을 위한 전체 요리 코스를 개발하고 제공해야 하는 시대가 되었다. 물론 사전에 리스크를 발견하고, 무결점을 추구하는 것은 프로의 기본자세이다. 하지만 일단은 빨라야 한다. 완벽함보다는 속도가 중요한 시대가 도래했고, 플레이어들은 이 사실을 무엇보다 잘 알고 있다. 그들은 최고성과자Maximizer로서 다음의 4가지 특징을 가지고 있다.

첫째, 신속한 행동가이다

지나친 완벽주의자들의 가장 큰 문제점은 특정 일Task에 대해 지나치게 긴 시간을 투입한다는 점이다. 과거 완벽주의를 강요받았던 팔로워들이 오늘날 리더나 선배로 성장하며 새로운 환경 변화에 적응하지 못하는 경우 상황은 최악으로 치닫는다. 팀원이나 동료의 사소한 일들까지 확인하고 관리하려 하며, 너무 사소한 일들까지 신경 쓰게 되고 결국 부정적인 마이크로 매니징으로 주변의 자기 주도성을 몰살시키는 도태된 조직 문화를 만들어내는 데 일조하기도 한다.

반면 기존의 꼼꼼함을 기반으로 새로운 것을 수용하고 도전하는 리더로 진화하거나, 조직에 합류한 지 얼마 안된 뉴비이지만 주인의식과 주도성으로 무장하여 스스로 성과를 창출해 내는 이들이 있다. 바로 플레이어다. 플레이어는 신속한 행동으로 보여준다. 보고서 한 장에 2~3주를 밤새며 고민만 하는 완벽주의자가 아니라, 2~3일 만에 완성하고 2~3번을 반복하여 주어진 보고 뿐만 아니라 자신이 해야 한다고 판단하는 일을 완수하는 행동가이다.

둘째, 빠르게 실패하고, 보완한다

또한 이들은 새로운 도전 과정에서의 실수나 실패를 두려워하지 않는다. 아마도 여러분이 초창기 넷플릭스나 도어대시(미국 1위 배달 플랫폼)의 초창기 홈페이지를 보면 깜짝 놀랄 것이다. 대학생 조별 과제로 만들어도 훨씬 더 예쁘게 만들 수 있을 것 같은 그들의 홈페이지 UIUser Interface(메뉴 구성, 디자인 등), 그리고 최소 기능으로 구성된 메뉴들은 끊임없이 보완하고 진화를 거쳐 오늘날에 이르렀다. 아마 처음부터 완벽하게 만들고자 했다면 이들의 시장 진입과 성장은 훨씬 뒤처졌을 것이다. 다소 엉뚱한 이야기더라도, 모두가 공감할 수 없는 아이디어라 할지라도, 예상되는 어려움이나 부족함이 많더라도 제안하고 이를 실행한다.

구글의 아리스토텔레스 프로젝트에서 고성과 팀이 가진 비결, 심리적 안전감도 이러한 맥락에서 살펴볼 수 있다. 심리적 안전감은 나의 의견이 설사 잘못되었더라도 또는 내가 실수하더라도 비난받지 않을 것이라는 믿음이다. 이는 반대로 해석해 보면 처음부터 완벽함을 추구하는 팀은 결코 위대해질 수 없다는 것을 의미한다.

셋째, 팔로워 개인이 아니다, 우리는 팀 플레이어다

누구나 소속된 조직 내에서 자신만의 부엌이 있다. 한정된 예산 내에서 재료를 준비하고, 제한된 시간 내에 다양한 이해관계자와 고객 니즈에 부합하는 요리를 만들어내야 한다. 하지만 내가 가진

손은 두 개뿐이고, 화구와 조리도구는 대부분 다른 동료들과 공유한다. 이때 훌륭한 요리사는 어떤 요리사일까? 자신의 완벽한 레시피를 고수하기 위해 공간과 도구를 독점하고, 맡은 메뉴를 완벽하게 만들어내는 사람일까 아니면 함께 일하는 동료들과 필요한 도움을 주고받으며 그날 하루 동안 만들어지는 모든 메뉴에 기여할 수 있는 사람일까. 플레이어는 후자와 같이 일을 한다. 눈앞에 주어진 자신의 그릇을 채우는 데 매몰되는 것이 아니라, 팀 나아가 조직 전체의 성과에 어떻게 기여할지를 고민하고 이를 실행할 수 있는 팀 플레이어가 기꺼이 되어준다.

넷째, 경력이 아니라 실력과 실적을 쌓는다

동료 특히 리더나 선배에게 가장 많이 실망할 때 중 하나는 바로 자신의 경력으로 전체 대화의 흐름을 지배하려고 하는 경우이다. 타당한 논리나 근거, 심지어 느낌도 아니고 단지 자신이 해당 분야, 조직에서 대화하는 상대보다 더 오래 일했다는 이유만으로 자신의 주장을 관철시키려고 할 때이다. 흔히 꼰대라고 불리우는 이들을 제외하고는 아무도 인정해 주지 않는다. 이와 같은 패턴이 지속되면, 이들의 자신감은 사라지고 자존심만 남는다. 그리고 최악의 경우 실력이 아닌 자신의 경력으로 스스로의 자존감을 지키기 위해 다른 이들을 철저하게 깔아뭉개기도 한다.

　반면 플레이어는 경력이 아니라 본인의 실력과 실적을 쌓는다. 무형 또는 유형의 이 자산들은 이 세상에서 가장 안전한 금고인 자신에게 차곡차곡 저축되며, 필요한 경우 언제든 꺼내 쓸 수 있다. 이들의 실력과 실적은 곧 자신감이 된다. 새로운 조직, 일에 대한 자신감은 곧 새로운 도전으로 이어지고, 결국 성취에 따른 인정이 뒤따른다. 이제 세상은 단순히 몇 년을 근무했는 지가 중요하지 않다. 지금까지 무엇을 했고, 앞으로 어떤 것들을 할 수 있을지를 보여줄 수 있어야 한다.

3 플레이어의 Performance

① 여전할 것인가 vs. 역전할 것인가

플레이어의 2가지 유형

어느 날 회사에서 누군가 나의 직무 역량을 의심하는 발언을 한 사실을 알게 된다면 기분이 어떨까? 특히 그 발언을 한 사람이 당신의 직속 담당 임원이라면? 아마도 알 수 없는 두려움과 압박감에 휩싸이거나 심리적으로 크게 위축될 수밖에 없다. 면전에다가 한 이야기도 아니고 건너 듣다 보니 그 진위를 알지도 못할뿐더러 설사 거짓이라고 하더라도 기분이 썩 좋지는 않을 것이다. 기분이 나쁜 것과 별개로 이후 이 상황을 모면하기 위해 어떤 방법을 취할 수 있을까?

보통은 3가지 정도의 반응이 있을 수 있다. '좌절하거나, 무시하거나, 개선하거나'이다. 3가지 반응 중 무시하는 경우는 회사에서 보통 접하기 어렵기는 하다. 왜냐하면 자신의 인사 평가권을 가지고 있는 임원이 한 이야기를 그저 그런 이야기로 무시해 버리기는 쉽지 않기 때문이다. 결국 좌절하며 지금보다 더 나아지지 않거나, 현 상황을 개선하기 위해 노력하며 더 나아지거나 둘 중 하나로 귀결될 것이다. 일 잘하는 사람, 직무 역량이 뛰어난 플레이어는 이러한 상황에서 어떤 방법을 선택할 수 있을까? 여러분이 이 상황에 처했다면, '여전할 것인가, 아니면 역전할 것인가' 조금 더 깊이 있게 살펴보도록 하자.

여전할 것인가? 역전할 것인가?

위 이야기는 단순한 해프닝에 지나지 않을 수 있지만 실제 현장에서 일을 할 때 간접적으로 피드백을 받기보다는 상위 직급자에게 직접적으로 피드백을 받는 상황이 굉장히 많다. 담당자로서 일의 진행사항, 결과에 대해 보고를 하게 되고 그 과정에서 인정이나 칭찬을 받기도 하지만 부정적인 피드백을 받게 되는 경우를 우리는 더 자주 접하게 된다. 일이란 것이 상사가 원하는 방향에 맞게 한 번에 완벽하게 마무리되기 어려운 구조이기 때문이다. 그렇기에 우리는 일의 경과에 대해 긍정적인 피드백보다 부정적인 피드백을 받았을 때 이를 어떻게 대처해 나가야 할지에 대한 방식을 진지하게 고민해 볼 필요가 있다. 2가지 사례를 통해 플레이어들은 어떤 선택을 통해 대처해 나가는지 자세히 알아보자.

첫 번째는 A대리의 이야기이다.

A대리는 회사에서 일 잘하기로 소문이 나 있는 친구이다. 사원 시절부터 지금까지 큰 실수 없이 자신이 맡은 일을 해 왔고 그만큼 매사에 자신감으로 가득 차 있었다. 그러던 어느 날 A대리가 맡고 있던 프로젝트에 뜻하지 않게 문제가 생겼다. A대리는 대수롭지 않게 생각하여 상급자에게 보고하지 않고 본인이 해결하고자 했다. 하지만 A대리가 해결하지 못할 정도로 그 문제는 커지게 되었고, 더욱이 상급자에게 늦게 보고가 되는 바람에 상황은 매우 악화되었다. 결국 팀장이 나서서 백방으로 노력한 덕분에 프로젝트가 무

산될 위기는 넘길 수 있었지만, A대리를 향한 사람들의 시선은 달라졌다. 그동안 칭찬만 들어왔던 A대리에게 상급자를 비롯하여 많은 사람들이 부정적인 말을 하기 시작했다.

A대리는 처음에는 이 역시 대수롭지 않게 여겼지만 계속되는 부정적인 피드백에 조바심을 느끼게 된 나머지 이후 맡게 된 다른 업무에서도 여러 실수를 저지르게 되었다. 회사에서 A대리에 대한 평판은 걷잡을 수 없이 나빠졌다. A대리는 점차 일에 대한 자신감을 잃어갔고 이전과는 다르게 사람들을 대할 때도 심리적으로 움츠러드는 모습을 보여줬다. 자신감을 잃은 A대리는 이 사건 이후 개선된 모습을 보이지 못하였고, 지금까지도 예전의 '일 잘하는 A대리'라는 신뢰감을 주지 못한 채 남들과 똑같은 그저 그런 팀원으로 남게 되었다.

두 번째는 B과장의 이야기이다.

B과장은 올해 대리에서 과장으로 승진하였다. 대리 시절에는 일 잘한다는 소리를 들어왔는데 과장으로 승진한 이후에는 그런 소리를 듣지 못하고 있다. 더욱이 팀장과의 면담에서 청천벽력 같은 피드백을 듣게 되었다. 대리 직급은 실무자로서 시키는 일을 잘하면 되

지만, 과장 직급에서는 시키는 일을 잘하는 것뿐만 아니라 스스로 업무 영역을 넓혀 나가기 위한 기획을 잘 해야 되는데 그 역량이 부족하다는 것이었다. 그리고 이런 점이 개선되지 않으면 B과장을 신뢰하고 일을 맡기기 어렵다는 말을 직접적으로 듣게 되었다. B과장은 큰 상심에 빠졌다. 지금까지 해왔던 방식과는 다른 방식으로 일을 해야 되며, 그것을 증명해 내야지만 본인이 인정을 받을 수 있게 된 것이다.

B과장은 한 번에 일하는 방식을 바꾸기가 어렵다고 판단하고 우선 잘하는 것에 집중하기로 했다. 자신이 현재 맡고 있는 프로젝트를 잘 마무리한 뒤, 이 경험을 토대로 기획성 업무에 힘을 쏟기로 한 것이다. 실제 자신이 할 수 있는 모든 방법을 통해 프로젝트를 잘 마무리한 B과장은 프로젝트 결과물을 바탕으로 이후 진행해야 할 과제를 스스로 발굴하기 시작했다. 과제를 수립한 이후에는 이 과제를 수행할 로드맵을 설정하고 하나 하나씩 과제를 수행해 나가게 되었다. 이러한 B과장의 행동에 팀장은 다시금 B과장의 업무 능력을 칭찬하기 시작했고, 지금은 팀의 선임자로서 업무 기획뿐만 아니라 팀 운영에 있어서도 많은 역할을 수행하는 등 무한 신뢰를 받고 있다.

위 2가지 사례를 통해 직장에서 힘든 상황이 발생하였을 경우 그 문제를 통해 실패 속에 좌절하며 지낼 것인지 아니면 실패를 자산화하여 재도약의 발판으로 삼을 것인지 살펴볼 수 있었다. 사실 플레이어라면 응당 후자의 모습을 보여줄 것 같지만 실질적으로 그 상황에 맞닥뜨리게 되면 자신의 문제를 인정하고 개선하는 것은 생각만큼 쉽지 않다. 왜냐하면 변화는 기본적으로 어려운 일이기 때문이다.

레빈K. Lewin의 '변화이론'에 따르면 모든 조직은 변화를 추구하지만 변화를 위한 과정에서의 불안정성으로 인해 주저하는 경우가 많다고 한다. 특히 대부분의 사람들은 안정성을 추구하기 때문에 변화를 위한 과정에서 커다란 저항에 부딪치기 쉽고, 명확한 목표와 전략을 전달하지 못하면 변화의 노력은 실패할 수밖에 없다. 기업에서의 변화와 혁신도 이렇게 어려운 일인데 하물며 지금과는 다른 방식으로 '나를 개선한다는 것' 자체는 매우 어려운 일임에는 분명하다. 이런 점에서 지금처럼 여전하지 않고 지금과는 다르게 역전하기 위해 플레이어로서 성장하려면 어떤 노력을 해야 할까? 직장에서 매 순간 전세를 역전하며 더 나은 성과를 달성하는 플레이어가 되기 위해 3가지 방법을 다음과 같이 제언해 본다.

매 순간 역전하는 플레이어가 되기 위한 방법

첫째, '할 수 있다'는 자신감을 가지고 일하는 것이다. 2016년 리우 올림픽 펜싱 에페 결승전 2라운드 쉬는 시간에 박상영 선수가 고개를 끄덕이며 '할 수 있다'를 반복적으로 말하는 장면이 중계 장면에 포착되었다. 2라운드까지 13대 9로 점수 차가 벌어져 있었는데, 3라운드 경기에서 '할 수 있다'의 기적을 증명하듯이 점수를 좁히고 경기에서 승리하여 금메달을 거머쥐었다. 그 힘든 경기에서 포기하지 않는 마음으로 끝까지 최선을 다한 그의 모습에서 흔들리지 않는 강한 의지를 느낄 수 있었다. 자신감이 월등히 높은 사람도 감당하기 힘든 실패를 겪거나 문제를 해결하기 어려운 상황이 닥치면 심적으로 크게 흔들리기 마련이다. 일을 할 때도 마찬가지이다. 그렇기 때문에 매순간 '할 수 있다'는 강한 자신감을 가지고 일을 하는 것과 그렇지 않은 것의 차이는 클 수밖에 없다. 계속 '할 수 있다'는 자기 최면을 걸면 꼬여 있던 일도 순순히 풀리게 되고 해결 방법이 보인다. 일에게 만만히 보이지 말라. 매 순간 자신감을 갖고 처리해 나가면 일이 잘 된다.

둘째, 업무에 최선을 다하여 끝장을 보는 것이다. 논어에서 유래한

'매사진선每事盡善'이라는 고사성어가 있다. 미래는 현재보다 낫다는 희망을 가지고 매사 최선을 다하자는 뜻이다. 자신의 업무에 최선을 다하는 것은 말처럼 쉽지 않다. 일하는 과정이 완벽해도 결과가 좋지 않을 수 있고, 과정이 좋지 않은데 결과가 성공적일 수도 있다. 과정과 결과 모두를 만족시키기 위해서는 결국 자신의 업무에 전력을 다해 몰입하는 노력이 필요하다. 몰입하게 되면 문제를 발견하게 되고, 문제를 해결하기 위해 끊임없이 파헤치게 되면 지금껏 생각하지 못했던 최선의 방법을 고안해 내게 된다. 이렇게 일하면 설사 결과가 좋지 않더라도 최선을 다해 몰입했기에 그 업무에 미련을 남기지 않고 훌훌 털어버리고 새로운 업무에 자신감을 갖고 임할 수 있게 된다. 자기 일에 최선을 다했다고 말할 수 있을 만큼 전력을 다해야 한다.

셋째, 시행착오를 통해 그 일의 전문가가 되기 위해 전진해야 한다.
대부분의 사람들은 새로 시작하는 일을 맡게 되면 여러 시행착오를 겪게 마련이다. 여러 시행착오를 통해 경험이 쌓이게 되고 이러한 경험들이 모여 나를 그 일의 전문가로 만들어준다. 실패를 자산화한다는 것은 절대 쉽지 않다. 누구나 자신의 문제를 정확하게 바라보며 성찰하는 것은 어려운 일이다. 그래서 매 순간 스스로 한발 한발 전진해 나가야 한다. 오늘 하루 나는 내가 겪은 시행착오와 실패들을 통해 얼마나 성장했고 얼마나 전진했는지 마음속 깊이 물어보아야 한다. 이러한 축적의 과정을 통해 플레이어로서 이전과는 차별화된 결과를 생성하며, 결과적으로 오늘보다 더 나은 전문가로서 성장하고 성취하는 노력을 멈추지 않아야 할 것이다.

② 좁은 시야 vs. 넓은 시야

이제는 조금 오래된 드라마 〈미생〉 중 한 장면을 소개하고자 한다.

글로벌 무역회사의 신입사원인 안영이는 우수한 스펙과 똑 부러지는 일 처리로 회사에서 일찌감치 '에이스'로 인정받고 있었지만, 그녀를 바라보는 선배들의 시선은 좋지만은 않았다. 약간의 시기와 질투, 그리고 언젠가 자신들의 자리를 위협할지도 모르는 신입사원의 등장에 본능적인 방어기제가 작용했을지도 모르겠다.

어느 날 안영이에게 새로운 업무가 주어진다. 선배들이 오랫동안 준비했다가 결국 추진하지 못했던, 그래서 아무도 맡기를 꺼려 하는 프로젝트를 신입사원에게 맡긴 것이다. 업무를 받은 안영이는 그동안 선배들이 검토했던 자료와 업무 추진 내용을 인계받아 열심히 분석하고, 현 시점에서 해당 프로젝트를 진행해야 하는 이유를 나름대로 정리하여 프로젝트 진행 여부를 승인하는 재무부서에 결재를 올린다. 그러나 의사결정권을 가진 재무부장이 며칠 동안 피드백이 없자, 안영이는 재무부장을 찾아가는데….

일단은 대리, 과장, 차장의 보고 체계를 건너뛰고 신입사원이 다이렉트로 재무부장을 찾아온 데 대해 핀잔을 준 뒤, 재무부장은 1년 반 전에 해당 프로젝트를 검토한 후 승인을 반려했던 근거자료를 내어주며 그동안 왜 이 프로젝트를 승인하지 않았을지를 '재무팀 입장에서' 분석한 보고서를 작성해 올 것을 요구한다. 이에 안영이는 "재무팀 입장에서의 반려 사유와, 그 사유들을 보완할 수 있는 방안까지 준비하여 보고하겠습니다."라고 호기롭게 내뱉은 뒤 재무부장 방을 나온다.

약속한 시간이 지나고 재무부장을 다시 찾은 안영이. 하지만 안영이는 빈손이었다.

"죄송합니다. 아예 모르겠습니다. 그럴듯하게 보고서를 쓸 수도 있었지만, 그런 기만은 하고 싶지 않았습니다."로 시작한 안영이는 대신 이번 일을 통해 본인이 느낀 점을 재무부장 앞에 털어놓는다.

"먼저, 같은 기획서라도 각 부서의 입장에 따라서 '해석이 달라질 수도 있겠다.'라는 것입니다.

'가능성이 있다.'라는 영업부서의 말은 재무부서에게는 '좀 더 따져봐야 한다'는 뜻으로 이해될 수도 있고, 마찬가지로 '(고객의) 긍정적 반응'이라는 말은 '아직은 아무것도 결정된 게 없다.'라는 걸로 읽힐 수 있다는 것입니다.

그리고, 사업 예산을 집행하는 재무팀의 메커니즘에 대해서 알게 된 것이 제일 큰 소득이었습니다. 제 머릿속에 있는 피상적인 매출 예상액이 재무팀에서 보다 더 타당한 근거를 안고 다시 설정되는 과정에서 '그럼에도 불구하고 할 수 있는 사업'과 '그래도 할 수 없는 사업'이 있다는 거, 그리고 그것의 판단이 모두 A/B/C등급, 보류, 반려 등으로 등급화된다는 것입니다."

이 말은 들은 재무부장은 "보고서 보다 낫네."라는 칭찬과 함께 안영이를 내보내며, 마지막 말을 전한다.

"회계공부는 하고 있나? 빨리 배워둬, 회계는 경영의 언어이니까"

해당 영상은 다음을 참고하기 바란다.

https://youtu.be/p5br0G7N7Co

신입사원이 보고 체계를 건너뛰고 의사결정권을 가지고 있는 팀장에게 당돌하게 찾아가는 모습까지는 아니더라도, 안영이가 했던 실수는 실제 업무 현장에서 매우 흔하게 발생하고 있다. 회사라는 곳에서는 작게는 여러 개, 크게는 수십, 수백 개의 부서가 유기적으로 연결되어 업무가 진행되고 개인과 해당 부서, 나아가 회사 전체의 성과를 창출해 내고 있다. 특정 부서에 소속되어 특정 업무를 맡고 있는 담당자 입장에서는 자연스럽게 본인의 업무 시각에서, 소속 부서의 입장에서 업무를 바라보게 되는 경우가 많다. 그러나 앞선 사례처럼, 대부분의 업무는 동전의 양면과 같은 경우도 많고, 또 어떤 경우에는 양면에 그치지 않고 주사위의 육면이나 그보다 더 고차원적인 형태를 띠고 있는 업무들도 무수히 많다. 그런 상황에서 오로지 자신의 시각과 부서의 입장만을 고려해서 업무를 진행하고자 한다면, 많은 난관에 직면하게 될 것이다.

항상 귀를 열고 있으란 말이야

대기업처럼 조직 규모가 크고 복잡한 경우나 선배들이 다소 '꼰대끼'가 있는 경우라면 선배들이 후배들에게 "항상 귀를 열고 있으란 말이야.''라는 말을 종종 한다. 자신의 업무를 하는 중이라도, 바로 옆 회의 탁자에서 회의 중인 부서장의 말에 귀를 기울이기도 하고, 맞은편 자리 선배가 다른 부서와 하는 통화 내용에도 관심을 가지며, 항상 우리 부서의 업무가 어떻게 돌아가고 있는지, 회의에서는 어떤 이야기가 나오고, 앞자리 선배는 타 부서와 어떤 업무 협의를 하고 있는지에 대해 소위 '안테나를 항상 세우고 있으라.'는 말이다.

스타트업에 있는 동료에게 이런 이야기를 했더니, 손사래를 치며 "자신의 일에 집중해서 하면 되지, 무슨 그런 말이 있냐!''는 반응을 보였다. 물론, 조직의 문화가 다르고 업무의 종류와 방법이 다양하기 때문에 '안테나를 세우는' 방법이 모든 조직에서 통용되는 것은 아니다. 하지만 가능하다면 다음에서 소개하는 몇 가지 방법 중에서 본인의 업무 환경과 조직 문화 속에 활용할 수 있는 방법을 찾아 적용해 볼 것을 제안한다.

하나, 부서의 전체적인 업무 진행 상황에 관심을 가져라

예전 선배들 중에서는 "나 신입사원 시절에는 복사만 열심히 했다.''라는 말을 하는 분들이 있었다. 아닌 게 아니라, 70~80년대를 배경으로 하는 직장 드라마를 보면, 신입사원들은 누구보다 일찍 출근해서 사무실 청소를 하고, 팀장님이 보실 신문을 정리해 두고, 선배들 커피와 담배 심부름을 하고, 심지어 본인은 참석하지도 않는 회의의 자료를 인원수대로 복사하는 일까지 도맡아 하는 장면을 쉽게 볼 수 있다. 그런데 재미있는 건 몇 년 동안 회의 자료 복사를 도맡았던 신입사원이라도 누구는 복사기를 다루는 실력이 출중해진 반면, 어떤 사람은 회사의 여러 가지 프로젝트 진행 상황이나 중요한 의사결정 내용을 속속들이 파악하고 있는 경우가 있다. 전자는 열심히 복사 버튼만 누른 사람이고, 후자는 여러 장 복사가 되는 시간 동안 해당 자료의 내용에 관심을 가지고 눈으로 익힌 사람일 것이다.

요즘 시대에 복사기 사례가 너무 구시대적인가? 많은 조직에서 소위 주간업무 회의를 통해 한 주간 진행된 업무를 리뷰하고 다음 주 진행할 업무들을 점검해 보는 시간을 가질 것이다. 매주 작성하는 주간업무 내용이 귀찮게 느껴질 때도 있고, 자신이 맡은 업무에서 매주 큰 이슈가 있는 게 아니라서 '이번 주도 의례 진행되는 회의'라고 생각되는 경우도 있겠지만, 달리 생각하면 나의 업무 외에도 다른 팀원은 어떤 일들을 하고 있는지, 또는 옆 파트에서는 어떤 이슈가 있는지를 주간 단위로 공식적으로 파악할 수 있는 기회이다. 주간업무 회의에 참석하지 않는 경우라면, 매주 공지되는 주간

업무 자료를 흘려보내지 말고 꼼꼼히 읽어보면서 부서 전체의 업무 흐름을 파악해 보자. 한발 더 나아가, 가능하다면 본인이 주간업무 자료를 취합하는 역할을 자청해 보자. 부서에 새롭게 합류한 팀원에게 주간업무 취합 등의 업무를 부여하는 경우가 있는데, 해봐야 표시도 안 나는 잡무라고 생각하지 말고, 단시간에 부서 전체의 업무 맥락을 파악할 수 있는 둘도 없이 좋은 기회라고 생각하자. 신입사원에게 그동안 진행했던 기획서, 보고서, 품의문서 등을 전체적으로 읽어보도록 하는 것과 비슷한 개념이다.

우리 부서는 주간업무회의도 하지 않는다고? 부서 내에서 활용하고 있는 업무 일정 공유 시스템이 있는가? 거기라도 들여다보면서 이번 주에는 어떤 업무가 진행되고 어떤 회의가 있는지 등을 파악해 보자.

둘, 다양한 부서의 동료들과 네트워킹 하라

대부분의 업무들은 한 부서에서 단독으로 진행할 수 없고, 다양한 부서가 협업해야만 일이 진행되는 경우가 많다. 예를 들어 신입사원 입문교육을 진행하는 업무도, 교육부서 혼자의 힘으로는 진행할 수 없다. 인사팀에서 신입사원을 채용하는 업무가 선행되어야하고, 그 결과로 신입사원의 신상 정보가 넘어와야 한다. 다양한 교육 내용을 전달하기 위해 여러 부서의 사내 강사들과 일정이 조율되어야 하고, 경영지원팀에서 교육 운영을 위한 예산을 승인받고, 교육 종료 후에는 재무팀에서 비용 처리까지 완료해 주어야 한다. 교육 중 신입사원에 대한 평가 결과는 다시 인사팀으로 전달되어 인사 시스템에 기록되도록 해야 할 것이다. 이런 상황에서 다양한 부서의 동료들과 폭넓은 네트워킹을 다져 두면 업무의 전체적인 맥락을 파악하고 진행하는 데 도움이 될 수 있다.

예를 들어 갑자기 교육팀에 전 임직원 대상 정보 보안 교육을 실시하라는 지시가 떨어졌다. 해당 업무를 맡은 김대리는 영문도 모른 채 어떤 내용으로 교육을 해야 하는지, 대상은 누구이고, 언제까지 교육을 마쳐야 할지 막막한 상황이다. 마침 지난주에 있었던 임원회의를 준비하고 배석했던 기획팀의 친한 동료가 있어 연락을 해 보니, 최근 임직원에 의한 개인정보 유출 사고가 있었다는 사실을 알게 되었다. 사안이 생각보다 심각해서 소수 경영진들에게만 공유되었던 내용인데, 평소에 기획팀 동료와 네트워킹을 잘해 둔 덕에 김대리가 업무 맥락을 파악하는 데 도움이 되었다. 이에 김대리는 최근 사내외 개인정보 유출 사고 사례 및 개인정보보호법 주요 내용을 정리하여 교육자료를 만들고, 이에 추가하여 평소에 임직원들이 준수해야 할 개인정보보호 체크리스트를 정리하여 팀장에게 보고했고, 보고 결과는 여러분들이 생각하는 대로였다.

보통 경영진(임원)들이나 때로는 팀장들도 업무 지시를 할 때, 해당 업무의 배경과 전후 맥락을 자세히 설명하지 않는 경우가 많다. "김대리, ○○ 관련해서 업계 동향 조사 좀 해봐.", "기획팀에서 지난 3년 간 우리 □□ 상품 매출 추이 데이터를 좀 달라고 하는데, 김대리가 대응 좀 하지." 등과 같이 맥락 설명 없이 단위 업무만을 지시하는 경우들이다. 상사가 구성원의 업무 역량을 신뢰하지 못해서 주요 기획 업무는 본인이 직접 하고 단위 업무들만 지시를 하는 것인지, 이 정도로만 얘기하면 '알잘딱깔센(알아서 잘 딱 깔끔하고 센스 있게)'하게 만들어오기를 바라는 것인지, 아니면 본인도 자신의 상사로부터 받은 지시의 전후 맥락을 파악하지 못한 상태에서 부서원에게 그대로 전달하기만 하는 것인지도 모르겠다. 그러나 평소에 사내에 다양한 네트워킹을 구축해 둔 플레이어라면, 상사에게서 파악할 수 없는 업무 맥락을 그들을 통해 파악할 수 있을 것이다. 그들과의 관계가 더욱 돈독해 진다면 다른 팀의 월간 주요 업무 회의록을 매월 '숨은 참조'로 받아볼 수도 있을 것이다.

셋, 혼자 고민하지 말고 물어봐라

아직 부서 전체 업무에 관심을 갖기는 고사하고 내 업무를 쳐내기도 버겁거나 타부서 동료들과의 활발한 네트워킹이 아직은 어렵다면, 최소한 내 업무의 배경과 맥락은 파악할 수 있어야 하겠다. 앞선 사례처럼 갑자기 특정 이슈 관련 업계 동향 조사나 3년 간 특정 상품 매출 추이 데이터 분석을 지시받은 경우, 상사가 요청한 데이터를 열심히 준비해서 보고했을 때 추가적인 데이터 요청이나, "아니 이게 아니라, A 방향으로 조사를 해와야지, 다시!"라는 피드백을 받는 경우가 발생할 수 있다.

신입사원이거나 성격이 조심스럽거나, 상사의 지시에 토를 달면 안 된다고 생각하거나 등등 여러 가지 이유로 질문을 하지 않고 자리로 돌아와 혼자서 수만 가지 생각을 하면서 시간을 보내고, 나름 생각한 방향대로 업무를 진행했다가 피드백을 받고 다시 해야 하고, 이런 과정에서 비효율이 발생하는 경우가 허다하다. 이럴 때는 물어보자. "팀장님, ○○ 관련 업계 동향 파악을 지시하셨는데요, 최근 ○○ 관련 법령이 개정되었는데 이에 대한 각 기업들의 대응 방안이나 마케팅 전략 중심으로 조사를 해보면 될까요?", "지난 3년 간 □□ 상품의 매출 추이 분석을 말씀하셨는데, 해당 제품 실적만 정리하면 될까요? 아니면 □□ 상품과 유사한 제품군에 속하는 다른 제품 실적들도 함께 매출 추이를 분석해 볼까요?"처럼, 업무를 시작하는 초반 질문을 통해 정확한 맥락과 배경을 확인하고 업무를 진행하는 것이, 그 과정 없이 진행했다가 다시 해야 하는 경우의 비효율을 예방할 수 있는 방법이다. 업무를 더 잘하기 위해서 여러 가지 질문을 하는 구성원에게 핀잔을 주거나 싫어하는 리더는 없을 것이다. 단, 비슷한 질문을 매번 반복적으로 하는 경우가 아니라면….

앞선 사례에서 안영이는 분명 회사의 정해진 보고체계를 무시하는 개념 없는 신입사원으로 찍혀 혼이 났고, 재무부장이 요구한 보고서도 제대로 제출하지 못했다. 그러나 그 과정에서 자신의 생각과 자기 부서의 시각만으로는 모든 일이 순조롭게 진행되지 못할 수 있음을 깨달았다. 그리고 그 깨달음은 재무부장에게 약간의 핀잔을 들은 것에 비하면 매우 큰 소득이다. 더구나 재무부장은 그 짧은 시간에 큰 깨달음을 얻은 안영이의 가능성을 높이 보고 '회계 공부를 미리 해두라.'는 진심 어린 조언까지 더해 주었다. 여러분도 앞서 소개한 몇 가지 방법들을 통해 업무를 보다 다양한 시각에서 입체적으로 바라보고 맥락과 배경을 파악하여 '알잘딱깔센(알아서 잘 딱 깔끔하고 센스있게)'하게 성과를 내는 플레이어가 되기를 바란다.

③ 개인 성과 vs. 팀 성과

약 10년 전부터 많은 리더와 선배들은 말했다. 세상에는 3가지 종류의 직장인이 있다고. 시키는 일도 잘 못하는 사람, 시키는 일만 잘 하는 사람. 마지막으로 시키지 않아도 잘하는 사람. 하지만 마지막 유형은 크게 인정받지 못했다. 누군가 시키지 않는 일을 했다는 것은 리더나 선배의 입장에서는 자칫 현재 상황에서 중요도나 시급성이 떨어지는 일에 매몰되어 있다거나, 그들이 그리고 있는 최종결과물 이미지와 다른 결과물이 나오는 경우가 많았기 때문이다. 이는 자연히 "도대체 왜 시키지도 않은 일을 해!"라는 부정적 피드백으로 이어졌고, 구성원들의 주도성은 크게 저하된다. 그렇기 때문에 자연스럽게 팔로워는 시키는 일을 잘하거나, 못하는 2종류의 유형으로 분류되기 시작했다. 하지만 시대가 변화하고 기존의 수직적 구조에서 수평적인 조직 문화가 점차 확산되기 시작하면서 플레이어들은 그 진가를 발휘하기 시작했다. 주도적으로 그들의 역할과 업무를 확대해 나아가고, 나아가 리더나 선배가 미처 생각하지 못했던 성과를 창출해 내는 그들. 과연 그들은, 과거 전형적인 팔로워들과 어떤 차별성을 가지고 있을까.

회사생활과 스포츠의 공통점

우선 기존 팔로워의 모습은 어떠할까. 예전에 많은 선배들은 회사 업무를 스포츠에 많이 비유하고는 했다. 그도 그럴 것이 우리의 일하는 모습은 스포츠와 매우 닮아 있다. 우선 팀의 성과에 따라 리그가 나뉜다. 많은 관중들의 관심과 언론의 스포트라이트는 대부분 1부 리그의 메이저 팀에게 쏠린다. 그렇기 때문에 선수들은 모두가 상위 리그의 좋은 구단에 속하고 싶어한다. 그리고 이를 위해 개인의 스펙과 실력을 쌓아올린다. 물론 천부적인 재능을 타고나는 선수들도 존재하지만 보통의 선수들은 친구들과 만나 보내는 여가 시간을 줄이고, 남몰래 훈련한다. 또한 일류 선수들의 동작과 기술을 학습하며 자신의 기량과 역량을 꾸준히 개발한다. 하지만 이러한 노력만으로는 부족하다. 해당 선수의 역량을 누군가 알아봐주고, 성과를 낼 수 있는 출전 기회를 부여해 주어야 비로소 시작이다. 그리고 실제 경기에서 실력을 무수히 입증해 내야만 비로소 그토록 바라던 1부 리그에 도달할 수 있다.

여기서도 끝이 아니다. 그렇게 노력해서 여기까지 왔건만, 나보다 훨씬 더 높은 재능과 실력을 가진 경쟁자들로 가득한 팀에서 또다시 선발 출전을 위한 몇 배의 노력을 계속해야 한다. 그리고 그 결과 감독과 코치, 동료 선수들의 인정을 받아 선발 출전의 기회를 얻고, 성과를 내고, 모두의 인정을 받았을 때 비로소 일류 선수가 된다. 이마저도 끝이 아니다. 일류 선수다운 자기계발은 필수이며, 부상도 조심해야 한다. 온갖 구설수도 피해야 하며, 매 순간 선택의 기로에서 사소한 선택이 선수 생명을 좌우하기도 한다. 어느 하나라도 삐끗하는 순간 이렇게 힘들게 올라온 이곳에서 언제든 다시 2군으로 내려갈 수 있다. 어쩌면 선수 생활을 그만둘 수도 있다. 은퇴후 명문 팀에서 감독이나 코치를 하려면 일단은 간판 스타가 되어야 가능한 일이다. 그렇지 못한다면 동네 학교나 지역 커뮤니티, 아니면 아예 직업을 바꿔 치킨집 사장님이 되는 수밖에 없다. 생각해 보면 우리의 회사 생활과 크게 다르지 않다. 매 순간이 치열하고, 끊임없는 노력이 필요하며 한시도 방심할 수 없고, 때로는 운도 필요하다. 무엇보다 좋은 인연, 특히 나를 인정해 줄 수 있는 리더와 동료를 필요로 한다.

매 순간 전력투구를 한다는 것

공을 던질 때마다 사력을 다한다는 것은 멋진 일이다. 다만 이를 경기 내내 지속할 수 있다면 말이다. 제아무리 200km가 넘는 강속구를 뿌릴 수 있는 투수라 할지라도, 매 순간마다 전력을 다한다면 3이닝을 채 넘기기가 어려울 것이다. 제아무리 날고 기는 최고의 선수라 할지라도 던지는 횟수가 누적될수록 조금씩 힘이 빠지게 되고, 이는 실투로 이어진다. 그리고 실투는 곧 팀의 승리를 위협하는 리스크가 되어버린다. 사실 야구의 목적은 심플하다. 상대보다 더 많은 득점을 해서 승리하는 것이다. 만약 투수 후보층이 얇은 팀의 최고 에이스 투수라면 이 본질을 결코 간과해서는 안된다. 매번 전력투구를 하기보다는 적절하게 변화구도 던지고, 다양한 구위뿐만 아니라 우리 팀 수비들을 믿고 상대 실책을 유도하면서 적절히 체력을 관리해야 한다. 초반에 아무리 탈삼진을 잡아도, 팀 전체의 승리를 고려하지 못하는 투수는 이류다. 그렇기에 승리투수가 진정으로 값진 타이틀이다. 자신이 아무리 초반에 공을 잘 던져도, 팀이 함께 싸우는 9회전에 점수를 잃어버리면 그 수고는 빛을 잃어버린다.

정말 열심히 하는데도 기존의 팔로워가 대체로 조직에서 그들의 노력이 인정받지 못하거나, 빛을 못 보는 경우가 바로 이런 케이스이다. 스스로 생각하기에는 분명 누구보다 열심히 했고, 잘 했지만. 팀 전체의 시야에서 나의 전력투구는 이기적이었고, 전체 경기의 흐름과 다른 선수들을 외면했을 수도 있다. 반대로 플레이어는 경기 전체를 볼 수 있는 시야와 동료에 대한 믿음, 나에게 기대하는 역할과 책임을 정확하게 인지하고 있다. 그리고 무엇보다 스포츠 경기도, 조직에서의 업무도 기본적으로 팀 플레이다. 개인의 역량도 중요하지만, 팀 전술, 동료와의 협동 없이는 결코 경기에서 승리할 수 없다. 간혹 우리가 축구 경기를 보다 보면 빠른 역습과 패스를 요하는 순간에 쓸데없이 화려한 개인기를 뽐내느라 최적의 타이밍을 놓치는 경우를 심심치 않게 볼 수 있다. 탁월한 플레이어는 당장의 앞이 아니라 전체를 본다. 이 작은 차이 하나가 팀의 승리를 만들고, 완전히 다른 성과를 만든다. 당신은 별볼일 없는 꼴찌 팀에서 발기술 하나만큼은 자부한다고 스스로를 위로하는 팔로워가 될 텐가, 아니면 팀의 승리를 만드는 결정적인 순간을 제공하는 탁월한 플레이어가 될 것인가.

단, 책임과 권한 내에서 움직여야 한다

플레이어가 되기 위해서는 가장 중요한 전제 조건이 있다. 바로 생각하고 있는 일을 할 수 있는 역할Role과 책임Responsibility이다. 간혹 자신의 일도 제대로 못하면서 다른 동료, 후배 심지어 리더의 일에 사사건건 간섭만 하는 팔로워들이 존재한다. 그리고 이마저도 특별한 대안을 제시하지 못하면서, 각종 지적질만 일삼는 못난 팔로워들이 태반이다. 이와 같은 팔로워들은 팀에 전혀 도움이 안 된다.

반대로 플레이어는 본인의 역할을 우선 100% 이상 실행한다. 플레이어는 팀에서 자신의 역할을 분명하게 이해하고 있고, 이를 잘할 수 있는 방법을 알고 있다. 플레이어 역시 팀의 승리를 위해 동료의 실수를 말할 수는 있지만 이 때의 피드백은 적어도 자신의 역할을 다하고 난 뒤에, 동료의 사기를 저해하지 않는 수준에서 이루어진다. 그리고 대부분은 격려와, 더 잘할 수 있는 방법에 대해서 이야기한다.

스포츠에서도, 그리고 우리의 직장에서도 명확한 포지션이 존재한다. 포지션은 곧 해당 역할을 기대 이상으로 수행할 수 있는 책임과 해당 책임 내에서 이루어지는 모든 의사결정, 행동의 권한을 의미한다. 예를 들어 계속해서 전반전에 실점한 골키퍼가 골을 넣지 못한 공격수를 나무라는 것은 바람직한 행동이 아니다. 만약 팀에서 주장이나, 정신적인 지주 역할을 맡고 있는 상태가 아니라면 더욱이 그외 행동은 동료뿐만 아니라 코치, 감독, 나아가 팬들에게 눈살을 찌푸리게 만들 수 있다. 또한 감독이 선수들의 행동을 지나치게 제한하거나 선수의 책임과 권한을 침해하는 경우도 마찬가지다.

경기는 결국 선수들의 발에서 시작되고 끝이 난다. 감독의 지시가 아니었다 하더라도 해당 경기와 포지션에서 필요한 행동이었다면 마땅히 박수쳐주고 인정해 줄 수 있어야 한다. 그래야 주도적이고 창의적인 플레이와 성과가 창출된다.

그렇기에 훌륭한 플레이어는 때때로 자신의 책임과 권한을 조정하기도 한다. 리더와 동료 또는 이해관계자와의 협의를 통해 자신이 다룰 수 있는 정보나 업무의 접근 권한을 확대한다거나, 전체 업무 프로세스에 비효율을 초래하는 업무나 역할은 과감히 축소하려는 시도를 한다. 어디까지나 팀의 승리(성과)를 위한 플레이어의 제안은 꽤 성공적으로 받아들여진다. 정당한 요구를 마다할 리더나 동료는 대부분 존재하지 않는다. 다만, 해당 요구가 주변에 받아들여지기 위해서는 플레이어에 대한 기본적인 인정과 신뢰가 형성돼야 하기 때문에 무턱대고 주어진 역할에 불평하는 것이 아니라 일단은 자신의 실력을 충분히 보여주고 상호 이해와 인정이 뒷받침된 이후 시점에 모두가 납득할 수 있는 방향으로 주장하는 바를 제시해야 할 것이다.

플레이어의 적절한 균형감

일과 일상의 균형, 워라밸은 누구에게나 필요하다. 너무 지나치게 일에 함몰되어 일상 생활에 지장을 받는다면 그 일을 지속하기 어려울 것이고, 반대로 너무 일상에 집중하여 주어진 일을 제대로 수행하지 못한다면 그 역시 큰 문제가 될 것이다. 그렇다고 가장 이상적인 균형점이 "5:5다", "7:3이다."라고 그 누구도 말할 수 없다. 개인마다 처한 환경과 일의 종류, 성격이 상이하고, 얼마만큼 해당 일이 중요하며 스스로 몰입하고 있는가에 따라 같은 개인이라 할지라도 밸런스는 수시로 변화한다. 심지어 건강이 안 좋거나, 집안에 일이 생긴 경우라면 오히려 일에 대한 비중을 줄이는 것이 합당하다. 인생 전체로 보면 당시에는 너무나 중요해 보였던 그 일이 지나고 나서 그다지 존재감이 없을 수도 있고, 되레 더욱 중요한 것을 놓치게 만든 원인이 될 수도 있다.

우리가 업무를 수행할 때에도 역시 마찬가지다. 수행해야 하는 과제가 하나 뿐이라면 상관없겠지만, 세상에 그런 직업은 존재하지 않는다. 대부분 여러 가지의 임무를 동시에 수행할 수밖에 없는 상황에서 플레이어는 팔로워에 비해 훌륭한 균형감각을 가지고 있다. 예를 들어 여기 긴급하지만 쉬운 일과, 아직 납기가 많이 남았지만 내 업무 중 가장 중요한 과제가 있다고 할 때 시급한 업무만 하다 정작 중요한 업무를 놓치는 것도 문제이지만, 중요한 업무만 하다가 시급한 업무를 여러 번 놓치게 되는 것도 플레이어에게는 크나큰 스트레스다.

그렇기에 플레이어는 끊임없이 최적의 균형점을 찾는다. 탁월한 플레이어라면 납기와 중요도를 잘게 쪼개고 자신의 시간을 고르게 배분하여 효과적으로 업무를 처리할 것이다. 사실 이와 같은 일은 결코 말처럼 쉬운 일이 아니다. 시급한 문제는 대부분 찾는 이가 많기 때문이다. 수시로 받는 납기에 대한 주변의 압박을 적절히 이겨내고 스스로의 페이스와 성과를 지킬 수 있는 능력, 이것이 바로 플레이어의 균형감이다.

팀 승리가 우선이다

결국 훌륭한 플레이어는 팀 플레이어다. 개인의 역량도 좋아야 하지만, 항상 팀 전체 그리고 동료의 입장에서 생각하고 공감할 수 있는 능력이 중요하다. 모두가 스트라이커가 될 필요는 없다. 주어진 포지션에서 동료와 팀 승리에 도움을 줄 수 있는 방법을 찾아내고 몸소 행동할 수 있는 능력. 이것이 진정한 플레이어의 힘이다.

조직을 빛나게 하는 플레이어의 5가지 역할

이번 챕터에서는 플레이어의 역할에 대하여 알아보겠다. 기존에 리더와 구성원의 역할을 구분하여 리더의 역할과 역량을 다루는 내용은 많이 보았을 것이다. 그러나 플레이어는 리더와 팔로워를 구분하지 않는다. 누구나 리더의 역할을 할 수 있으며 이러한 리더의 역할을 통해 자신이 수행하는 업무에서 성과를 내는 것이 플레이어라고 할 수 있다. 플레이어의 역할은 창의, 연결, 성과, 공헌, 성장의 5가지로 구성되어 있다. 첫째 창의, 판을 바꾸는 창의적인 Design thinker, 둘째 연결, 함께 가치를 창출하는 Connector, 셋째 성과, 업무 결과로 증명하는 Expert, 넷째 공헌, 팀의 승리에 기여하는 Contributor, 다섯째 성장, 후배 육성과 자아실현을 위한 Developer 이다.

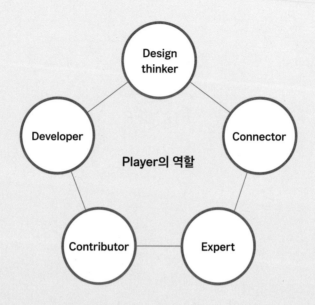

1 창의, 판을 바꾸는 창의적인 Design Thinker

디자인 씽커Design Thinker란 어떤 플레이어일까? 기존의 프레임Frame 을 바꾸는 사람이다. 최인철 교수의 베스트셀러인 『나를 바꾸는 심리학의 지혜 프레임』에서는 프레임의 정의를 창문이나 액자의 틀, 또는 안경테 등이라고 했다. 이것들은 모두 어떤 대상을 보는 것과 관련이 있다. 프레임은 뚜렷한 경계 없이 펼쳐진 대상들 중에서 특정 대상을 하나의 독립된 실체로 골라내는 기능을 한다. 프레임은 한마디로 세상을 바라보는 마음의 창이다. 어떤 문제를 바라보는 관점, 세상을 향한 마인드셋, 세상에 대한 은유, 사람들에 대한 고정관념 등이 모두 프레임의 범주에 포함되는 말이다. 마음을 비춰보는 창으로서의 프레임은 특정한 방향으로 세상을 보도록 이끄는 조력자의 역할을 하지만, 동시에 우리가 보는 세상을 제한하는 검열관의 역할도 한다.

이렇게 누구나 자신만의 프레임을 가지고 있고 조직도 마찬가지다. 특히 조직이 가지고 있는 프레임은 관행, 관습, 고정관념 등의 이름을 가지면서 쉽게 바뀌지 않는 것이 특징이다. 디자인 씽커란 이러한 기존의 틀, 프레임을 바꾸는 창의적인 플레이어이다.

많은 회사들이 혁신을 이야기하고 있고 이를 위해서 창의적으로 기존의 방식을 바꾸어야 한다는 말은 많이 하고 있지만 혁신에 성공했다는 기업의 사례를 접하기는 쉽지 않다. K기업은 딥체인지 Deep Change를 위한 BMBusiness Model혁신을 이야기하고 있고 S기업의 전 총수는 '마누라, 자식 빼고 다 바꿔'라며 신경영을 선언하기도 했다. L기업의 혁신 슬로건 중에 '5%는 불가능해도 30%는 가능하다'가 있다. 5%도 힘든데 30%가 어떻게 가능하단 말인가? 이것은 판을 바꾸는 즉, 프레임을 바꾸는 사고에서 가능한 이야기인 것이다.

휴대폰의 후발 주자였던 애플은 기존의 휴대폰 시장의 프레임을 바꾸는 스마트폰으로 시장의 최강자가 되었다. 5%씩 성장해서는 지금의 자리에 오르지 못했을 것이다. 한 방에 30%이상의 변화를 통해 성과를 이루어낸 것이다.

① 문제 해결에 있어서 창의적 관점을 가지자

창의성의 의미는 사전적으로는 '새롭고, 독창적이고, 유용한 것들을 만들어내는 능력' 또는 '전통적인 사고방식, 기존의 틀에서 벗어나서 새로운 관계를 창출하거나, 일상적이지 않은 아이디어를 산출하는 능력'이다. 창의성에 대하여 연구한 심리학자 길퍼드J. P. Guilford는 '창의적 사고'를 설명하기 위해 5가지 요소를 제시하였다.

❶ **유창성:** 제한된 시간 내에 많은 아이디어를 생성해 내는 것

❷ **융통성:** 다양한 각도로 접근, 아이디어를 응용하는 능력

❸ **독창성:** 남들과 다른 기발하고 독특한 아이디어 제시

❹ **정교성:** 선택한 아이디어를 구체화, 실용화, 정교하게 다듬는 능력

❺ **민감성:** 다른 사람은 그냥 지나칠 일에도 민감하게 반응하는 것

그럼 창의력이란 특별하고 비범한 사람들만의 전유물인가?

창의적 사고기법의 대가인 에드워드 드 보노Edward de Bono는 창의력은 특별하고 비범한 능력이나 선천적으로 타고나는 재능이 아니라, 훈련을 통해 개발될 수 있는 능력으로 보았다. 에드워드 드 보노

는 창의력에 대해 일반인들이 가지고 있는 선입견에 대하여 아래와 같이 제시하였다.

[에드워드 드 보노Edward de Bono의 창의성에 대한 선입견 10가지]

❶ 오직 한 가지 정답만 있다고 생각한다.

❷ 창의성은 논리적이 아니라고 생각한다.

❸ 규칙을 따라야만 한다고 생각한다.

❹ 현실적이어야만 한다고 생각한다.

❺ 모호함을 피하려고 한다.

❻ 실수를 저지르는 것은 잘못된 일이라고 생각한다.

❼ 놀이는 경박스러운 것이라고 여긴다.

❽ 창의성은 나의 영역의 일이 아니라고 생각한다.

❾ 어리석은 행동은 하지 말고 순응해야만 한다고 생각한다.

❿ 난 창의적이 아니라고 생각한다.

창의적 관점을 가지려면 어떻게 해야 할까? 기존에는 문제 해결 기법도 논리적이고 분석적인 툴Tool을 많이 사용하던 로지컬 씽킹 Logical Thinking이 유행하였다면, 최근 들어서는 창의적인 사고를 더 요구하는 디자인 씽킹Design Thinking을 많이 사용하고 있기도 하다.

'관점을 바꾸면 미래가 바뀌고 인생이 달라진다.'는 이야기가 있다. 핵심은 결국 하나다. 관점을 변화시키면 창의적인 일이 가능해진다. 그런데 관점의 변화가 창의를 높이는 것만은 아니다. 그 역방향도 얼마든지 가능하다. 인지심리학자인 김경일 교수는 창의적이기 위해서는 '관점을 바꿔라!'는 상투적인 지시는 그만하고, 창의적인 일부터 시키면 창의적 관점을 가지게 된다고 이야기하고 있다. 왜냐하면 인간의 행동과 생각은 양방향이기 때문이다. 기분이 좋으니까 웃음이 나오는 것은 상식이지만 웃으면 기분이 더 좋아지는 것 역시 사실이라는 것이다. 그런데 이는 관점과 창의에 있어서도 마찬가지다. 관점을 바꾸면 창의적인 생각을 할 수 있다. 반대로 창의적인 일을 하게 되면 관점이 바뀔 수도 있다. 그리고 그 변화에는 상대방의 관점으로 생각해 보는 배려도 포함돼 있다.

우리는 창의적으로 일하고 문제를 해결하는 연습을 통해서 창의적인 관점을 학습하게 되고 향후에는 창의적인 관점을 가지고 일을 하고 문제를 해결하게 된다. 앞서 언급했듯이 창의성이란 하늘에서 뚝 떨어지는 능력이 아니다. 학습과 노력을 통해서 개발할 수 있는 능력이다. 창의적인 접근을 통해 문제를 해결한 사례를 알아보자.

A사원은 신입사원으로 선배로부터 명절선물 지급 업무를 인계받

있다. 선배는 A사원에게 명절선물 지급 업무에서 가장 중요한 일은 사원들이 신청한 선물의 상품교환권을 발행하는 것인데 위변조를 막기 위해 신청 숫자에 맞춰 상품교환권을 만들고 회사 직인을 찍어야 한다고 당부하였다. 명절선물 지급 업무는 선정된 선물 중에서 사원들이 원하는 제품을 신청하면 취합하여 제품업체에 발주를 하고 그 수만큼 상품교환권을 만들어 신청자들에게 지급한다. 그리고 명절 전에 제품을 납품 받아 회사의 가장 넓은 공간에 제품을 쌓아놓고 제품과 상품교환권을 교환하는 방식으로 지급하는 것이다. 그래서 상품교환권이 중요한 것이다.

A사원은 제로베이스Zero Base에서 접근해 보았다. '회사에서 꼭 명절 선물을 줘야 하나? 많은 복지제도 중의 하나일 뿐이지 않은가? 많은 회사들이 카페테리아식 복지를 실시하고 있고 포인트제를 통하여 원하는 시기에 원하는 포인트를 활용하여 복지 혜택을 누리고 있지 않은가?'

그래서 A사원은 선배에게 자신의 의견을 제시하였고 팀장과 임원에게 보고하여 복지포인트 제도를 검토하는 프로젝트를 선배와 함께 진행하게 되었다. 복지포인트 제도 및 복지몰을 운영하고 있는 업체를 선정하여 회사 특성에 맞는 복지앱을 만들었다. 이제 사원들은 언제 어디서나 앱을 이용해서 포인트 내에서 물건을 구입하고 집으로 바로 배송받는 서비스를 누리게 되었다.

창의적인 관점의 변화를 통해서 단순한 개선이 아닌 판을 바꾸는 디자인 씽커의 역할을 수행한 것이다.

 ## 새로운 시도에 도전하자

플레이어에게 새로운 시도는 언제나 반갑다. 이들에게 새로운 환경과 과제는 새로운 도전이 동반되기 때문이다. 조직에서 디자인 씽커로서 플레이어가 가져야 할 역량 중 도전정신과 실행력이 끊임없이 요구되는 이유라고 볼 수 있다. 실력을 쌓기 위해서는 이러한 도전을 두려워하지 말고 그 과정을 즐기는 여유가 필요하다.

엔트로피 상승의 법칙

만약 내가 한 회사의 창립자라고 치자. 시간이 지나면서 초기 창립 때의 원칙들은 잊혀지게 마련이다. 확실한 원칙 아래 하나의 몸처럼 일사불란하게 움직이던 예술가와 같은 모습들은 온데간데없이 사라지고, 온갖 성과주의와 이기주의 아래 임직원들도 왜 있는지 알 수 없는 기능들이 추가되곤 한다. 이것을 조직의 '엔트로피 상승의 법칙'이라고 하는데 인간에게도 적용되는 법칙이기도 하다. 사실 업무에 매진하다 보면 실력을 쌓는 기회보다 반복적인 일상에 더 익숙해지는 것이 당연시되면서, 새로운 업무가 주어지면 두려움을 먼저 느끼게 되는 경우가 있다. 이렇게 도전이 매 순간 반갑지 않게 되는 데에는 물리적인 이유가 있다는 것을 의미한다.

다른 예로 스포츠 경기 중 복싱에서 도전자보다는 가진 것을 지키기 위해 타이틀 방어전에 나서는 복싱 챔피언이 훨씬 고독하고, 힘든 법이다. 이때 슬기로운 플레이어는 결과에 집착하지 말고 이러한 과정을 즐겨야 한다. 완벽함보다 창의적인 새로운 시도를 무조건 도전해 보는 것이 실력을 쌓아나가는 좋은 학습이 될 수 있기 때문이다.

일단 시도하기

그렇다면 왜 이러한 시도를 해야 할까? 플레이어가 조직을 바라보는 관점이 달라야 하는 이유다. 새로운 시도란, 혁신의 가능성을 의미하기도 하다. 시도가 없다면 아무런 성장도, 놀라움을 느낄 기회도 없을 것이다. 혁신은 항상 새로운 시도 아래 탄생한다. 반대로 새로운 시도가 없다면 혁신도 없다. 홈런을 치려면 일단 크게 휘둘러야 하듯이, 현재에 마냥 머물지 말고 어떤 형태로든 기회가 주어질 때 최선을 다해야 한다. 만약 자신이 어떤 한계에 부딪혔다고 생각되면 '일단 시도하기'를 통해 극복하는 것이 중요하다.

플레이어로 인정받는 A차장은 한 번도 해보지 않았던 새로운 업무를 수행하는 프로젝트에 착출되었다. 새로운 업무를 수행하고 일부 리딩을 해야 한다는 부담감과 불안감이 있었지만, 팀원들의 도움과 지지를 통해 자신의 부족한 점을 보완하기로 했다. 이 과정에서 변화가 위험한 것만은 아니라는 점을 깨달으면서 안정지향적인 성격이 고집스러운 반응으로 나타나지 않도록 조절하려고 노력했다. 상사의 조언뿐만 아니라 팀원들의 의견을 적극적으로 수용하면서 자기관점을 확대할 수 있었고, 안정지향적인 성격이 갖는 단기적이고 좁은 시야를 벗어날 수 있었다.

'일단 시도하기'는 새로운 성공 경험을 통해 다른 관점의 프레임이 넓어지게 해준다는 점에서 매우 효과적인 한계 극복 방법이라고 할 수 있다. 관점을 전환해서 성취한 경험들이 쌓이면 상황에 대한 반응과 행동을 바꿀 수 있다. 일례로 극단적인 완벽주의 성향을 지녔던 플레이어도 '일을 완벽하게 끝내지 않아도 다른 사람들의 인정과 관심은 여전하다.'라는 경험을 수차례 반복하게 되면, 완벽주의에 집착하지 않고 훨씬 유연하게 다양한 상황을 받아들이게 된다.

이렇게 내 자신의 한계를 극복하는 거의 유일한 방법은 '행동을 바꾸는 것'이다. 행동을 바꾸기 위해서는 일단 기존의 행동을 멈추고 과감하게 새로운 시도나 행동을 해보는 수밖에 없다. 자전거 타기를 배우려면 실제로 자전거를 타면서 페달을 밟아보고 누군가 잡아주지 않아도 넘어지지 않는다는 경험을 쌓아야 하는 것처럼, 새로운 변화와 도전을 위해서는 용기를 가지고 일단 시도해 보는 것이 가장 중요하다.

실력은 도전을 통해 만든다

앞에서 얘기한, 처음 저전거 탄 순간을 잠시 떠올려 보자.

대부분 누군가 뒤에서 잡아주며 자전거 타기를 배우게 되는데, 기우뚱거리며 "절대 손을 놓으면 안돼!"라고 겁을 내며 말하곤 한다. 하지만 어느새 혼자 힘으로 페달을 밟고 잘 나가다 뒤에 사람이 없다는 것을 깨닫는 순간 균형을 잃고 쓰러진다. 일단 자전거 타기를 배우려면 누군가 붙잡아주지 않아도 균형을 잡을 수 있다는 자신감을 가져야 한다. 이를 '자아효능감'이라고 하는데, 자아효능감이란 '내가 어떤 일을 잘할 수 있다고 믿는 마음의 힘'을 말한다. 자아효능감은 변화에 대한 용기를 북돋아주고 도전을 위한 동기부여를 해준다.

자아효능감을 높이는 데 있어 관건이 되는 것이 '성취경험'이다. 흔히 목표는 높고 도전적일수록 좋은 성취경험을 맛볼 수 있다. 하지만 지나치게 도전적이고 높은 목표를 잡으면 그만큼 실패할 가능성도 커져 너무 높은 목표는 바람직하지 않다. 한계를 극복하고 변화에 성공하려면 일단 시도하기를 통해 조그마한 성공경험을 쌓는 것이 중요하다. 또한 다른 사람들의 칭찬과 지지를 받는 것도 자아효능감을 높이는 데 매우 도움이 된다. 특히 조직에서 긴밀한 관계에 있는 상사나 부하직원에게 지지를 받는다면 이는 든든한 심리적 자산이 된다. 결국은 이러한 꾸준한 시도와 도전을 통해 나의 실력도 상승하게 된다는 점을 잊지 말고, 도전하는 플레이어로서의 역할을 무엇이든 적극적으로 수행해 보자.

 ## 타인의 아이디어를 수용 및 활용하자

마이크로소프트의 인사평가 3가지 질문

마이크로소프트는 과거에 똑똑한 사람들이 각자의 일을 잘하는 조직이었다면 지금은 잘난 사람들이 혼자 일하는 조직이 아니라 성장마인드셋을 기반으로 끊임없이 학습하고 성장하는 조직으로 바꾸기 위해 노력하고 있다. 실제 마이크로소프트는 다음 3가지의 질문을 인사평가 항목에 넣어 팀원들 사이에 협업이 일어날 수밖에 없도록 만들고 있다.

[마이크로 소프트의 인사평가 항목 질문 3가지]

❶ 본인의 업적은 무엇인가?

❷ 다른 사람의 업적에 얼마나 기여했는가?

❸ 다른 사람이 만든 것을 가지고 더 큰 성과를 만들었는가?

마이크로소프트의 인사평가 항목 3가지 질문을 보면 협업을 위해서 다른 사람에게 얼마나 도움을 주었는지도 중요하지만 본인도 다른 사람의 아이디어나 도움을 받아 더 큰 성과를 내는 것 또한 중요하다고 메시지를 주고 있다.

사람은 반복되는 일이나 업무를 자신이 경험한 관점 안에서 생각하고 판단하는 경향이 있다. 그리고 문제 해결에 대한 자신만의 성공경험이 많아질수록 다른 사람의 의견이나 아이디어에서 나와 같은 생각과 기준만 수용하고 그렇지 않은 경우는 무시하는 태도가 나타날 수 있다. 마이크로소프트의 인사평가 3가지 질문처럼 나는 다른 사람이 만든 것을 가지고 더 큰 성과를 만들고 있는지 한번 돌아보며 나의 생각과 경험이 무조건 정답이 아닐 수 있다는 생각I may be wrong을 가져보자.

상대방의 의견을 적극적으로 경청하라

좋은 아이디어를 찾기 위해서는 재료가 풍부해야 한다. 그리고 많은 재료를 확보하기 위해서는 다양한 사람들을 만나서 의견을 나누고, 독서 등을 통해 지식을 쌓아야 한다. 그리고 동료들과 의견을 나누며 아이디어를 얻기 위해서는 먼저 동료의 의견을 들을 줄 아는 경청의 자세가 필요하다.

[경청의 5단계의 레벨]

❶ 레벨: 무시하기(Ignore)

❷ 레벨: 듣는 체 하기(Pretend)

❸ 레벨: 선택적으로 듣기(Selective)

❹ 레벨: 적극적으로 듣기(Active)

❺ 레벨: 공감하며 듣기(Empathic)

1, 2, 3레벨의 경청은 상대방의 이야기를 듣고 있는 것 같지만 실제로는 상대의 의견이 맞는지 틀렸는지 계속 판단하고 평가를 하며 듣는 '자기중심적 경청'이다. 자기중심적 경청을 하게 되면 본인의 생각과 맞는 이야기는 수용을 하고 그렇지 않은 경우는 무시해

버리게 된다. 반면 4, 5레벨의 경청은 '상대중심적 경청'이다. 4레벨 적극적 경청은 상대방이 맞는 이야기를 하는지 판단하기 위해 듣는 것이 아니라 어떤 주제든지 편안하게 이야기할 수 있도록 돕기 위해서 적극적으로 리액션을 하면서 듣는 것이다. 마지막으로 5레벨의 경청은 상대의 감정과 노력, 동기를 알아봐 주고 인정해 주는 경청이다.

동료들과 이야기할 때 나의 경청 모습을 돌아보자. 동료가 자신의 생각을 눈치보지 않고 편안하게 이야기할 수 있도록 돕는 노력을 하고 있는가? 아니면 동료의 말을 판단하고 가르치기 위해 경청하는 척을 하고 있는가? 동료의 아이디어를 활용하고 수용하기 위해서는 먼저 동료의 말에 리액션을 하는 플레이어가 되어보자.

플러싱Plusing 기법으로 피드백하라

동료들과 의견충돌이 일어나는 이유 중 하나는 동료의 의견에 바로 반박하거나 무조건 비판적으로 듣기 때문이다. 토론은 상대를 이기기 위함이 아니라 더 좋은 방법을 찾고 더 나은 결과를 얻기 위함이다. 따라서 아이디어를 주고받을 때는 비판이 아닌 대안이나 조언이 담겨 있어야 서로에게 도움이 된다. 반대 의견이 나왔을 때도 충돌하기보다 수용하거나 추가적인 질문을 통해서 논의를 더 적극적으로 할 수 있기 때문이다.

애니메이션영화 제작사인 픽사PIXAR에서는 플러싱 방식의 피드백을 사용한다. 플러싱은 동료에게 피드백을 줄 때 '네 그리고YES AND'로 시작해야 하는 룰이다. 예를 들어 애니메이션에 "할아버지를 주인공으로 쓰자"고 누군가 제안을 한다면 "애니메이션에 할아버지가 말이 되느냐"면서 비판을 하는 것이 아니라 "좋습니다, 그리고 할아버지와 균형을 맞출 어린아이나 강아지도 같이 등장하면 좋겠네요"라고 말해 주는 것이다. 이런 원칙은 동료의 의견에 비판하기보다는 긍정으로 수용하면서 동료가 제안한 의견에 자신의 아이디어를 덧붙이도록 하여 의견이 발전할 수 있도록 만들 수 있다. 또한 픽사는 동료가 고민하고 생각해서 제안한 의견을 바로 반박하는 것도 금지하고 있다. 이유는 누군가 고민해서 준 의견을 그 자리에서 바로 반박을 한다면 의견을 제안한 사람은 다음부터는 두려움이 생겨 더 이상 의견을 주지 않기 때문이다.

픽사처럼 피드백을 줄 때는 격려로 시작해서 대안으로 마무리하고 피드백을 받는 당사자는 바로 반박하지 않는 규칙을 지킨다면 집단지성을 통해 더 나은 결과를 낼 수 있다.

2 연결, 함께 가치를 창출하는
Connector

    우리는 초연결사회hyper connected society에 살고 있다. 초연결사회란 IT를 바탕으로 사람, 프로세스, 데이터, 사물이 서로 연결됨으로써 지능화된 네트워크를 구축하여 이를 통해 새로운 가치와 혁신의 창출이 가능해지는 사회이다. 초연결사회는 기술의 진화와 인간욕구의 변화를 동인動因으로 하여 등장하는 미래사회의 새로운 패러다임이다.* 이렇듯 현대사회에서는 조직 내에서 성과를 내기 위해서는 연결의 힘Connecting Power이 필요하다. 그리고 연결하는 사람Connector들의 역할이 중요하게 되었다.

* **초연결사회**Hyper Connected Society(지형 공간정보체계 용어사전, 2016. 1. 3., 이강원, 손호웅)

이러한 초연결시대에서 조직 및 사회의 일원으로 성과를 내는 플레이어는 '커넥터Connector'의 역할을 가지게 되는데 플레이어 역할 중의 하나로서 커넥터는 어떤 의미가 있는지 알아보자.

IT 기술의 발전과 개인 욕구의 변화로 인한 초연결시대의 조직에서 플레이어는 연대를 통해 일을 한다. 연대에는 강력한 연대와 느슨한 연대가 있는데, 플레이어는 강력한 연대와 느슨한 연대의 장점을 고루 활용하기 위해 필요로 하는 연대를 선택하여 긍정적이고 발전적인 방향으로 일을 처리한다. 그리고 연대 안의 구성원 간 네트워크Network에서는 링킹핀Linking Pin의 역할을 통해 강력한 결집을 만들어내어 지성화된 집단을 구성한다. 플레이어가 만들어낸 이 지성화된 집단을 통해 집단지성을 발휘하여 조직의 성과 창출에 기여하는 커넥터의 역할을 수행한다.

1 선택적 연대를 활용한다

최근에 등장한 신조어인 **'느슨한 연대**Weak ties**'**란 날카로운 상상력 연구소장이자 트랜드 분석가인 김용섭 소장의 『라이프 트랜드 2020: 느슨한 연대』에서 제시한 것으로 그동안 '끈끈한 연대'였던 가족, 직장, 인맥이라는 관계가 느슨한 연대로 대체되어 가는 현실에 대하여 설명하고 있다.

결혼과 출산을 통해 혈연으로 묶인 가족은 가장 *끈끈한* 연대를 대표한다. 그리고 평생직장, 종신고용이란 표현을 통해 가족 같은 *끈끈함*을 만들고 싶었던 직장 또한 끈끈한 연대였다. 과거 우리 사회의 직장은 점심도 같이 먹고 회식도 하는 '밥을 같이 먹는 관계' 즉, 식구食口와도 같았다. 그리고 인맥을 중시하는 한국사회는 혈연, 학연, 지연으로 묶인 관계를 유지해 왔다.

그러나 집단주의 문화가 퇴조하고 개인주의 문화가 우세하게 된 현대사회에서는 전통적인 가족관도 무너지고 직장에 대한 생각도 바뀌고 있으며, 혈연, 학연, 지연이 지배하던 관계의 룰Rule도 변화가 생겼다. 소셜 네트워크Social Networking 환경에서는 관계의 본질이 변하고 있으며 자신을 드러내지 않고도 관계를 형성할 수 있고 언제든지 필요에 따라 가입과 탈퇴가 가능한 커뮤니티Community 등이 활성화되고 있다. 가족, 직장 등의 관계를 벗어나서 개인적인 욕구에 의해 쉽게 소속될 수 있고 전통적인 관계에서 느끼는 소외를 대체할 수 있는 가상Cyber 공간의 관계가 만들어지고 있는 것이다.

이러한 시대적인 연대의 트렌드에서 플레이어는 어떠한 연대를 선택해야 할 것인가? 결론부터 말하자면 **'선택적 연대'** 즉, 선택적으로 연대해야 한다는 것이다. 조직에서 플레이어의 역할에 충실하기 위해서는 '끈끈한 연대'를 형성할 필요도 있다. 그러나 관계에서 오는 스트레스 또한 만만치 않기 때문에 모든 관계를 끈끈한 연대로 유지할 필요는 없다. 조직의 성과 달성 및 자신의 목표를 위해서는 조직 내 주요 부서의 키맨Key man들과의 인맥을 형성하는 것이 매우 중요하다. 그리고 특별한 활동을 하지 않더라도 조직 내의 정보가 흘러들어 올 수 있는 네트워크Network 형성이 필요하다.

대기업 과장인 A는 실력만 있으면 모든 것이 해결된다고 믿는다. 회사에 들어와서 경영학 석사와 박사학위를 취득하는 등 업무에 필요한 지식을 개발하여 탁월한 업무능력을 인정받고 있다. 그런데 주변 사람들이 그를 좋아하지 않을 뿐 아니라 모임에서 소외시키는 일이 종종 발생하고 있다. 그러나 A는 그러한 상황에 전혀 신경 쓰지 않으며 자신의 업무에 대한 의사결정권자에 대해서만 신경 쓰고 자신이 하고 싶은 일은 팀장과 의견이 맞지 않으면 임원을 통해 일을 성사시키곤 한다. 관계에 대해서는 무신경하다.

B는 A의 동료인데 업무 능력에 있어서는 인정받지 못하고 있다. 그러나 B는 관련 부서는 물론 업무적으로 가깝지 않은 부서의 회식도 쫓아다니고 사람 만나는 일과 술 마시는 일을 즐긴다. 회사의 모든 정보를 자신이 알고 있는 것처럼 행동하고 조직에서의 성공은 이러한 인맥에 의해서 결정된다고 믿고 있다. 실력보다는 관계 즉, 끈끈한 네트워크가 더 중요하다고 믿는다.

C는 주니어Junior 사원으로 주어진 업무에 대해서는 칼같이 마무리하는데 협업을 힘들어한다. 회식이나 공식적인 모임에 대하여 부담감을 가지며 즐기지 않는다. 그러나 SNS 활동은 활발히 하고 있고 필요하다면 오프라인 모임에도 참석하고 원한다면 관계가 단절된 상태에 있기도 한다. 가상공간의 구속력이 약한 부분을 선호하고 스스로 소외되는 느낌이나 외로움을 느끼게 되면 온오프On/Off 모임을 늘리기도 한다.

A, B, C는 각자 자신의 스타일대로 조직에 적응하고 있다. 조직에서 올바른 조직 생활이라는 정답은 없다. 이 3명은 문제를 일으키

거나 조직에 마이너스가 되고 있는 것도 아니다.

다음에 나오는 P대리의 사례를 보면서 플레이어가 조직에서 담당하는 커넥터의 역할을 생각해 보자.

P대리는 개인의 역량이 아주 탁월하지는 않다. 그러나 조직에서 신임을 받고 있고 자신의 업무뿐만 아니라 팀/조직의 과제에 대해서는 협업을 통해 성과를 내고 있다. P대리는 입사 이후로 자신의 업무와 관련된 주요 부서의 키맨Key man들과 긍정적 관계를 형성하고 자신의 일이 아니더라도 협업을 통해 이들을 잘 지원해 주었다. P대리는 관계는 기브 앤 테이크Give & Take라고 생각하며 '받고 싶으면 먼저 주어야 한다'는 생각을 갖고 있다. 그리고 상사와 후배사원과도 적당한 거리를 유지하면서 공식적인 자리와 사적인 자리를 이용하여 친밀감을 유지한다. 그리고 조직에서 쌓인 스트레스는 결속력이 느슨한 온오프 커뮤니티를 통해 해소한다. 시간이 지나면서 P대리는 주요 부서의 키맨들로부터 자연스럽게 조직 내의 정보를 받고 있고 본인의 과제를 달성하기 위해 이러한 네트워크를 이용하며 이들 사이의 커넥터의 역할을 통해 타인의 성과에도 기여하고 있다.

P대리는 커넥터로서의 역할을 잘 수행하고 있는 것이다. 앞서 언급한 끈끈한 연대와 느슨한 연대를 스스로 필요한 상황과 시점에 선택한다. 즉 선택적 연대를 하고 있다. 선택적 연대는 전통적인 끈끈한 연대의 장점과 새로운 시대의 트렌드가 되고 있는 느슨한 연대의 장점을 모두 취할 수 있는 방식이다. 조직 내에서 커넥터의 역할에 충실한 플레이어가 되고자 한다면 선택적 연대를 잘 활용해야 할 것이다.

② 조직의 링킹핀 역할을 한다

링크Link는 연결을 의미한다. 사전적 의미로 링커Linker란 링크Link하는 사람을 말한다. 그리고 링커를 가교假橋역할로 표현하는 경우도 많은데 물리적이나 심리적으로 거리가 있어 분리되어 있는 일을 서로 연결해 주는 것을 말한다.

플레이어에게 커넥터의 역할은 단순히 링커로서 연결해 주는 사람의 의미는 아니다. 그보다는 더 강력한, 연결에 있어서 없어서는 안 되는 링킹핀Linking Pin의 역할이다. 링킹핀은 기차의 차량과 차량을 연결할 때 양쪽에 존재하는 구멍을 맞대어 핀Pin을 꽂아 연결하는 핵심 도구이다. 우리말로는 '연결침'이라고도 하는데 이러한 형태는 자동차와 캠핑카를 연결하는 등의 원리도 같은 개념이다.

제조업 A과장은 노사업무를 담당하고 있다. 그는 노사업무를 책임지는 CHO(최고 인사 담당 책임자)에게도 큰 신임을 얻고 있으며, 노동조합 위원장에게도 신임을 얻고 있다. 많은 부분에서 이해가 상충하는 두 사람의 신임을 같이 받는다는 것은 매우 어려운 일이다. 그런데 A과장이 입에 달고 다니는 말이 있다. "난 사고처리 전담반이야" 주변에서 그게 뭔 말이냐고 하면 "CHO랑 노조위원장이 잘 지내는 것 같아 보여도 서로 보이지 않는 곳에서 계속 사고를 치고 있는데, 그것이 표면에 드러나지 않도록 처리해야 한다는 말이야."라고 대답하곤 한다. 이러한 역할을 위해 술을 좋아하는 노조위원장과 술자리를 해야 하고 고집이 센 임원을 설득할 수도 있어야 한다. A과장은 단순히 링크의 역할만 하는 것이 아니라, 서로 긍정적인 관계가 유지되도록 하는 핵심적인 일을 하고 있는 것이다.

이번에는 교육업무를 담당하고 있는 B차장을 살펴보자.

B차장은 대기업에 있지만 지방의 회사에서만 근무를 해서 관련 업무 담당자들과 네트워킹에 어려움을 가지고 있다. 그런데 B차장은 이러한 어려움을 SNS를 이용한 느슨한 연대를 이용하여 해결하고 있다. 그래서 회사의 후배들이 "선배님. 커뮤니케이션 강사를 섭외해야 하는데 어떤 강사가 좋을지 모르겠어요. 그냥 교육업체에 의뢰하면 실패할 확률도 많아서….'라고 하면 B차장은 "요즘 모강사가 A기업에서 강의를 했는데 반응 좋더라구." 그리고 "C강사는 강의가 다이나믹해서 교육생들의 몰입도를 높이기에 좋아."라는 피드백을 해준다. 이러한 정보를 어디서 얻었을까? 페이스북이나 인스타그램 등의 SNS에서 인사HRD 담당자, 교육업체, 강사들과 네트워크가 형성되어 있는 것이다. 이들 중에는 실제 대면한 경험이 없는 경우도 많다. 이러한 경우는 단순 링커Linker의 역할이지만 지방에 있으면서도 기업교육HRD 시장의 정보가 집중될 수 있는 환경을 구축하고 있고 이러한 정보를 통해서 회사 내에서 업무에 활용하고 후배들에게 도움을 줄 수 있는 수준으로 관리하고 있다.

위의 사례를 살펴보면 A과장은 강력하고 끈끈한 연대를 통한 문제 해결을 하고 있고 B차장은 SNS라는 비대면 공간의 느슨한 연대를 통해서 문제를 해결하고 있는 것을 볼 수 있다. 즉 선택적인 연대를 통해 각각의 장점을 모두 활용할 수 있는 것이 플레이어의 역할인 것이다.

조직의 링킹핀인 커넥터가 되기 위한 팁

하나, 기브 앤 테이크 원칙 준수

사람들은 결핍이 있을 때, 다른 사람의 도움을 받길 원한다. 즉 커넥터 역할을 위한 관계를 만들어갈 때도 상대가 결핍된 부분, 즉 원하는 것을 줄 수 있어야 내가 필요할 때 받을 수 있는 것이다. 탁월한 플레이어는 많은 시간을 상대방의 결핍이 무엇인지와 그 결핍을 어떻게 채워줄 수 있는지를 파악하는 데 할애하고 있다.

둘, 조직의 역학관계 파악

개별적으로 좋은 관계도, 엮어 놓으면 미묘하게 어울리지 않을 수 있다. 특히 리더 계층은 여러 정치적인 이유 때문에 질시와 반목이 빈번한 적대적 관계에 놓인 경우가 많다. 네트워크를 형성하고 그 관계를 유지, 관리함에 있어 반드시 선제적으로 해야 할 것이 조직 내부의 역학관계(상하관계, 과거의 친분이나 악연, 기타 인적사항 등)

파악이다.

셋, 특정 인사의 라인 타지 않기

관계맺음에 있어서 지름길로 가기 위해 지나치게 특정 인사(주로 리더)의 이너서클inner circle 안으로 들어가려 애쓰는 사람들이 있다. 물론 처음에는 다른 이들보다 한발 앞서 나갈 수 있고 일부는 지속적으로 성공하기도 하지만, 대부분의 경우 그 끝이 좋지 않다. 관계경영은 절대 왕도가 없다. 진심을 다해 시간을 들여 하나씩 본인의 노력으로 만들어가는 것이 가장 바람직하다.

넷, 외연 확장을 통한 내부결속 강화

시간이 흐를수록 네트워크가 편협해져서 회사 사람(그것도 소속 부서 또는 일부 동료)과만 만나는 경우가 있다. 팔로워 시절에는 뭘 잘 몰라서, 리더가 되고서는 주변의 시선 등으로 인해 만남에 한계가 있다. 때문에 리더나 팔로워보다 링커의 역할을 하는 플레이어가 훨씬 더 외부 네트워크 맺기에 유리하다. 눈을 돌려 외부와의 관계 형성에도 관심을 기울여보자.

③ 집단지성을 활용한다

집단지성Collective intelligence이란 다수의 개체들이 서로 협력 또는 경쟁을 통하여 얻게 되는 결과이다. 쉽게 말해서 집단적 능력을 말한다. 소수의 우수한 개체나 전문가의 능력보다 다양성과 독립성을 가진 집단의 통합된 지성이 올바른 결론에 가깝다는 주장이다.

이 개념은 개미들의 공동체에서 나온 말이다. 개미 하나하나는 하찮고 별것 아닌 존재다. 그러나 개미들은 '우리'를 이루어 거대한 개미집을 만들어낸다. 이 과정에서 개미 하나하나의 존재는 사라지는 대신 **'개미 공동체'**가 작동하며 그 결과 하나의 높은 지능 체계를 만들어낸다.

사공이 많으면 배가 산으로 간다는 속담이 있다. 한국 사람이 즐겨 인용하는 속담이다. 간섭하거나 참견하는 사람이 많으면 될 일도 안 된다는 속담이다. 여기서 '간섭과 참견'은 부정적인 표현이다. 결과가 좋지 않게 나왔기 때문에 선택된 단어들이다. 만약 결과가 좋게 나왔다면 '간섭과 참견'대신 '조언과 격려'로 치환될 수 있다. 최근 사공이 많으면 많을수록 배가 산으로 가는 것이 아니라, 더 빠르고 더 안전하게 항해한다는 이야기가 나오기도 한다.

미국에서는 마이크로소프트의 빌게이츠, 애플의 스티브잡스, 구글의 레리페이지, 페이스북의 마크 주커버그 등 천재들의 등장이 곧 세계적인 IT 기업의 탄생으로 이어졌다. 그에 비해 일본에서는 집단의 천재가 기업을 이끌어간다고 볼 수 있다. 소수의 천재보다는 다수의 천재가 유기적으로 결합해 기업을 이끌었다. 이것은 미국과 일본의 차이보다는 업의 특성과 관련이 많다. 전통적인 전자/제조산업이 강세였던 일본과 IT, 플랫폼 기반의 미국 산업에서 그 차이를 볼 수 있다. 그러면 우리나라는 어떤가?

우리나라도 '우리'라는 공동체의식이 핵심이던 시대는 지나가고 있다. 그러나 다양한 분야의 인재 간 협력을 통해 '1+1=2'가 아닌 '1+1=3, 아니 4, 5가 되는 집단지성의 힘을 필요로 하고 있다.

집단지성의 대표적인 사례는 위키피디아를 들 수 있다. 우리가 익히 알고 있듯이 위키피디아는 집단지성의 위력을 단번에 보여주는 가장 쉬운 사례이다. 위키피디아는 지식과 정보의 생산자나 소비자가 따로 있는 것이 아니라 누구나 자유롭게 글을 쓸 수 있는 사용자 참여의 온라인 백과사전이다. 정보가 정체되어 있지 않고 업데이트되는 전세계적으로 유명한 집단지성이다

집단지성은 '집단'인가, '지성'인가?

집단지성에는 지성화된 집단이 매우 중요하다. 많은 수의 집단의

의사결정에는 군중심리가 작용한다. 여기는 집단은 있지만 지성이 빠진 경우가 발생한다. 그래서 조직에서 집단지성을 활용하기 위해서는 지성화된 집단을 구축해야 한다. 다양한 의견과 아이디어를 모을 수 있는 집단이면서 합리적인 사고와 의사결정을 할 수 있어야 한다는 것이다.

위에서 제시한 조직 내 주요 부서의 키맨들과의 인맥을 형성하는 것은 집단지성을 활용할 수 있는 지성화된 집단 즉 네트워킹을 구축하는 일인 것이다. 이러한 네트워크를 통해 집단지성을 발휘하기 위해 필요한 조건들은 다음과 같다.

첫째, 다양성을 인정하라.

다양한 조직의 사람이 모이면 추구하는 방향이 다를 수 있다. 모든 사람들의 목표를 따라 올라가면 회사의 목표를 달성하고자 하는 것은 동일하다. 그러나 각 부서의 키맨들은 자기 부서의 목표달성을 위한 의사결정을 하게 된다. 흔히 쓰는 말로 '총론은 OK인데 각론은 No'인 것이다. 플레이어들은 최적의 의사결정과 문제 해결을 위해서 이 다양성을 인정하고 '역지사지'의 마음으로 상대 조직과의 이해관계를 살펴야 한다. 그러면서 총론의 회사 목표달성을 위해 서로의 부서가 '윈윈Win-Win'하는 대안을 찾아야 한다.

둘째, 다수결의 유혹에 빠지지 마라.

집단지성이라고 하면 다수의 의견을 채택하는 것이라는 생각을 할 수도 있지만 집단의 유혹에 빠지지 말아야 한다. 그래서 다양성을 인정해야 하며 숫자의 우위보다는 다양한 지성의 모임을 존중해야 한다. 다수의 의견을 따르는 군중심리가 위험할 수 있다.

셋째, 소수의견에도 귀를 기울여라.

조직에서도 항상 소외되기 쉬운 작은 조직의 의견이나 개발/생산/영업 등의 메인 부서를 지원하는 지원 조직의 의견은 무시되기 쉽다. 그러나 이들의 의견이 더 객관적인 내용들일 수 있다. 메인 부서들은 자신의 업무가 가장 중요하다고 생각하는 자부심이 강하다. 그래서 잘 타협하지 않으려는 성향도 강하다. 그러나 이 모든 조직을 지원하고 있는 부서들은 중립적인 시각으로 문제를 바라보고 의견을 제시할 수도 있다.

집단지성이 제대로 발휘되기 위해서는 다양성을 인정하고 다수의 의견을 따라가는 군중심리 즉, 다수결의 유혹에 빠지지 말아야 한다. 그리고 소수의견에도 귀를 기울여서 무시되는 의견이 생기지 않게 하는 것이 집단지성의 단점인 다수의 의견 위주로 결정되는 군중심리와 인기에 연연하는 포퓰리즘에서 벗어날 수 있다.

3 성과, 업무 결과로 증명하는 Expert

연봉을 2배로 올리고 싶은가? 그렇다면 회사가 기대하는 의미 있는 숫자를 만들어낼 수 있어야 한다. 회사 대표도 연봉을 더 주고 싶은 마음이 굴뚝 같다. 더 주고 싶은 마음이 없는 회사 대표라면 사실 회사 대표라기보다는 동호회 회장이거나 취미로 회사를 운영하는 게 아닐까? 지금 연봉의 2배 이상 올려 받고 싶다면 회사의 매출이나 부가가치를 얼마나 올려야 할지 고민해야 한다. 플레이어라면 자신이 출근하여 수행하는 업무 활동이 얼마만큼의 부가가치를 만들어내는지 예측하고, 그 예측 결과가 객관적으로 타당해야 하며 그에 따른 합당한 보상을 요구할 수 있어야 한다.

빛의 속도로 변화하는 업무환경 때문에 일하는 방식이 '남다르게 탁월한 사람'이 더 주목받는 시대가 되었다. 때문에 기업의 규모를 막론하고 인사평가에서 시대적 소명이 된 '보상의 기술'처럼 개인화된 성과 보상이 중요한 이슈가 되고 있다.

지원부서의 경우 직접적으로 매출을 일으키는 역할이 아니므로 보상 기준을 산정하는 방식이 모호할 수 있다. 영업부서처럼 실적이 눈에 보이는 숫자가 아닐 경우, 직접 매출을 만들어내는 부서와 구성원의 성공을 돕는 것에 관한 업무를 정의해야 한다. 지원부서에서 할 수 있는 일에 관한 목표를 수립 후 구체적인 실행계획에 따른 업무범위를 정하고 측정 가능한 숫자로 결과를 확인할 수 있게 준비하는 것이 필요하다. 업무 결과를 정량적으로 측정 가능하게 구조화해 내는 것도 플레이어의 역할이다.

예를 들어 과거에는 통념상 인사부서는 '사업의 소프트한 측면을 다루기 때문에 성과에 대한 책임이 없다.'고 생각했던 시절이 있었다. 그러나 요즘의 인사부서 활동이 사업성과에 미치는 영향은 채용 인원수와 비용, 채용 후 이직률 외에도 다양한 방식으로 측정될 수 있고, 인사 전문가가 자신이 수행한 업무를 재무성과로 전환시켜 측정하는 일은 이제 당연한 일이 되었다.

성과, 즉 업무결과로 증명하는 엑스퍼트Expert는 업무 분야를 막론하고 조직이 기대하는 의미 있는 숫자를 만드는 역할이며 바뀐 숫자만큼 성과에 부합하는 합리적 보상이 중요한 촉진제가 되고 있다.

 1 조직이 기대하는 결과를 만든다

Output이 아니라 Outcome이다

'성과'란 고객의 관점에서 가치 있는 결과물을 뜻한다. 구글 사전에서는 성과를 '이루어낸 결실, 보람'으로 표현하고 있다. '보람'은 어떤 일을 한 뒤에 얻어지는 좋은 결과나 만족감, 또는 자랑스러움이나 자부심을 갖게 해주는 일의 가치이다. 따라서 어떤 행동이나 노력의 실행결과output가 아니라 고객이 만족해하는 결과물outcome을 창출하였을 때 우리는 성과로 인정받을 수 있고 일의 보람과 가치를 느낄 수 있는 것이다. 플레이어는 '주어진 일을 얼마나 열심히 하고 있는가?'의 관점이 아니라 '팀의 방향과 목표를 이해하고 팀의 성과에 기여하는 결과물을 내고 있는가?'의 관점으로 일을 해야 한다. 매력적인 플레이어는 조직이 기대하는 적당한 수준을 넘어 그 이상의 성과를 만든다.

192

조직이 기대하는 결과를 조금 더 쉽게 만들기 위해서는 우선 고려해야 할 사항이 있다. 구직활동을 하면서 입사 전에 지원하고 싶은 회사의 재무제표나 신용분석보고서를 확인해 본 적이 있는가? 자신이 일하고 싶은 회사에 대해서 기업정보조사를 선행하는 것은 필수다. 기업정보조사는 포털사이트에서 회사 이름 검색으로 확인할 수 있는 매출, 직원수, 평균연봉 등의 회사의 기본 정보를 확인하는 수준을 넘어서 기업의 주주구성, 영업이익, 기업신용상태 등 세밀한 정보조사를 의미한다. 코스피나 코스닥에 상장한 기업의 경우엔 금융감독원이 제공하는 전자공시시스템에서 확인이 가능하고, 중소기업의 경우 유령회사가 아니라면 인터넷에서 회사명을 검색하여 기업정보를 확인할 수 있다. 물론 재무제표 등 회사의 주주구성과 신용상태를 구체적으로 확인하기 위해서는 1만원 내외의 정보조회 비용을 지불하고 기업신용보고서를 살펴봐야 한다. 다만 초기 스타트업에서 일하는 것을 고려한다면 기업의 미션, 비전의 공감 등 또 다른 관점의 접근이 필요하다.

회사를 선택할 때 매의 눈으로 분석한다

플레이어라면 회사를 선택할 때 성장 가능성을 분석하는 것은 기본이다. 정량적인 정보 외에도 회사의 조직문화나 지원하는 부서의 업무방식 등 정성적 정보도 얼마든지 조사할 수 있다. 인생에서 가장 중요한 의사결정은 '일과 사랑' 두 가지 아닌가? 싱글라이프를 즐길 계획이라면 일의 선택이 더더욱 중요한 의사결정임을 잊지 말자. 과거처럼 평생직장의 개념은 사라졌지만 최소한 1년이나 운이 좋으면 5년 이상 함께할 수도 있는 곳이 회사다.

하루 일과 중 가장 많은 시간을 보내는 회사에 대한 사전조사를 면밀히 하는 것이 당연한 일이다. 기업 입장에서도 회사가 추구하는 비전과 시장 경쟁력을 사전에 학습하고 오는 지원자에게 훨씬 더 호감을 느낄 수 있다. 회사도 중요한 포지션의 직원을 선발할 때 평판조회를 하지 않는가? 지원자도 회사의 매출 및 재무구조와 평판을 살피는 것은 회사와 지원자 상호 간의 호감지수를 높이는 예의라고 생각하자.

회사의 정보를 확인했다면 회사의 전체 매출과 직원수를 나눠보자. 예를 들어 회사 A는 100억 매출에 110명이 근무하고 있고, 회사 B는 70억 매출에 40명 근무하고 있다. 아직 입사 전이라면 회사

B를 선택해야 한다. 그래야 연봉을 10%라도 올려 받을 확률이 2배는 높다. 원가에 대한 기준은 업종별로 다르지만, 자신이 재직하고 있는 회사와 비슷한 업종의 매출과 직원수를 살펴보면 그 회사가 창출하는 부가가치를 간접적으로 확인할 수 있다. 보다 쉽게 지금 재직 중인 회사의 매출액과 직원수를 나눠보면 직원 1인당 매출이 나온다. 거기서 받고 있는 연봉을 빼보자. 그럼 그 회사의 부가가치 수준을 확인할 수 있다. 옛말에 '누울 자리 봐 가며 발을 뻗으라.'고 했다.

신념으로 장착된 자신감은 기본이다

어떤 일이든 부가가치를 만드는 데 몰입하려면 확고한 신념이 필요하다. 자신이 소속된 회사의 가치를 높이는 활동에 자신감이 있어야 한다. 무엇보다 회사가 제공하는 제품 또는 서비스에 대한 신뢰를 바탕으로 한 자신감이 중요하다. 물론 기술력을 보유한 빅테크 기업에 기술을 제공할 수 있는 엔지니어나 소프트웨어 프로그래머가 아니라면 인적 서비스 영역에서는 부가가치를 창출할 수 있는 구조가 제한적일 수 있다. 그럼에도 각 직무 분야별로 의미 있는 숫자를 만들어내려면 신념이 장착된 자신감은 기본이다.

플레이어가 되려면 어떤 숫자를 바꿔야 할까? 그리고 어떻게 바꿔야 할까? 지금 발생하는 매출을 키우는 방법은 무엇일까? 기존에 없던 수익구조를 만들 수는 없을까? 조직의 규모와 관계없이 회사가 제공하는 서비스를 기반으로 부가가치를 극대화하는 전략을 고민한다면 당신은 이미 플레이어다. 플레이어는 새로 등장한 사람이 아니다. 요즘 시대엔 일잘러로 불리기도 하지만 과거에도 현재에도 미래에도 어디에서나 찾아볼 수 있다. 사례를 통해 결과로 증명하는 플레이어의 역할을 살펴보자.

변화를 수용하고 기회를 만든다

신규 사업 프로젝트 6개월 계약으로 업무를 시작한 A과장은 어느 날 갑자기 새롭게 신설된 홍보/마케팅팀 팀장으로 발령이 났다. 입사한 지 1년 6개월이 된 시점이었다. "조직에서 쓰임을 다 했으니 나가 달라는 의사를 이렇게 표현한 것일까?"라는 고민이 되기도 했지만, 경영진의 요구를 긍정적으로 수용하기로 했다. 기존 홍보 담당자의 업무 내용을 파악해 보니 주로 보도자료 작성과 언론사 기자관리 및 광고관리가 전부였고, 홍보 전담인력 1명이 해오던 업무였다. 업력 15년 차가 된 회사는 매출의 98% 이상이 개인고객 매출이었고, 당시 유일한 법인 거래처 두 곳에서 약간의 매출이 발생하고 있었으며, 그 거래처를 홍보 담당자가 관리하고 있었다. A과장은 법인고객 두 곳의 매출확장 가능성을 검토하기 시작했다. 우선 기존 법인 거래처 담당자와 소통하면서 서비스 만족도를 체크하고 매출 확장을 위한 서비스 추가 제안을 진행했다. 기존 두 곳의 매출은 이듬해 2배 이상 증가했다.

더불어 기존 법인고객 서비스 사례로 제안서를 만들고, 30여 개 법인을 추가로 유치했으며 회사 전체 매출의 2%도 안 되던 법인고객 매출 비중을 18%까지 늘리면서 회사의 성장을 견인했다. 기업고객이 늘면서 개인고객 매출에도 긍정적인 영향을 미쳤으며 A과장이 근무하는 동안 해당 기업은 창사 이래 최고 매출과 성장을 기록했다. 6개월 계약직 직원이던 그는 마치 날개를 단 사람처럼 일했고, 5년 이상 재직하면서 연봉도 매년 10~20%씩 인상받았다.

만약에 A과장이 플레이어가 아니었다면 갑작스러운 인사발령에 어떻게 대응했을까? A과장은 자신의 가치관과 강점을 이해하고 있었으며, 본인만의 일하는 방식으로 조직이 기대하는 이상의 결과를 만들었다. 피터드러커가 지금으로부터 약 80년 전에 『산업인의 미래』라는 책에서 주장한 가치관, 강점, 일하는 방식에 대해 이야기한 부분과 유사하다.

자신의 가치관, 강점, 일하는 방식을 알고 있으면 기회나 직책이 주어지거나 일이 맡겨졌을 때 '제가 하겠습니다', 저의 방식은 이러합니다', '다른 조직과의 관계는 이렇게 됩니다', '이 기간 내에 이러한 일을 수행하겠습니다' 라고 말할 수 있다.•

진정한 아웃컴을 만들어낸다

회사 대표나 관리자 눈으로 볼 때 조직에는 두 종류의 사람이 있다. '시킨 대로만' 하는 사람과 '시킨 의도대로' 하는 사람이다. 아웃풋Output과 아웃컴Outcome을 구분하여 설명하기 좋은 예다. 아웃컴은 아웃풋이 갖는 의미나 영향, 성과에 대해 한 번 더 고민하고 일을 하거나 또는 일을 한 후에 성찰하는 과정이 있다. 과정을 중요하게 생각하고 일을 해결할 때 깊이 있는 사고를 진행한다. 예를 들어 회사

• Peter Drucker(1942, 32세), 『산업인의 미래』, Peter Drucker(2001, 91세), 『프로페셔널의 조건』

공식블로그에 홍보글을 올리는 업무로 가정해 보자. 블로그에 홍보글을 올린 행위만을 보고하는 사람은 '시킨 대로만' 하는 사람이고, 블로그에 올린 홍보글이 포털사이트에서 검색할 경우 상단에 노출될 수 있게 다양한 이미지를 포함하고, 본문에는 촘촘하게 주요 키워드를 삽입하는 등 검색 시 노출 결과까지 보고하는 사람은 '시킨 의도대로' 하는 사람이다.

업무 분야별로 의미 있는 숫자는 달라질 수 있다. 예를 들어 기업의 구매 담당자라면 동일 상품의 매출 원가를 낮추는 것이 생산 효율을 높이는 기준이 될 수 있다. 매출액은 판매가격 곱하기 수량이다. 일반적으로 판매가격은 판매원가를 기준으로 몇 %의 이익을 가산하여 팔았는가에 따라 효율성이 달라지기 때문이다. 매출총이익은 매출액 빼기 매출원가이므로 매출총이익이 높다는 것은 기업이 효율적인 생산을 하고 있으며 소비자에게 가성비를 제공할 수 있게 된다. 동일한 원자재를 경쟁사보다 싸게 구매하는 능력도 의미 있는 숫자 바꾸기로 볼 수 있다. 그 밖에도 영업비용의 효율, 인건비의 효율, 금융비용의 효율 등 각 분야에서 실무자가 회사의 부가가치를 고려하는 관점을 가지고 아웃풋이 아닌 아웃컴을 만들어야 한다. 아웃컴은 조직이 기대하는 목적이나 목표, 성과, 희망하거나 소망하는 상태가 담긴 결과물임을 잊지 말아야 한다.

② 고객의 니즈에 집중한다

비즈니스의 본질은 고객이다. 고객의 기대를 파악하기 위해서는 고객과 끊임없이 소통해야 하고 고객과 대화만 잘해도 비즈니스를 성장시킬 수 있다. 고객의 기대를 정확히 알게 되면 더 많은 부가가 치를 만들 수 있는 확률이 높아진다. 고객의 숨겨진 니즈를 어떻게 발견할 수 있을까?

2015년 2월 '간편송금'이라는 간명한 소비자의 니즈에서 출발한 토스는 7년 만에 기업가치 8조 5천억 원의 회사로 성장했다. 모바일 금융 보안의 취약성에 의심이 많았던 직장인 A도 이미 4년 전에 토스 앱을 깔았다. 출근하면서 공인인증서가 담긴 USB를 두고 나오는 바람에 긴급하게 송금할 방법이 없자 '간편송금' 토스가 떠올랐다. 한 번만 쓰고 삭제해야지 싶었으나 토스의 '간편송금' 신세계를 경험한 A는 얼마 지나지 않아 은행 앱 2개를 삭제했다.

지금은 간편 송금이 매우 일반적이지만 4년 전만 해도 은행 앱은 송금과정이 매우 불편했다. 모바일 앱을 통해 타인에게 송금을 하려면 공인인증서와 보안카드가 필수였고, 공인인증서를 스마트폰에 넣는 것도 쉽지 않았다. 간편 송금의 욕구는 다수의 사용자들에게 해결되지 않은 미충족 욕구로 오랜 기간 남아 있었고 토스 '간편송금'이 그 욕구를 혁신적으로 해결한 사례다.

고객은 미련 없이 갈아탄다

모바일 서비스는 손바닥 안에 들어오고자 하는 전쟁과 같다. '안 쓰고는 못 배기게 만드는 힘' 그 힘의 크기에 따라 작은 손바닥 안에서 살아남을 수 있는 서비스 수명이 결정되는 것이다. 고객은 작은 차이를 귀신같이 알아채고 더 편리한 서비스가 있으면 미련 없이 갈아타버린다. 모든 서비스는 내가 목표로 하는 시장의 고객의 지갑을 열어야 한다. 그것도 단순히 한 번 구매하는 수준이 아니다. "지속적으로 재구매할 의사가 있는가?" 이 질문을 소홀히 여긴다면 단명이 운명이다.

사람들이 스스로 표현하지 못하거나 인식하지 못하는 심해의 욕구를 해결하는 일, 그 일을 새로운 시각에서 혁신적으로 해결해 내는 사람들이 바로 플레이어다. 조직에서 인정받고 스스로 원하는 수준의 보상을 받고 싶은가? 그럼 지금부터라도 내가 속해 있는 조직이 제공하는 제품이나 서비스를 면밀하게 분석하면서 고객의 잠재적인 니즈에 주목하고 주도적으로 해결책을 만드는 사람이 되어야 한다. "고객은 회사가 성장할 수 있는 힌트를 알려줬다."고 얘기하는 바잇미 곽재은 대표의 사례도 플레이어의 관점에서 살펴볼 수 있다. 곽대표는 매출 110억 원 회사의 대표지만 자주 고객 상담에 차출돼 응대를 한다고 했다.

"'대표가 지금 CS하고 있는 게 말이 됩니까?'라고 말할 수 있지만 그건 모르는 소리예요. 고객을 만났을 때 가장 많은 개선점이나 성장의 방향성을 알게 되거든요. 고객은 문제가 있는 부분에서 일관된 이야기를 줘요. 그 목소리를 잘 듣고 개선한다면 성장으로 가는 지름길입니다. 그래서 10배, 100배를 더 하는 회사가 되더라도 고객상담 만큼은 매일 꼭 하려고 해요."*

---

* 채널톡 블로그 이탈 고객 전환율 28.7%, 연 매출 110억원 바잇미의 CRM 비법은? 2022-07-11 (https://channel.io/ko/blog/biteme-success-story)

더 세밀하게 더 깊이 있게

누구나 '고객과 대화하면 비즈니스가 성장한다'는 명제에 반론을 제기하기 어렵다. '신규고객을 어떻게 유치할 것인가?', '재구매율을 어떻게 높일 것인가?', '어떻게 하면 더 비싼 값을 지불하게 할 것인가?'를 매일 고민하는 수많은 기업이 존재한다. '고객의 획득비용이 높아진 시대엔 단골고객의 관리가 무엇보다 중요하다.'는 메시지로 다양한 CRM마케팅 툴이 존재하므로 더 세밀하게, 더 깊이 있게 고객의 니즈를 끌어내는 능력이 필요하다.

플레이어는 고객의 니즈에 집중하고 귀기울이며 그 속에서 해답을 찾아낸다. 플레이어에게 직장은 단순히 월급을 받는 곳이 아니므로 성공하고 싶은 내적 욕구에 부합하고 가장 잘 해낼 수 있는 조직을 선택하는 것이 중요하다. 자신의 관심분야 제품이나 서비스를 제공할 경우에 고객의 잠재적 욕구까지 접근이 훨씬 더 용이할 수 있다. 이렇듯 회사 대표가 아니더라도 구성원 입장에서 고객에 집중하고, 잠재적 욕구에 집중하는 서비스를 개발하고 개선하는 등의 창의적이고 주도적인 업무역량을 갖출 때 플레이어로 평가 받을 수 있다.

플레이어는 현재의 매출이나 부가가치에서 결코 멈추지 않는다. 내일의 숫자를 만든다는 것이 거창하게 보일 수 있지만, 직장에서 월급을 받는 사람이라면 누구나 내일의 숫자를 만들어야 하고 그 일에 집중할 필요가 있다. 만약 당신에게 작년 연봉과 올해 연봉을 똑같이 받으라고 한다면 기분이 어떤가? 올해 소비자 물가 상승률이 5.7%로, 25년 전인 1998년 하반기 6.5% 이후 가장 높은 상승률을 기록 중이다. 사정이 이러한데 회사로부터 그런 부당한 요구를 받지 않으려면 명분이 있어야 한다. 그냥 숫자 말고 특별히 의미 있는 숫자의 변화라면 연봉협상이 더 유리해질 수 있다. 무엇보다 상사가 모르는 성과는 성과가 아니므로 상사가 알 수 있게 친절하고 돋보이는 숫자를 만들어야 하며, 스스로 업무결과를 정리하고 업데이트할 수 있어야 한다. 성과, 즉 업무결과로 증명하는 엑스퍼트 Expert는 업무 분야를 막론하고 조직이 기대하는 의미 있는 숫자를 만드는 역할임을 다시 한번 강조한다.

다양한 방식으로 나의 역량을 숫자로 만들어 자랑할 수 있어야 한다. 요즘엔 우리회사 상사 말고도 회사 밖의 사람들에게도 나의

업무 성과를 정량화하고 널리 알리는 예시
(출처 https://www.facebook.com/ck1214.lee)

성과를 널리 알리는 것이 중요하다. 힘들게 생각하지 않아도 된다. 다양한 경력관리 플랫폼은 개인의 성과와 역량을 널리 알리는 일을 쉽게 할 수 있도록 돕고 있으니 적극 활용해도 좋다. **내일의 숫자를 바꾸는 방법은 크게 3가지로 나눠볼 수 있다. 첫째, 시간의 효율에 집중하는 방법으로 부가가치가 높은 업무에 집중하는 방법이다. 둘째, 주도적으로 조직을 선택하면서 숫자를 바꾸는 방법이다. 셋째, 기존 고객의 숫자를 혁신적으로 바꾸는 방법이다.** 그 밖에도 다양한 방식으로 어제보다 오늘 그리고 오늘보다 내일에 더 가치 있는 숫자를 만드는 것이 플레이어의 역할이다.

시간의 효율에 집중하는 힘

고객 매출의 1인당 단가를 높여 부가가치를 향상시킨 사례로 대행사에 근무하는 J팀장의 플레이어십을 살펴보자.

대행사에 근무하는 J팀장은 경쟁 업체가 먼저 진입한 기업 VIP고객 행사 유치를 위해 두 달째 공들여 제안서 작성 및 영업활동을 진행했다. 시장의 규모는 제한적이지만 매년 정기적인 행사가 진행되고, 1회 행사 비용이 일반행사 대비 5~10배 이상 높아 투입 시간대비 부가가치가 높은 분야였다. 그러나 J팀장이 속한 대행사는 VIP 행사 운영 경험이 없어 경쟁 PT기회를 얻기 조차도 어려운 상황이었다. 제안서를 보내고 연락을 하면 담당자로부터 제안 내용은 새롭고 좋은데 실제 VIP행사 경험이 없어서 의사결정이 쉽지 않다는 답변이 돌아왔다. 타깃 기업 8곳 중에 유일하게 K 기업 담당자가 지난해 진행한 VIP행사의 만족도가 떨어졌다는 이야기를 꺼냈다. 그 이유는 다른 회사 VIP행사와 차별성 없게 진행된 부분에 대한 의견이었다. J팀장은 그 기회를 놓치지 않았다. K 기업 담당자에게 행사에서 보완되었으면 하는 내용을 역으로 제안하면서 K 기업만의 차별화된 내용을 담아 구체적으로 접근했다. K 기업 담당자는 J팀장의 제안을 받아들였고 J팀장은 첫 번째 VIP행사를 성공적으로 진행했다. 그리고 이듬해엔 8개 기업 중에 7개 기업의 VIP 고객 행사를 J팀장이 유치했다. 경쟁사보다 더 높은 가격을 제시하고도 경쟁에서 이길 수 있었던 비결은 각 고객사에게만 제공하는 '스페셜 코너'를 아이디어로 제시한 덕분이었다. 이 전략은 유사 업종의 기업들에게 K 기업이 J팀장에게 제공한 한 번의 기회를 잘 살려서 이듬해 더 큰 매출을 만들어냈다. 신규 매출 기여뿐 아니라 VIP 고객 시장 진출로 브랜드 가치 상승으로 기존 매출에도 영향을 주어 조직에 큰 성과를 제공했다.

주도적으로 조직을 선택하는 힘

돈의 흐름에 따라 자신의 가치를 증명하며 움직일 수도 있다. 회사의 성장도 중요하지만 자신의 성장이 곧 회사의 성장이 될 수 있다는 자신감과 언제든 나를 더 성장시킬 수 있는 조직으로 떠날 용기가 있는 사람이다. 그러나 자신의 강점과 역량을 극대화시키는 능력을 갖추고 당당하게 회사를 선택하며 살아가는 것이 말처럼 쉽지는 않다. 남다른 성공의 경험이 중요하고, 시기적으로 유사한 시점이나 환경을 갖춘 기업을 주도적으로 선택하여 더 확장된 역할을 해내는 것이다. 자신의 역량으로 기업의 숫자를 바꿀 수 있다는 자신감이 필수다.

직장인이 아닌 직업인의 관점에 부합하는 플레이어의 예시로 다음의 UI/UX디자이너의 사례를 살펴보자. 앱 서비스 중에 미미박스MIMIBOX, 아만다Amanda, 숨고Soomgo 한 번쯤 들어본 서비스일 것이다. 이 3가지 서비스의 UI/UX 디자인에 모두 참여한 한 사람의 디자이너가 있다. 회사의 성장을 견인할 수 있는 역할의 확장과 스스로 역량을 극대화할 수 있는 시기에 맞춰 주도적으로 일하고 싶은 조직을 선택해 온 힘을 보여준 사례다. 책임과 권한의 주인이 바뀐 시대, 회사가 구성원을 선택하는 시대가 아니라 구성원이 회사를 선택하는 시대를 살고 있다.

토스 임직원들은 1년만 다녀도 주식매수 선택권을 200원에 받을 수 있다. 매력적이지 않은가? 왜 많은 기업들이 성과 보상에 집착하는 것일까? 조직이 원하는 의미 있는 숫자를 만드는 사람에게 더 큰 숫자로 보상하는 것은 이제 당연해졌고 플레이어를 촉진하는 중요한 요인은 적극적인 보상에서 출발한다. 일에 대한 자율과 책임을 명확히 하고, 무엇보다 물리적 보상을 넘어 조직문화 내에서도 일에 대한 의미와 가치가 인정될 때 플레이어는 더 큰 혁신을 만든다.

기존 고객의 숫자를 혁신적으로 바꾸는 힘

　조직에서 남다른 성과를 내는 구성원은 일하는 방식이 분명히 다르다. 지구력이 있고 자신의 주장을 논리적으로 설득하는 강한 신념을 다양한 형태로 보여준다. 심지어 무언가를 팔러 온 사람에게도 양사가 주고받을 가치를 명확히 제안하면서 새로운 비즈니스를 만들어내기도 한다. 고객의 기대를 정확히 파악하고, 업무적으로 디테일이 강하고 완성도 높은 서비스를 제공하는 사람들이 대부분이다. 한 번 지갑을 연 고객이 또 지갑을 열고 더 크게 열게 하는 능력이 숫자를 바꾸는 힘이다. 다양한 분야에서 기존 고객의 부가가치를 극대화하는 숫자의 변화를 중요하게 여긴다. 이커머스의 주요 전략에서 빠지지 않는 단골고객 20%가 매출의 80%까지 만들 수 있다고 보기도 한다.

　교육기업의 L팀장은 연간 2억 원의 예산으로 운영되던 프로젝트를 5년 만에 연간 8억원까지 끌어 올렸다. 고객이 제공하는 서비스의 가치를 인정할 수 있도록 매력적으로 숫자를 바꿨다. L팀장은 부가가치가 낮은 고객은 과감하게 털어버리는 결단력도 있다. 고객의 큰 그림을 이해하고, 니즈에 충족하는 결과를 만들어낼 때 내일의 숫자를 바꾸는 힘도 향상된다.

L팀장은 열심히 하는 것보다 잘해야 하고, 잘 하는 것도 중요하지만, 다르게 하는 것이 더 강한 힘이 있음을 잘 알고 있다. 여러 업체의 경쟁으로 결과를 만들어야 하는 일에는 창의적인 시각을 더하고 경쟁사와 차별화된 제안으로 더 높은 부가가치를 만들어냈다. 숫자는 거짓말을 하지 않는다. 숫자를 혁신적으로 바꾸는 사람이 진정한 플레이어다.

4 공헌, 팀의 승리에 기여하는
Contributor

팔로워가 주어진 일을 열심히 하고 문제를 일으키거나 실수하지 않으며 조직을 위해 희생할 줄 알아야 한다면 플레이어는 팀의 승리에 기여하고 공헌하는 일을 할 수 있어야 한다. '일을 얼마나 열심히 했느냐'보다 '고객과 조직이 기대하는 결과를 만들었느냐'가 중요하다. 주어진 일만 열심히 하다 보면 팀 전체의 목표와 결과를 보며 일하기보다 자신의 이익만을 생각하며 일할 수 있다. 자기 일만 잘하면 된다는 생각은 자칫 잘못하면 팀의 성과와 동료의 어려움에 무관심해질 수 있고, 이해관계를 바탕으로 네 편 내 편을 만들어 팀의 갈등을 유발할 수도 있다.

즉, 공헌은 곧 영향력이다. 나를 중심으로, 나만 잘하면 된다는 생각에서 우리가 함께 잘해야 한다는 생각으로 바뀌어야 한다. 생각해 보자. 우리 팀은 어떤 미션을 가지고 있는가? 우리 팀의 승리에 기여하기 위해 나는 어떤 역할을 해야 하는가? 팀에서 나는 어떤 사람으로 알려져 있는가?

팀의 승리에 공헌하는 플레이어가 되기 위해서는 첫째, 자신의 목표를 팀의 목표와 얼라인Align 시킬 수 있어야 한다. 조직과 팀의 방향을 이해하고 팀의 성과에 기여할 수 있는 목표를 세울 수 있어야 하는 것이다. 둘째, 팀의 실행력을 높이는 지원군이 되어야 한다. 자기 일만 잘하면 된다는 착각에서 벗어나 팀의 관점에서 진척도를 이해하고, 팀의 성과를 달성하기 위해 동료와 협업할 수 있어야 한다. 셋째, 자기의 경험이나 노하우, 지식을 동료들에게 투명하게 공유해야 한다. 나의 성공 및 실패 사례를 정리하여 팀에 공유해 준다면 동료들은 나의 경험을 바탕으로 더 나은 결과를 만들 수 있을 것이다.

팀의 목표와 개인의 목표를 얼라인 시키자

조직은 각자 '자기' 배를 타고 살아가는 곳이 아니라 '우리' 배를 타고 살아가는 곳이다. 얼라인먼트Alignment는 같은 배를 타고 함께 나아가는 사람들이 목표, 행동, 결과를 공유하며 한마음, 한 방향으로 움직이는 것을 의미한다. 목표는 조직의 지향점을 보여준다. 따라서 '회사 – 본부 – 팀 – 개인' 단위의 목표 정렬이 되어야만 팀의 승리에 기여하기 위해 수행해야 할 자신의 역할과 과제가 명확해지는 것이다.

팀 목표와 개인 목표가 얼라인 되지 않았을 때 문제점

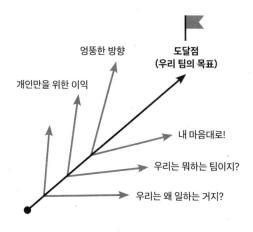

팀의 목표와 개인의 목표를 얼라인 시키기 위해서는 팀의 방향성과 목표를 파악할 수 있어야 한다. 팀의 고객이 누구인지, 어떤 니즈와 기대가 있는지, 조직에서 팀은 어떤 포지션에 위치하고 있는지를 이해하고 팀이 창출해야 할 성과목표와 과제를 확인한다. 그리고 팀의 과제 중에서 자신의 목표를 설정해야 팀과 개인의 목표가 연결된다. 개인의 목표를 설정할 때는 팀 리더와 과제에 대한 배경, 전략과 실행 방법, 기대하는 결과물이 무엇인지 구체적으로 합의를 해야 자신의 업무가 어떤 의미가 있고 팀에 어떻게 기여하는지 확인할 수 있다.

팀장의 관점에서 자신의 일을 얼라인 하라

당장 자신에게 주어진 일만 집중하다 보면 큰 숲을 보지 못하거나, 열심히 일만 하여 노력은 했지만 성과로 인정을 받지 못할 때가 종종 있다. 팀장이 어떤 관점으로 팀을 이끌고 어떤 것을 우선순위로 두고 있는지를 알아야 팀의 승리에 공헌할 수 있다. 다음의 그림 (직책에 따라 필요한 역할과 역량)처럼 팀원은 자신의 일을 잘하기 위해서는 팀장의 관점에서 현재 고민하고 있는 중요한 이슈와 팀을 관

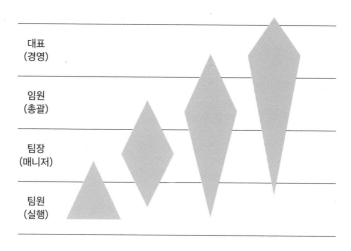

직책에 따라 필요한 역할과 역량

대표
(경영)

임원
(총괄)

팀장
(매니저)

팀원
(실행)

리할 때 중요하게 생각하는 요인, 현재 팀의 우선순위 등을 잘 파악하고 자신의 일과 잘 얼라인이 되어 있는지를 생각하며 일을 해야 한다.

[팀의 방향성과 목표를 파악하는 데 도움이 되는 질문]

\- 우리 팀의 존재 이유는 무엇인가?

\- 우리 팀은 조직에서 어떤 역할을 하고 있는가?

\- 우리 팀이 반드시 만족시켜야 할 고객은 누구인가?

\- 고객이 우리 팀에 기대하는 것은 무엇인가?

- 고객이 가치 있게 여기는 것은 무엇인가?

- 고객이 불편함을 느끼는 것은 무엇인가?

- 우리 팀이 해결해야 할 과제는 무엇인가?

[개인의 목표를 구체화하는 데 도움이 되는 질문]

- 팀에서 나에게 기대하는 역할은 무엇인가?

- 나의 일은 어떤 가치와 의미가 무엇인가?

- 팀의 성과를 위해 내가 기여해야 하는 것은 무엇인가?

- 내가 해결해야 할 과제는 무엇인가?

- 내가 올해/반기/분기에 창출해야 하는 성과는 구체적으로 무엇인가?

[목표 얼라인 예시]

팀의 목표: 온라인에서 좋은 상품을 편리하게 구매하고자 하는 고객을 위하여 고객접점과 유통을 확대하고 합리적인 가격을 제안하여 1분기까지 340억의 팀 매출을 달성한다.

개인 목표: 경쟁사 대비 우리 회사 상품의 이점과 차별점을 온라인에서 쉽게 비교하고 구매할 수 있도록 상품을 브랜딩하고 디자인하여 팀 1분기 매출 340억에 기여한다.

② 팀의 실행력을 높이는 지원군이 되자

최복동이라는 말을 아는가? '최고의 복지는 동료다.'를 줄인 말이다. 넷플릭스 CEO인 리드헤이스팅스Wilmot Reed Hastings Jr.는 좋은 직장의 조건은 멋진 사무실이나 스시 같은 공짜 점심이 아니라 함께 성과를 내고 성장할 수 있는 일 잘하는 동료라고 말을 했다. 탁월한 플레이어는 혼자 잘하는 사람이 아니라 함께 성과를 내고 성장할 수 있는 사람이다.

자신에게 질문을 던져보자. '나는 함께 일하기 좋은 사람인가?', '나는 다른 사람들이 함께 일하려고 하는 사람인가?' 마이크로소프트 이소영 이사는 '홀로 성장하는' 시대는 끝났다고 말한다. 다른 사람의 성공에 기여할 수 있어야 진짜 탁월한 플레이어가 될 수 있다는 이야기이다.

동료가 어떤 고민을 하고 있는지 관심을 갖자

동료의 성과에 기여하기 위해서는 먼저 함께 일하는 동료가 일상대화와 잡담을 많이 나누고, 서로 무슨 일을 하고 있는지, 어떻게 하고 있는지, 어떤 고민과 어려움이 있는지를 공유하는 시간을 정기적으로 갖는 것이 좋다. 서로 어떤 고민이 있는지 알아야 동료의 입장과 처지를 이해할 수 있어 격려와 도움을 줄 수 있다. 또한 일상대화를 통해 친밀도가 높아져야 심리적 거리감이 줄어들어 피드백도 자유롭게 할 수가 있기 때문이다.

같은 팀이지만 서로에 대해 관심이 없을 때는 각자 자기 일만 하는 것이 편하고, 일상 대화나 의견을 주고받는 것이 불필요하다고 느낄 수 있다. 서로 사적 관계가 배제된 상태에서 일을 하면 더 합리적이고 이성적으로 일할 수 있을 것 같지만 정작 대화할 때 서로 왜곡해서 해석하거나 오해를 하는 일들이 많이 생긴다. 상대가 이해가 가지 않는다고 생각되면 상대의 의도를 나쁘게 해석하거나 다르게 판단하는 경우가 많아진다. 또한 팀에 문제가 생기거나 어려운 일이 생기면 서로 도움을 주려고 하기보다 침묵하고 방임하는 태도가 만들어진다. 흔히 말하는 사일로 효과silos effect(조직 장벽과 부서 이기주의)에 빠져버리는 것이다. '알아서 잘하겠지', '저 정도는 할 수 있겠지', '이 정도는 해야지'라는 생각이 팀 협업을 저해하고 상대를 오해하게 만든다.

동료와 고민을 나누고 혼자가 아닌 함께 문제를 해결하는 관계를 만들기 위해서 먼저 자신의 고민을 공유하는 노력을 해보자. 내가 먼저 나의 취약성과 약점, 고민을 공유해야 동료도 심리적 안전감을 가지고 자신의 고민을 오픈할 수 있다. 이렇게 서로 고민을 이야기해야 감정적 연결과 교류의 발판을 만들 수 있고 서로의 전반적인 특성을 이해할 수도 있으며 서로 기여할 수 있는 여지를 줄 수도 있다. 시너지는 똑똑한 사람들이 모여서 완벽한 팀을 만들 때가 아닌 부족한 사람들이 모여 서로 도와 완전한 팀을 만들 때 가능해진다.

의욕과 실행력을 높이는 언어를 사용하자

플레이어가 조직에서 일을 하면 항상 3가지의 결과물이 동시에 창출된다. 첫 번째는 성과이다. 실제 자신이 수행한 일의 결과물로 팀의 성과에 기여를 한다. 두 번째는 개선이다. 업무를 진행하면서 회사에 프로세스나 시스템을 개선시켜 다른 사람들도 효율적으로 일할 수 있도록 돕는 것이다. 세 번째는 영향력이다. 업무를 진행하며 함께 협업하는 동료에게 미치는 긍정적 또는 부정적 영향이다.

위 3가지 중 개선과 영향력은 동료와 팀에 영향을 주기 때문에 파급력이 클 수밖에 없다.

'썩은사과'라는 용어가 있는데 일을 하는 데 참여도가 낮거나 부정적인 영향을 주는 팀원을 지칭하는 말이다. '썩은사과'가 상자 전체에 영향을 줘서 건강한 사과도 모두 썩게 만들어버리는 것처럼 조직에도 말 한마디로 하고자 하는 의욕과 실행력을 높여주는 동료도 있고, 썩은 사과처럼 의욕과 실행력을 떨어뜨리는 동료도 있다.

우리가 목표를 달성해 나가는 과정에서 늘 즐겁고 행복할 수만은 없다. 한정적인 자원과 시간, 부족한 역량 등의 이유로 결과를 만들기 위한 과정은 힘들고 지치고 가끔은 포기하고 싶은 마음도 들 수 있는데 이를 극복하고 끝까지 해내기 위해서는 에너지와 동기가 필요하다. 하지만 팀에서는 썩은 사과처럼 오히려 동료의 에너지를 뺏고 힘이 빠지게 만드는 사람도 있고 조금 더 긍정적으로 생각하고 열심히 할 수 있도록 에너지레벨을 높여주는 사람도 있다. 팀의 실행력에 기여하는 플레이어는 원하는 결과를 만들기 위해 동료의 의욕과 실행력을 높이는 언어를 사용할 수 있어야 한다. 나는 팀의 승리를 위해 동료들에게 어떤 언어를 사용하고 있는지 스스로 점검해 보자.

의욕과 실행력을 떨어뜨리는 언어: 이게 되겠어요? 안될 것 같은데요, 어차피 안돼요, 왜 이런 것까지 저희가 해야 해요?, 꼭 해야 해요?, 지겨워요,

못 하겠어요, 그럴 줄 알았어요, 짜증나요, 그것 밖에 못해?

의욕과 실행력을 높이는 언어: 지금도 잘하고 있어요, 방법이 있을 거에요, 잘 될 거에요, 이만하길 다행이에요, ~하느라 고생 많았어요, 진심으로 이해해요, 아이디어 진짜 좋아요, 이런 시도 너무 좋을 것 같아요, 좋은데요?, 같이 고민해 봐요, 앞으로 기대가 되요, ~부분은 저도 배우고 싶어요, 감사해요

나로 인해서 팀의 수준이 올라가게 하자

팀이 수행해야 하는 업무역량 관점에서 살펴보면 팀의 평균레벨을 올려주는 사람도 있을 것이고 떨어트리는 사람도 있을 것이다. 당연히 팀의 평균레벨을 올려주는 플레이어가 팀의 승리에 기여하는 공헌가이다. 나로 인해서 우리팀의 레벨이 올라간다고 생각하는가? 팀의 레벨을 올리는 플레이어가 되기 위해서는 팀이 만들어놓은 결과보다 더 나은 방법을 찾기 위해 끊임없이 학습하고 제시하는 플레이어가 되어야 한다. 기존에 자신이 쌓아온 것을 활용하는 수준을 넘어 항상 더 나은 방법을 생각하고 새로운 지식을 발굴하려고 노력해야 한다.

퍼스트 무버first mover가 되자

'**퍼스트펭귄**'이라는 말이 있다. 카네기 멜론 대학 컴퓨터공학과 교수인 랜디 포시Randolph F. Pausch가 그의 저서인『마지막 강의』에서 이 용어를 처음 사용하였는데 무리를 지어 사는 펭귄들은 먹이를 구하기 위해서는 바닷속으로 들어가야만 한다. 그런데 바닷속에는 펭귄들의 천적들인 범고래, 상어, 바다사자들이 있어 펭귄들이 선뜻 바다로 뛰어들기를 주저한다. 이때 펭귄 한 마리가 용기 있게 바다로 뛰어들면 그 모습을 보고 있던 주변 펭귄들도 언제 그랬냐는 듯이 줄줄이 물속으로 뛰어들어간다. 랜디 포시 교수는 모두가 주저할 때 리스크를 감수하고 처음 바다에 뛰어든 펭귄을 가리켜 '퍼스트펭귄'이라 불렀고 결과에 상관없이 두려움을 이겨내고 위험을 감수하며 새로운 도전을 시도한 학생들에게 '퍼스트펭귄상'을 수여하기도 했다. 퍼스트펭귄상은 새로운 도전의 성공이 아니라 새로운 도전 자체를 인정하는 상이다.

CNN을 창립한 테드 터너 회장은 다른 사람이 먼저 하기 전에 먼저 시작하는 것이 성공의 전략이라고 말하였다. 새로운 길을 간다는 것은 주위의 염려와 우려, 비판에서 벗어나 앞으로 나아갈 용기가 필요한데 스스로 선구자가 될 것인지 아니면 추종자나 방관자가 될 것인지 선택하고 그 역할에 맞는 입장을 취해야 한다면서 그의 좌우명 '이끌거나 따르거나 아니면 비켜서라.'를 소개했다.

나는 팀의 변화를 이끄는 사람인가? 따라가는 사람인가? 저항하는 사람인가? 팀의 승리에 기여하는 플레이어가 되기 위해서는 퍼스트무버가 되어 동료들에게 영감과 동기를 줄 수 있어야 한다.

③ 지식과 정보를 투명하게 공유하자

일은 혼자 하는 것이 아니라 함께하는 것이다. 공동의 목표를 달성하기 위해서는 자신의 일만 잘해서는 안 된다. 업무가 공유되지 않는 관계에서 일을 하게 되면 팀과 동료의 고민과 어려움에 관심이 없고, 바쁘다는 핑계만 대면서 협업에 참여하지 않는다. 회사 전체의 목표나 팀의 목표보다도 자신의 손해나 이익을 먼저 생각한다. 그리고 동료의 고민이나 어려움에 대해서는 침묵하거나 소극적으로 반응을 한다. 반면 업무가 공유되는 관계에서는 동료 간에 어떤 성과를 내고 있는지, 우선순위로 실행하고 있는 일이 무엇인지, 어떤 어려움과 고민이 있는지, 서로 도울 수 있는 지식과 정보가 있는지를 알게 되고 함께 더 나은 성과를 낼 수 있다. 동료와 함께 더 나은 성과를 내기 위해서는 동료에게 내가 무슨 일을 하는지, 어떤 지식과 정보가 있는지를 투명하게 공유해야 한다.

업무가 공유된 관계 vs. 공유되지 않은 관계

동료와 업무가 공유된 관계	동료와 업무가 공유되지 않은 관계
함께 문제 해결	각자(혼자서)문제 해결
적극적인 아이디어 발산과 촉진	침묵하거나 상대 의견에 반박
협력적/수용적 태도	평가적/비판적 태도
공동의 책임	책임전가
이해 및 공감	오해 및 왜곡

동료와 소통을 하며 일을 하는 사람은 함께 더 좋은 성과를 만들어낸다. 동료들과 더 나은 결과를 만들고 협업하기 위해서는 서로 간에 연결이 되어 있어야 한다. 서로가 가지고 있는 정보와 지식, 아이디어가 자유롭게 공유되어야 더 나은 결과를 만들 수 있다. 동료들에게 내가 무슨 일을 하는지 투명하게 공유를 하라. 업무내용을 동료와 공유하기 위해서는 현재 하고 있는 일이 무엇인지, 언제부터 시작했고 언제까지 끝내야 하는지, 현재 진척도가 어느 정도인

지를 투명하게 기록하여 공유해야 한다. 동료들과 정기적으로 현재 진행상태를 공유하고, 서로 필요한 도움을 주고받으며 협력하면 목표도 효율적으로 달성할 수 있고 역량차이에서 오는 병목현상과 불균형을 해소할 수 있다.

팀 업무공유 양식

no.	업무	상태				시작일	마감일	진척도
		To do	Doing	Done	Hold			
		To do	Doing	Done	Hold			
		To do	Doing	Done	Hold			

5 성장, 후배 육성과 자아실현을 위한 Developer

　조직에서 구성원들에게 이상적인 커리어 패스를 쌓을 수 있는 기회와 여건을 만들어주는 상사를 만나는 일은 꽤나 행운이라고 할 수 있다. 대부분 입사하면 업무경험과 경력을 쌓는 데 집중하게 된다. 또한 관계를 맺고 있는 동료들과도 서로의 커리어를 지원해 줄 기회는 없다. 최근에는 대학을 갓 졸업하거나 아예 대학에 다니지 않았어도 판교나 테헤란로에서 야심차게 스타트업을 시작하고, 기가막힌 아이디어로 투자를 받아내고, 이러한 모험적인 삶을 선택하는 청년사업가 즉, 혁신가들이 늘어나고 있다. 이제는 그들의 성공 스토리가 들려오면서 이러한 삶에 대한 동경심도 높아지고 있는 추세이다. 디지털라이제이션*의 가속화, 긱 이코노미Gig economy**의 강화, 모험자본***의 증대 등 이러한 자본에 대한 접근성이 용이해지고, 급속도로 인터넷과 모바일의 발전으로 IT 플랫폼이 다방면으로 진화했기에 가능해진 변화다. 이제는 일과 직업에 대한 고정관념들이 하나하나 무너지고 있다.

예기치 못했던 코로나19 팬데믹으로 인해 우리의 삶과 일자리, 일하는 환경과 방식 또한 많은 변화가 있었다. 재택근무와 자유로운 리모트 워커들이 나오면서 직장의 경계가 무너지기 시작했다. 그러다 보니 직장 내에서의 일하는 모습과 가치관이 달라졌고 회사나 특정 조직에 소속되지 않은 채 일하는 독립형 근로자들이 늘어

- 디지털라이제이션(Digitalization): 가트너(Gartner)의 용어집에 따르면, 디지털기술을 사용해 비즈니스 모델을 변화시키고, 새로운 수익과 가치창출 기회를 제공하는 것을 말한다. 디지털 비즈니스로의 전환과정이다. 조직과 조직의 자산전반의 데이터가 고급 디지털 기술을 통해 처리될 때 이는 비즈니스 프로세스의 근본적인 변화를 일으켜 새로운 비즈니스 모델과 사회적 변화를 가져올 수 있다.
- •• 긱이코노미(Gig Economy): 새로운 노동 트랜드로 기업들이 필요에 따라 단기 계약직이나 임시직으로 인력을 충원하고 그 대가를 지불하는 경제를 말한다.'긱(Gig)'이란 '일시적인 일'이라는 의미다. 1920년대 미국재즈클럽 주변에서 단기계약으로 연주자를 섭외해 공연한 데서 유래했다.
- ••• 모험자본: 위험을 많이 부담하게 되지만 일반적인 평균이익보다 많은 이익을 가져올 가능성이 있는 기업을 시작하거나, 기존 기업에서 이런 사업을 시작할 때에 필요로 하는 자금의 중요한 원천을 말한다. 위험자본(Risk capital)이라고도 하며,1980년대에 모험자본을 찾는 기업 중에서 우수한 기업은 성장산업과 첨단기술산업 등에 주로 속하는 기업들이다. 한국의 경우 한국기술개발주식회사, 한국기술진흥주식회사, 한국 기술개발금융회사, 한국개발투자회사 등이 모험자본을 제공하는 회사들이다.

나고 있는 추세다. 이렇게 조직 내에서도 자유롭게 일하는 문화를 권장하고, 또한 조직에 속하지 않는 것을 선택한 사람들, 즉 '자발적 디지털노마드'* 또는 '긱 워커Gig Worker'**라고 부르는 이들이 주목 받기 시작했다. 어찌 보면 회사나 조직생활에 얽매이기 싫어하고, 자율적으로 일하고자 하는 MZ세대의 성향과도 맞아 떨어진다고 할 수 있다.

그럼 MZ세대들이 생각하는 조직 내외에서 성장한다는 것은 어떠한 의미와 가치가 있는 것일까? 그들에게 가장 중요하게 고려하는 것은 무엇일까? 다른 건 몰라도 그들을 대표하는 키워드는 바로 '성장'일 것이다. 내가 어디에 있는지, 그곳에서 나는 어떠한 성장과 경험을 하고 있는지 그들에게는 매우 중요하고, 존재의 의미가 되어버렸다. 그러다 보니 기성세대들이 만들어놓은 강건하지만 반복적인 패턴의 조직문화 방식을 기피하고 좀 더 생산성 있고, 유연한 조직문화를 만들고자 애쓰고 있는지도 모르겠다. 이러한 MZ세

- • **디지털노마드(Digital Nomad):** 프랑스 경제학자 자크 아탈리가 1997년 〈21세기 사전〉에서 처음 소개한 용어다. 주로 노트북이나 스마트폰 등을 이용해 장소에 상관하지 않고 여기저기 이동하며 업무를 보는 이를 일컫는 말이다.
- •• **긱 워커(Gig worker):** 고용주의 필요에 따라 단기로 계약을 맺고 일회성 일을 진행하는 근로자를 이르는 신조어다. 주로 디지털 플랫폼 등을 통해 단기계약을 맺고 초단기 노동을 제공하는 근로자들을 말한다.

대가 주를 이루고 있는 플레이어들이 건강하게 성장하기 위해서는 Developer로서 3가지의 역량을 제시하고자 한다.

학습과 성장의 주도권이 있는 플레이어

미국의 트렌드 전문가인 메리 미커Mary Meeker는 기성세대에게 MZ세대가 일에 있어 무엇을 중요시할 것 같은지에 대한 질문을 던졌다. 그들의 답변은 '워라밸'과 '금전적 보상'일 것이라고 대답했다. 그러나 MZ세대의 답변은 완전히 달랐다. 그들에게 중요한 것은 그 어느 것보다 **'일의 의미'**였다. 금전적 보상이 중요하다고 응답한 이들의 비중도 20%를 차지했지만, 그보다는 일의 의미를 훨씬 더 중요하게 여기고 있다는 결과였다.

그럼 왜 플레이어들은 일의 의미를 더 중요하게 생각하는 걸까? 그것은 그들 스스로 조직에서 좋은 성과를 내기 위해 다양한 직무 경험을 통해 지속적으로 학습하여 자신의 성장 발판으로 삼기 때문일 것이다. 그렇기 때문에 플레이어들은 학습과 성장을 위한 방법을 찾는 데 있어 본인 스스로 주도권을 갖고 싶어한다. 이러한 플레이어들이 꾸준히 실력을 쌓고 조직의 성장을 만들어갈 수 있는 좋은 방법 중에 하나는 신입사원이나 후배직원들, 즉 인재양성에 적극적으로 돕는 역할을 하는 것이다. 이것은 조직에서 리더가 플레이어에게 기대하는 것 중 중요한 부분이다.

성장의 주도권을 쥐고 있는 플레이어로서 우리 조직과 함께할 인재를 양성하고 유지할 수 있는 대안을 통해 조직성과에 중심이 되어 보는 것은 어떨까? 그 대안으로 조직 색깔에 맞는 '일잘북'을 제작하여 적극 활용하는 것을 추천하고 싶다. 내 자신도 학습의 주체가 되어 주도성을 가지고 성취감을 느끼며 성장하게 만들어줄 수 있는 매력적인 프로세스를 말이다.

일 잘하는 플레이어의 특급비밀 '일잘북'

신입직원이 멍하니 앉아 있거나, 선배직원들의 눈치를 보며 혼자 고민하고 있는 모습을 종종 보게 되는데, 이럴 경우에 뭔가 솔루션이 필요해 보인다.

"새로 입사한 회사에서 의욕 있게 일하고 싶고, 잘해서 인정받고 싶은데 무엇을 해야 할지 모르겠어요."

"이름도 다 모르는데, 누구에게 물어봐야 할지 모르겠어요."

신입직원들의 말이다. 하지만 신입사원을 배정받은 부서의 선배 직원들에게 물어보면 이런 대답을 하곤 한다.

"일을 잘 알려줄 시간이 없어요."

"지금 하는 업무가 너무 바빠서 못 챙겼네요."

양쪽의 입장이 모두 이해된다. 회사와 일을 가르쳐줘야 하는 선배들은 바쁘고 신입사원들은 가르쳐주는 사람이 없으니 무엇을 해야 할지 모르는 경우다. 이러한 둘 사이를 이어주는 효율적인 도구가 바로 일잘북이다. 회사입장에서도 효과적인 업무 방법이라고 할수 있다.

또한 일잘북이 필요한 경우는 이뿐만이 아니다.

"김○○ 대리 어때? 일 잘해?"

"지난달에 경력직으로 들어오신 박○○ 과장님 업무능력이 어떠셔?"

회사 내 부서 간에 하는 가장 흔한 질문이다. 학생에게 "공부 잘하니?"라고 묻는 것처럼 회사에서는 당연한 질문이지만, 섣불리 대답하기가 어렵다. 공부처럼 시험을 보고 석차를 매기는 것도 아니니 판단하는 사람마다 자기 기준에 따라 잘하는 편, 못하는 편 정도로 나누는 게 일반적이다. 하지만 어떤 이는 누가 봐도 일을 정말 잘

하는 사람이 있다. 그런 이들을 조직에서는 '일잘러'라 부르곤 한다.

그럼 일잘러로 인정받는 플레이어가 되기 위한 비결은 뭘까? 도대체 업무를 어떻게 하길래 '일을 잘하는 직원'이 된 걸까? 모든 일에 월등하고 창의력까지 무한하다면 좋겠지만, 그건 요즘 말로 신계에 속한 사람이다. 결국 회사의 업무는 공부와는 달리 혼자 하는 것이 아니라 상사, 동료, 고객 등 다른 사람들과 함께 문제를 해결하는 경우가 대부분이다. 때문에 일을 스스로 생각하고 실행하는 것과 타인에게 토스(질문, 조사, 보고, 업무이관)하는 것 사이에서 줄타기를 잘하는 사람이야말로 소위 꽤 탁월한 '일잘러' 소리를 듣게 된다.

수영을 배울 때 발차기의 정석만 잘 익혀도 속도가 쭉쭉 올라가는 것처럼 업무의 핵심을 파악하고, 그 핵심을 어떻게 해결할지에 대해 최대한 정확하고 빠르게 결정할 수 있는 노하우의 원칙을 아는 것, 즉 '업무의 정석'을 익히는 것 말이다. 플레이어로서 새롭게 업무혁신을 좀 더 꾀하고 싶고 또는 스스로 자신의 업무를 혁신하고 싶은 이들에게 이러한 업무교정만으로도 본인의 역량은 쭉쭉 발전하게 될 것이다.

그러한 업무 정석을 익힐 수 있는 손쉬운 방법으로 '나만의 일잘북'을 만들어 활용하면 좋다. 하지만 대부분의 직장인들이 일잘북을 만들어 사용하는 것에 대해 어려움을 느끼는 경우가 있다. 왜냐하면 이 일잘북에는 업무적인 기록만 있는 것이 아니다 보니, 당장 급하지 않은 개인 역량계발에 대한 목표와 기록을 하는 부담감을 갖게 되기 때문이다. 하지만 그럼에도 이러한 일잘북은 수많은 일 잘러들이 사용하여 검증된 시크릿한 노하우의 결과물이라고 할 수 있다. 여기서 일을 잘하기 위한 북, 즉 일잘북이란, 회사에서 신입/경력 플레이어가 주도적으로 자기관리를 할 수 있는 일종의 업무 핸드북이라고 할 수 있다. 일잘북을 간단히 소개하면 다음과 같다.

[일잘북의 목적]

❶ 수습기간이나 신입/경력 입사자의 효과적인 온보딩을 돕는다.

❷ 회사의 스피릿과 문화를 밀도있게 경험할 수 있다.

❸ 반드시 준수해야 할 지식의 전수가 일어난다.

❹ 스스로 관리하며 학습하는 시스템을 만든다.

❺ 학습의 주체로서 주도성과 성취감을 가지며 성장할 수 있다.

[일잘북의 구성 및 활용방법]

구성방법: 기본으로 아래사항들을 정리하여 일잘북에 반영

❶ 경영자가 온보딩 시 중요하게 생각하는 기대사항

❷ 우리 회사의 CCMV(핵심가치, 핵심역량, 미션, 비전)와 문화

❸ 함께 일하게 될 멤버들의 정보 및 소개

❹ 신규/경력 입사자에게 반드시 가르쳐야 할 지식 제목 및 전수자 리스트

❺ 자기관리 체크리스트/시간관리노트/필독서 리스트 및 독서 '본깨적(본 것, 깨달은 것, 적용할 것)' 양식

활용방법: 개인이 가지고 다니기 편한 하드케이스를 선택하여 활용

❶ 신입(경력 온보딩)기간 동안 학습의 도구로서 활용

❷ 온보딩 종료 시 셀프평가의 도구로서 활용

예를 들어, 1년/3년/5년 단위의 경력개발 로드맵과 기간별로 이루어지는 프로젝트 업무의 중요 안건을 작성·기록한 것, 그리고 조직 내에 필요한 업무 이해관계자Stakeholder들과의 인맥관리를 정리해 놓은 것, 평소 보고 및 중요 공유사항을 체크해 놓은 것들을 모두 포함한다. 또한 일잘북에는 기업의 철학, 가치, 주요고객 가치 등이 담겨 있다. 그리고 같은 부서 직원들의 이름, 담당업무가 기입되어 있으며 신입사원이 해야 하는 과업과 업무가 정리되어 있다. 일잘북을 통해 신입직원들은 회사와 조직, 자신의 업무를 손쉽게 파악하게 되고, 기존 직원들은 온보딩 교육에 할애해야 하는 시간을 절약하게 된다.

이러한 일잘북은 다양한 기업들이 효율적인 업무와 인재양성을

회사에서 제작하는 일잘북 콘텐츠 구성 예시

- 지식맵 학습 리스트
- 지식맵 학습 계획표(월간)
- 학습 메모
- 개인 및 팀 프로젝트
- AAR/AAP 개념/사례/양식
- 일일 AAR

지식

가치

**기본 컨셉
3가지**

인재

- CCMV
- 문화 캘린더
- 핵심 습관
- 회사 소개
- 멤버 소개/정보
- 기본 행동지침
- 기초 에티켓
- 리더 인터뷰 질문 리스트
- 개인성향 진단/가치와 비전
- 감사 일기

(출처: 가인지 캠퍼스)

- 시간관리 포인트
- 시간관리 주간 양식
- 자기성장 계획
- 필독서 리스트
- 본·깨·적(본 것/깨달은 것/적용할 것)
- 강점 진단과 피드백

위해 자체적으로 제작하여 활용하고 있다. 그 사례로는 다비스다이 아몬드의 『KMS를 활용한 일잘북』, 태백김치의 『일 잘하는 사람의 비법노트』, 청밀의 『일잘북』, 넷플릭스의 『자유와 책임』, HDC의 『기업가치체계 핸드북』 등이 있다. 그 외에 회사 자체적으로 일잘 북 콘텐츠를 제작하여 사용하는 조직들도 많이 늘고 있으며, 직무 별 특성에 맞게 주도적인 일잘러들이 적극적으로 활용하고 있다.

다음과 같이 바로 업무에 활용할 수 있는 양식으로 만들어서 활 용하기도 좋다(이것을 기본 활용하여 나만의 시트를 만들어보자).

업무 지식리스트 샘플: 마케팅팀의 '온라인 채널 운영 지식리스트'

난이도	Level 1 신입용(업무 수행 능력)		Level 2 실무용(문제 해결 능력)		Level 3 팀장용(가치 창출 능력)	작성자	김문경 과장	작성일	2023.02.11
No.	지식 제목	범주	내용			난이도	전수자		소요시간
1	매력적인 콘텐츠 기획 방법	기획	콘텐츠 기획 프로세스			Lv1 ☐ Lv2 ☐ Lv3 ☑	나잘난 대리		30분
2	블로그 포스트 제작 및 관리	생산	블로그 포스팅, 통계 정리, 월간 보고서 제작			Lv1 ☐ Lv2 ☑ Lv3 ☐	한겸손 주임		30분
3	인스타그램 콘텐츠 제작 및 관리	생산	인스타그램 콘텐츠의 특징 이해, 제작, 업로드			Lv1 ☐ Lv2 ☑ Lv3 ☐	김새롬 대리		15분
4	페이스북 콘텐츠 제작 및 관리	생산	페이스북 콘텐츠의 특징 이해, 제작, 업로드			Lv1 ☐ Lv2 ☑ Lv3 ☐	김새롬 대리		15분
5	뉴스레터 제작 및 예약 방법	생산	스티비를 활용한 뉴스레터 제작, 이메일 마케팅			Lv1 ☑ Lv2 ☐ Lv3 ☐	오사랑 주임		30분
6	빠짐없는 콘텐츠 관리 방법	운영	구글 시트를 활용한 콘텐츠 관리			Lv1 ☑ Lv2 ☐ Lv3 ☐	오사랑 주임		15분
7	빠짐없는 콘텐츠 관리 방법	운영	온채널 별 계정, 앱 설치			Lv1 ☑ Lv2 ☐ Lv3 ☐	오사랑 주임		15분
8	빠짐없는 콘텐츠 관리 방법	운영	사용한 사진 및 콘텐츠 관리			Lv1 ☑ Lv2 ☐ Lv3 ☐	오사랑 주임		15분

(출처: 가인지 캠퍼스)

이렇게 일잘북을 체계적으로 정리하는 습관은 내가 어떠한 강점을 가지고 있는지, 잘하는 업무가 무엇인지, 아직 경험이 부족하더라도 좋아하는 업무를 발견하게 되는 계기를 마련해 준다. 그 속에서 신나는 업무를 찾게 되는 짜릿한 경험을 하게 된다. 이러한 경험들이 쌓이면 실력을 인정받을 수 있는 나만의 신나는 업무 즉, 강점업무가 점점 더 많아지게 되고 그것을 통해 원하는 비전을 가질 수 있게 된다.

이처럼 플레이어는 조직에 맞는 일잘북을 만들어 스스로 잘하고 있는 업무와 좋아하는 업무, 신나는 업무를 구분해 팀의 성과에 기여할 수 있다. 또한 조직에서 필요한 후배직원을 양성하고 이끌어

주는 예비리더로서 개인 및 조직성과를 내는 데에도 매우 효과적이다. 이것은 꾸준한 다이어리를 작성하고 프로젝트별 간트차트를 작성한다거나, 직장에서 사용하는 업무 공유 프로그램을 활용하는 것 이상의 효과가 있다. 한눈에 나의 업무 로드맵을 볼 수 있고, 이러한 경험 데이터들이 결국 내 역량보다 높은 업무를 할당 받았을 때 속도감 있게 업무를 수행해 나가고 사소한 실수에 시간을 낭비하는 법을 줄여준다.

또한 이러한 일잘북을 통해 직장 상사인 멘토와 업무과정을 수시로 공유하고, 상사가 업무지원에 참여할 수 있는 기회를 제공하기 위해 정기적인 원온원 면담을 요청하는 것이 반드시 필요하다. 그럼으로써 상사는 나를 육성시키고자 하는 의지와 포부가 높아지게 되고, 함께 할 수 있는 확장된 업무기회를 통해 스스로 성장할 수 있는 경험을 자주 하게 된다.

플레이어에게 일을 잘한다는 건 조직 내에서 차별화된 전문성을 갖게 되는 주도적 학습과정임을 깨닫게 된다. 조직에서 이러한 플레이어가 얼마나 대견하고 든든할까? 이러한 프로 일잘러가 되어 팀 후배에게도 멋진 선배로 거듭나기를 바란다.

대체 불가능한 퍼스널 전문성을 갖자

캐릭터 빌드업Character Build up 시대

사람은 각자 다르기 때문에 다르게 사는 것이 자연스럽다. 조직 내 구성원들 역시 각자의 강점과 성향이 있고, 각자가 바라는 경력 경로와 직무가 있다. 그렇기에 동일한 시기에 입사한 신입사원이라 하더라도 기업 내에서 성장하는 모습은 각기 다르다. **1,000개의 경력 사다리**를 생각해 보자.

1,000개의 경력 사다리는 각자가 가진 차이를 인정하고, 강점과 특성에 맞는 최적의 직무수행이 가능하도록 돕는 것을 말한다. 이를 통해 자신에게 맞는 직무와 직무수행 방법, 일하는 방식 상의 특징을 발견하고 자신의 특성대로 역량을 성장시켜 가게 된다. 획일적인 직무에서는 발현될 수 없었던 각자의 강점이 잘 드러나게 만들 수 있게 되는 것이다. 특히 MZ세대의 특성상 각자의 캐릭터를 잘 살리는 전략이 매우 필요한 시대가 도래했다. 로고스Logos적인 지적능력보다 에토스Ethos적인 캐릭터가 훨씬 더 부가가치 있는 일이 되었다는 것을 의미한다.

퍼스널 브랜딩 시대의 전문성은 '매력'

창업은 말처럼 쉽지 않고, 평생직장은 사라진 요즘, 직장인들 사이에는 퍼스널 브랜딩에 대한 관심이 뜨겁다. 흔히 '셀프 브랜딩'이라고 불리는 '퍼스널 브랜딩'은 과거의 자기 PR과는 의미가 많이 다르다. 브랜드 전문가들은 이것을 "나만의 개성과 매력, 재능을 브랜드화하여 가치를 높이는 것"이라고 말한다. 예전에 그토록 필요했던 스펙으로도 더는 차별화할 수 없는 시대에 살고 있기 때문이다. 이제는 개인이 경쟁력을 갖추기 위한 특별한 활동이 '필수 활동'이 되어버린 셈이다.

퍼스널 브랜딩의 시대란 전 세계인이 방송국을 가지고 있고, 크리에이터(엔터테이너)가 되었다는 뜻이다. 절대적 빈곤을 벗어난 현대 사회에서는 '매력'이 가장 중요한 자산이다. 여기서 매력이란 다름을 추구하는 것을 의미한다. 예를 들면 TV에서 보는 수없이 많은 캐릭터 중 제일 매력 없는 캐릭터는 스토리 없이 소모되는 캐릭터인 것처럼, 조직에서 확실한 퍼스널 페르소나Persona를 만들어가는 것이 필요하다. 그것이 팀 내 업무성과를 높이는 데 기여할 수 있고, 대체 불가능한 전문성을 가지고 있다면 더할 나위 없을 것이다.

카카오브런치 마케터인 김키미 작가의 도서 『오늘부터 나는 브랜드가 되기로 했다』에서 저력 있는 브랜드 전략을 돌파해 다양하고 단단한 자아를 쟁취하라고 제안한다. 토스에서 콘텐츠를 만드는 손현 작가의 『글쓰기의 쓸모』라는 도서에서도 인생의 매 순간마다 조금씩 성취하는 삶을 살고 싶은 사람이라면 글을 써야 한다고 얘기한다. 여기서도 30대의 젊은 직장인들 사이에서 왜 퍼스널 브랜딩에 열광하게 되었는지, 퍼스널 브랜딩을 잘하려면 어떻게 해야 하는지에 대한 내용들을 담은 책들이 쏟아지고 있다.

그러한 점에서 플레이어로서 앞으로의 성장을 강화하고 스스로 동기부여하는 퍼스널 브랜딩, 다시 말해 나에게 맞는 브랜딩 활동이 필요하다. 여기서 중요한 점은 내가 회사의 브랜드-업에 기여할 수 있도록 업무성과에 도움이 되는 브랜드를 만드는 것부터 시작하는 것이 좋다. 이러한 브랜드는 업무의 전문성을 강화할 수 있는 다양한 업무 경험과 지속적인 학습(공부)이 필요하다. 이러한 과정을 통해 스스로 한 분야의 전문가로 인정받게 되는 계기가 되어 나름 이름값을 올리게 될 수도 있다. 이름값이 오른다는 것은 몸값과 내 자신감도 오르게 되는 큰 상승효과인데, 생각만 해도 미소가 지어지는 기분 좋은 일일 것이다. 자, 그럼 탁월한 플레이어가 되기 위해 왜 퍼스널 브랜딩을 통해 몸값을 올려야 하는지 알아보자.

첫째, 플레이어로서 '스스로 살아있음'을 증명해 보는 것이다.

원래 '브랜드Brand'란 라틴어로 '각인시키다'라는 뜻이다. 그래서 남들에게 얼마나 인지시키는지가 중요하다. 지금처럼 속도가 경쟁인 시대에서 타인에게 제대로 인지시켜 '살아있음'을 증명해야 한다. 어렵게 생각할 필요는 없다. 살아있음을 증명하는 모든 과정이 퍼스널 브랜딩이기 때문이다. 어디에서나 일을 특별하게 잘하는 사람을 필요로 한다. 남들보다 특별히 잘하는 것이 없다면 경쟁력을 금방 잃게 된다는 점을 명심할 필요가 있다.

둘째, 머리에서 발끝까지 스스로를 팔아보는 것이다.

미국의 경영학자인 톰 피터스Tom Peters는 "속한 조직에서 가담하고 싶은 프로젝트가 있다면 그 곳에서 머리에서 발끝까지 자기 자신을 팔아야 한다"고 역설했다. 다시 말해 자신의 핵심가치를 정의하고 자신이 원하는 기회를 잡기 위해서는, 끊임없이 자신을 브랜딩해야 한다. 여기에서 중요한 점은 '자신의 정체성'이다. 스프린트 돌파력 손흥민, 감성영웅 임영웅과 같이 퍼스널 브랜드는 나를 남들과 확실히 구분짓게 한다. 세계적인 마케팅 전문가인 세스 고딘 Seth Godin은 "자신에 대해 8개 단어 이하로 묘사할 수 없다면, 당신은 아직 자신의 자리를 갖지 못한 것이다."라고 단언한다. 단순히 이미지만을 의미하지 않는다. 외면의 이미지뿐만 아니라 내면의 정체성을 아우르는 것이 주요 핵심역량이라고 할 수 있다. 겉으로 보이는 내공뿐만 아니라 숨겨진 내공까지 두루 갖추었을 때 비로소 그 힘을 발휘할 수 있다.

셋째, 자신의 장점을 강점으로 만들어야 한다는 점이다.

경영학의 아버지인 피터 드러커는 "자신의 약점을 보완해 봐야 평균밖에 되지 않는다. 차라리 그 시간에 자신의 강점을 발견해 이를 특화시켜 나가는 편이 21세기를 살아가는 방법이다."라고 말한다. 그래서 좋은 인상과 강력한 이미지를 주기 위해 자신만의 강점을 강화시키는 노력이 수반되어야 한다. 물론 단점도 파악하여 보완하는 노력도 필요하다. 이처럼 플레이어는 조직에서 대체 불가능한 전문성을 키우는 데 지속적으로 힘써야 한다.

③ 본인의 시장가치를 확인하자

직장인이라면 누구나 지금보다 나은 미래를 꿈꾼다. 더 나은 미래란 누구에게는 많은 연봉, 누구에게는 승진, 또 다른 이에게는 여유 있는 개인시간 등 그 의미가 다양할 것이다. 이렇게 꿈꾸는 미래는 나의 가치가 올라갔을 때 나를 필요로 하는 기업에 요구함으로써 하나씩 이뤄갈 수 있다. 무작정 현 직장에 원하는 것을 요구하거나 더 조건이 좋은 기업으로 이력서를 낸다고 이뤄지는 것이 아니다. 많은 직장인들이 간과하고 있는 부분이 바로 이것이다. 현재 나의 위치에서 단순히 승진, 연봉 인상, 이직의 성공 가능성을 점친다.

하지만 자신이 먼저 기업에 이직을 제안하는 것은 성공확률을 예측하기도 어려울 뿐더러 자칫 업무 외적인 부분에서 추가적인 에너지 낭비로 이어질 가능성이 크다는 점을 기억해야 한다. 현재 자신의 가치가 높다면 속한 회사에서 먼저 이런저런 혜택들을 제안할 것이다. 목표로 하는 경력지점이 있다면 다른 곳에서 제안이 올 만큼 자신의 가치를 높여야 한다.

현재 외국계 자동차 부품회사에 다니고 있는 B팀장은 좀 특별한 경험을 가지고 있다. B팀장이 대리시절에 만난 팀장은 연초에 팀원들을 모아놓고, "직장 생활 1년이 지나면 자신의 이력서에 적을 한 줄 이상의 경력을 만들어야 한다."고 이야기 하면서 "잡사이트에 연말이 되면 이력서를 올려봐라. 퇴직하라는 말이 아니고 시장에서 나의 경력과 실력을 어느정도 평가하는지 알 수 있고 해마다 본인이 성장한 것을 알 수 있을 거야."라고 했다. 당시 B대리는 자신의 이력서를 잡사이트에 올렸는데 몇 군데서 연락이 왔다. 이직할 마음이 있어서 올린 것이 아니라서 무시했지만 "아, 나도 불러주는 곳이 있구나!"라는 생각에 자존감이 올라가는 것을 느꼈다. 이후 회사의 경영환경이 안 좋아져서 구조조정을 할 수밖에 없는 상황이 닥쳤다. 본인이 희망퇴직의 대상자는 아니었지만 평소 외국계 기업에서 일해 보고 싶은 생각이 있었고, 이력서를 잡사이트에 올려보면서 이직할 수 있다는 자신감도 있었기에 희망퇴직을 신청하게 되었다. 물론 위로금이라는 유혹도 한 몫을 했다. 그렇게 해서 떠밀려 희망퇴직을 해야 할 수 있는 동료들의 고민도 해결해 주고 자신이 원하는 외국계로의 이직이 시작되었다. 이후 2번 정도의 이직을 통해 몸값도 올리면서 현재의 자리까지 오게 되었다.

현재 속한 회사에서 인정받으며 오랜 시간 근무하고 싶겠지만 그것 또한 마음 먹은 대로 되는 것은 아니다. 위의 사례처럼 갑자기 닥치는 변화에 대응하기 위해서 언제나 준비가 필요하다. 그러기 위해서는 본인의 현재 시장가치가 어느 정도인지를 안다는 것은 상당히 의미가 있다.

예전에 KBS 개그콘서트의 인기 프로그램이었던 〈애정남-애매한 것을 정해 주는 남자〉를 기억하는가? 생활 속에서 판단하기 어려운 것들을 딱 정해 주는 모습이 대중들의 공감을 얻었던 프로였다. 애정남은 항상 프로그램 서두에 "지키지 않더라도 경찰이 출동하지는 않습니다."고 말한다. 사람들도 애정남이 정해 줬다고 해서 그가 말한대로 생활하지는 않는다. 상황에 따라 적용되는 기준이 다르기 때문이다. 직장인들의 경력관리도 마찬가지다.

어떤 학교를 나오면 어느 직장을 갈 수 있고, 어떤 업무 경력 몇 년 이상이면 이직이 가능하다는 등의 모든 직장인들에게 적용되는 경력관리의 절대적 기준은 없다. 그러다 보니 현재 종사하고 있는 업종을 비롯해 수행업무, 경력연차 등 다양한 부분에서 자신의 위치를 증명할 수 있는 것들이 많다. 그러나 눈에 보이는 스펙만으로 이 정도의 기업으로는 이직할 수 있다거나 현 직장에서 연봉을 이 정도 높여 받을 수 있다고 딱 잘라 말하기는 어렵다. 이직을 생각하거나 현 직장에서 몸값을 올리고 싶다면 이를 위한 준비는 잘 돼 있는지 스스로를 먼저 평가해 볼 필요가 있다.

국내외 프로 스포츠 세계에서는 두각을 나타내는 선수를 붙잡기 위해 높은 연봉으로 다년간 계약을 한다거나, 천문학적 액수의 이적료를 지급하고 경쟁팀의 선수를 영입하는 모습을 자주 볼 수 있다. 단순히 더 높은 곳을 바라보기 보다는 먼저 자신의 가치를 그 눈높이에 맞게 올리는 것이 중요하다. 가치가 올라가면 원하는 것들이 스스로 따라오기 마련이다.

그렇다면 플레이어로서 나의 가치는 어떻게 평가될까? 이는 단순한 계산식에 의해서 정해진다고 볼 수 있다. 바로 과거의 스펙과 현재의 업무성과의 합으로 나의 몸값이 결정되는 것이다. 신입사원의 경우 업무성과가 없기 때문에 취업에 있어서 스펙과 그에 상응하는 열정 등이 중요한 비중을 차지한다. 때문에 많은 청년들이 대학원 진학, 어학공부 등 다양한 노력을 기울이는 것이다. 경력이 있는 직장인들은 과거의 스펙보다 현재의 업무성과가 훨씬 더 큰 비중을 차지한다.

나의 시장가치를 높이기 위한 3가지 방법

나의 가치를 올리기 위한 준비를 시작했다면 자신을 알리기 위한 부분도 염두에 둬야 한다. 자신의 가치를 인재시장에 알리고 그들의 러브콜을 받기 원한다면 다음의 3가지를 기억해 둘 필요가 있다.

하나, 자신의 포트폴리오가 중요하다.

내로라하는 기업에서 10여년을 근무하고도 경력기술서를 단 몇 줄로 작성하는 직장인들이 적지 않다. 특히 헤드헌팅을 위해 만나는 임원급 후보자들에게 그동안 어떠한 경력을 쌓아왔냐고 물어보면 대부분 어디서 근무했고 어떠한 직책을 맡아왔다는 간단한 대답을 하곤 한다. 구체적인 직무와 성과 등에 대한 작성을 추가로 요청하면 아무리 고민해 봐도 작성하기가 쉽지 않다는 답변이 돌아온다. 구직을 하든 이직을 하든 가장 기본이 되는 것은 본인의 경력을 일목요연하게 문서로 정리해 보여주는 것이다. 자신의 업적을 명확한 언어로 기술할 수 있어야 한다. 몸 담았던 기업과 맡았던 직책은 단순히 그 당시의 신분을 나타내는 백그라운드일 뿐 본인의 모든 것을 나타내 주진 않기 때문이다.

5년 이상 직장 생활을 하다 보면 그동안의 업무와 성과를 뚜렷하게 기술하는 것이 굉장히 어려울 수 있다. 몇 년 전에 이뤘던 수많은 성과들을 세세한 부분까지 기억해 내지 못하기 때문이다. 분명히 어필할 수 있는 성과가 있음에도 자칫 잊혀져버린 경험이 되기도 한다. 그러므로 1년의 간격을 두고 본인의 커리어로서 특별히 내세울 수 있는 프로젝트나 성과 등에 대해서는 수시로 업데이트 하는 습관을 갖는 것이 가장 기본적인 경쟁력이 된다. 본인의 커리어

에 대해 이력서라는 문서로조차 상대방을 이해시킬 수 없다면 가장
기본적인 커뮤니케이션에서 실패한 것이다.

둘, 주변의 추천이 중요하다.

그동안 자신의 성과에 대해 어필하는 것도 중요하지만 보다 효과
적인 방법은 주변의 추천을 받는 것이다.

외국계 보안솔루션기업 A사에서 시스템 엔지니어로 재직 중인 B
과장은 사내에서 몇 안 되는 외부 영입인재 중 한명이다. B과장은
A사의 엔지니어들 중에서 학벌도 가장 떨어지는 편이다. 그가 이
직할 수 있었던 것은 바로 '입소문' 때문이었다. 지방대를 졸업한 그
는 처음에 한 IT 서비스 벤처기업에 입사했다. 대기업에 지원했지
만 전부 낙방하고 받아주는 기업에 들어갔다. 기업 인지도, 연봉 등
모든 것이 열악했지만 그는 실력을 쌓을 수 있는 기회로 생각하고
성실히 일했다. 입사 동기들은 기회가 될 때마다 조금이나마 나은
곳으로 자리를 옮겼지만 그는 5년 이상 묵묵히 업무를 익혀 나갔
다. 뿐만 아니라 솔루션을 납품하는 기업 담당자들의 모임에도 빠
지지 않고 참석했다. 그가 담당하는 고객사들이 하나둘씩 늘어나
면서 그의 성실함과 역량은 업체들에 소문이 났다. 결국 그를 눈여

겨보던 A사의 담당 이사가 그에게 스카우트 제의를 했고 현 직장으로 옮기게 되었다.

처음 직장을 잘못 선택했다고 생각하거나 또는 현재 자리보다 한 단계 업그레이드를 원한다면, 반드시 이러한 입소문 전략이 필요하다. 그러면 긍정적인 입소문이 나려면 어떻게 해야 할까? 요즘 SNS의 발전으로 다수의 사람과 정보교환이 자유로워졌지만 누구나 쉽게 긍정적 소문이 나는 것은 아니다. 주변에서 인정할 만한 성과들을 만들어 나가면서 만나는 사람들에게 그것들을 자연스럽게 남다른 성과로 비춰지는 것이 필요하다. 이것들이 꾸준하게 자신을 드러내면 주변에서 예기치 않게 좋은 기회를 나에게 준다는 점이다. 이 또한 노력의 달콤한 열매들을 아닐까!

셋, 커리어 전문가와의 만남도 필요하다.

많은 직장인들은 커리어패스에 변화를 주기 전에 보통 주변 동료, 친구, 선후배 등과 논의를 한다. 하지만 이들은 경력관리에 있어 비전문가들이고 성공적인 경력관리를 위해 고려해야 할 것들을 깊이 생각하지 않은 채 조언을 하는 경우가 많다. 때문에 커리어 코칭, 헤드헌터 등 자신의 경력에 대해 전문 컨설팅을 해줄 전문가들을 한두 명 곁에 두는 것이 도움이 된다. 당장 헤드헌터의 제안에 응해 이직을 하지 않더라도 헤드헌터와의 관계를 통해서 앞으로의 경력에 관한 체계적인 준비를 할 수 있다. 이력서를 매력적으로 쓰는 방법도 배우고, 업계 인력시장 돌아가는 이야기도 듣고, 커리어 상담도 받을 수 있다. 시장의 트렌드, 경쟁사 동향 등의 정보도 얻을 수 있다. 건강을 위해 주치의를 두거나 재테크를 위한 금융 컨설턴트의 도움이 필요한 것처럼 경력관리 자문을 해주는 커리어 전문가를 사귀어 두는 것도 필요한 일이다.

'기다림의 미학'이 필요

프로 스포츠 세계에서도 높은 몸값을 받으며 다른 팀으로 이직하는 선수들이 있는 반면 야심차게 FA시장으로 뛰어들었지만 선택을 못 받고 초라하게 원 소속팀으로 돌아가거나 은퇴하는 선수들도 있다. 시장에서의 자신의 가치에 대한 객관적인 평가를 받지 못하고 무작정 뛰어드는 오류를 범한 케이스라고 할 수 있다.

전혀 상관없을 것 같은 농사와 경력관리에도 공통점이 있다. 농사는 때가 있고 기다림이 있다. 농산물은 공장에서 찍어내는 공산

품처럼 몇 시간, 며칠 만에 뚝딱하고 만들어지지 않는다. 사과가 익고 된장이 숙성되려면 오랜 시간이 걸린다. 경력관리도 마찬가지다. 지금 내가 어떠한 목표를 세운다 하더라도 바로 실현되는 것이 아니다. 준비기간이 필요하고 주변에서 인정받을 시간이 필요하다. 현재의 자리가 어디든 자신의 준비에 따라서 기회는 오기 마련이다. 나무에 달린 감이 저절로 떨어지길 않아서 기다리기보다는 사다리를 구하거나 작대기를 찾아오는 노력이 필요하다. 단순히 더 나은 곳을 찾아 이리저리 떠돌기보다는 기회가 먼저 찾아오도록 현재의 자리에서 철저히 준비를 한다면 머지않아 멋진 기회가 기다리고 있을 것이다.

디벨로퍼Developer로서 플레이어는 선의의 경쟁을 통해 나의 가치를 스스로 만들 수 있어야 하고, 그 가치를 만들기 나가기 위한 방법들, 즉 탁월한 일잘러로서 퍼스널 브랜딩 능력을 키워 잠재력이 뛰어난 플레이어로 성장하길 바란다.

플레이어의
일하는 힘

앞에서, 우리는 '탁월한 플레이어로서 갖추어야 할 마인드와 역할' 등을 다뤘다. 이제, 이런 플레이어가 실제 기업에서는 어떤 모습으로 일을 해내는지를 가상의 이야기로 구성해 보았다. 이 이야기를 통해 플레이어는 어떻게 생각하고 행동하여 스스로에게 필요한 역량을 키우는지를 구체적으로 같이 살펴보자.

누구나 이름만 들어도 아는 IT 기업에 근무하는 **6년 차 '전선수' 선임.** 우리 주위에서 흔하게 접할 수 있는 평범한 동료다. 선수는 요즘 생각이 많다. 꽤 오랜 시간 사회생활을 하고 있지만 계속 제자리걸음인 느낌이다. 회사에서의 일은 쳇바퀴 돌듯 조직의 나사가 되어가고 있다는 생각도 들고, 자기 개발도 해야 하는데 온라인 영어 강의를 보다가 어느 순간에는 유튜브로 새어버리기 일쑤이고, 그렇다고 오프라인 수업을 듣자니 시간이 잘 안 난다. 그럼 운동이라도 해서 체력이라도 길러야 하는데 이보다는 치맥이 더 즐거우니 점점 옆 부서 박팀장의 체형을 벤치마킹하고 있다. 이 또한 문제다. 옆자리 션 선임은 얼마 전 서울 외곽에 조그만 빌라도 한 채 장만했다던데, 내 월급은 왜 계좌에만 들어가면 녹아버리는지, 수중에 잔고는 딱 다음달 카드비를 낼 수 있는 수준이다. 꽤 오랜 시간 만난 동갑내기 여자친구도 청혼을 해 주었음 하는 눈치인데, 그러자니 뭐도 없다. 돈도 돈이지만, 그래도 결혼 전에 회사에서 조금 더 인정받고 싶은데, 내가 잘하고 있는 건지, 미래는 있는 건지 확신이 안 서는 게 제일 문제다. 상반기 마감에 여념이 없던 6월 어느 날, 선수의 팀장 노아 수석이 신사업 T/F에 추천을 하려 하는데 어떻겠냐고 의견을 물어왔다. 딱히 안 하겠다고 얘기할 핑계도 없고, 한편으로는 선수 본인에게도 변화의 계기일 수도 있겠다는 생각으로 약간은 미적지근하게 "알겠다."라고 답을 했었다. 시간이 흘러, T/F에 참여하는 첫날이다. 덥다. 지하철에서 회사까지 5분을 걷는데, 땀이 많이 난다. 새로운 T/F 활동이 기대가 되기도 하지만, 계속 의구심이 든다.

"왜 나지? 내가 잘 할 수 있을까?"라고.

1 시작하는 힘 1
— 신념

① 자신의 능력을 믿어라

2023년 7월 3일, 하반기 첫 출근이자 새롭게 시작하는 '코스모스 프로젝트'(선수는 왜 코스모스인지 그 이유가 궁금했는데, 3일쯤 지나 누군가가 코스모스 피기 전까지 끝내자! 라는 의미라고 알려줬다.) T/F 팀 발령 첫 날이다. 선수는 사전 공지 받은 T/F 사무실에 앉아 처음 참여해보는 프로젝트성 업무를 '과연 내가 잘 할 수 있을까?'라는 걱정과 동시에 함께 일할 낯선 T/F팀 멤버들 중에 아는 사람이 없어 불편하겠다는 생각을 하고 있을 즈음, 문이 열리면서 똑 부러지는 목소리가 들려왔다.

"여러분! 앞으로 본 T/F를 담당하게 된 수정 팀장이에요. 자세한 소개는 추후 차차 하는 것으로 하고요, 9시 30분에 첫 회의를 시작하겠습니다! 앞으로 우리가 무엇을, 어떻게, 언제까지 해야 할지에 대해 제가 먼저 프로젝트 T/F 운영 계획을 그려봤어요. 구체적인 내용을 공유하면서, 여러분의 의견을 듣고 업무 분장과 업무 원칙도 같이 협의하겠습니다. 제가 사전 공유한 자료는 한 번씩 읽어보고 오셨겠죠?"

"네! 꼼꼼히 읽어왔습니다. 수정 팀장님!"

'똘똘이 스머펫'이라는 별명으로 사내에 꽤 유명한 마케팅팀 지은 사원이 의욕이 넘친다는 듯이 하이톤으로 대답을 했고, 선수는 받은 자료를 다시 한번 보려고 부랴부랴 노트북을 켰다.

그리고는 2시간의 첫 T/F 운영회의가 순식간에 지나갔다. 어찌보면 익숙한 신규 사업 업무인데, 리더도 다르고 멤버들 분위기도 매우 의욕적이다 보니 기가 많이 빨린 느낌이었다. 어떻게 지나갔는지 모르게 하루가 지나갔다.

선수는 입사 이후 서비스 기획팀에서 신규 서비스를 주로 기획하는 업무를 줄곧 맡아 오다가 회사 신규사업 개발 프로젝트 T/F의 일원으로 3개월 간 차출되었다. 이 프로젝트에 합류하기 전 노아 팀장이 프로젝트 파견 의견을 물었을 때, 선수는 '나?, 내가 왜?, 과연 내가 잘 할 수 있을까?, 나 말고 다른 직원들이 더 잘하는데 왜 나지? 새로운 일이라 관심이 없는 건 아닌데, 파견 가면 야근도 많이 해야 될 거 같고, 아, 잘 모르겠다' 이런 생각을 하며 뜨뜻미지근하게 하겠다고 대답을 했었다. 그게 마음에 걸렸는지, 점심시간이 조금 지난 오후 노아 팀장에게서 메신저가 왔다. "선수 선임, 어떤가요? 첫날이니 아직 엄청 바쁘고 그렇지는 않겠죠? 약속 없으면 오늘 업무 끝나는 대로 소주 한잔 같이 해요."

선수는 꽤 오랜 시간 노아 팀장과 같이 일 해왔는데, 둘이서 술을 마셔본 적은 없었다. 노아 팀장은 운동, 스터디 모임 등 저녁이 있는 삶을 중시했고, 회식은 분기에 한번 진행하는 조직 활성화 활동, GWPGreat Work Place 행사 후 치맥 정도가 다였다. 그런 팀장이 따로 찾으니, '왜 따로 나를 부르실까?' 하는 의구심과 다소 불편한 마음으로 약속한 이자카야로 향했다.

노아 팀장은 조그마한 다다미 방에 미리 자리를 잡고 앉아 있었다. 서둘러 자리에 앉는 선수를 환영하며, 마치 안부 인사처럼 물어 왔다.

"선수 선임! 오늘 어땠어요? '코스모스 프로젝트'에 참여하길 잘한 거 같죠?"

"좋은 기회일 것 같고 이번 기회를 통해 스스로도 많이 성장할 수 있을 것 같습니다. 하지만, 새로운 환경에서 새로운 사람들과 다시 시작해야 한다는 부담과 함께 회사의 중대한 업무 중 하나일 텐데 만약 내가 잘 못한다면, 그리고 회사의 현 사업 포트폴리오와 상관이 없는 사업분야에 새롭게 진출하는 일인데 만약 이 프로젝트가 잘못된다면 어떻게 할지… 능력은 안 되고 걱정이 많이 됩니다." 선수가 마음속에 가지고 있는 생각을 조심스레 털어 놨다.

"선수 선임 성격상 고민이 많을 수 있겠다고 저도 생각이 들었어요. 그래서 보자고 한 거고요. 하지만 이미 우리 팀에서 많은 경험을 했고, 지금까지 몇 년 동안 지켜본 바로 선수 선임이 잘할 수 있을 것이라고 확신했어요. 그리고 선수 선임이 지금 보다 더 성장하려면 꼭 필요한 과정이고, 좋은 기회라고 생각해서 추천한 거예요."

이렇게 본인의 생각을 얘기하면서 소주병을 들어 선수의 빈 잔에 소주를 채웠다. 선수는 걱정이 태산이라고 쓰인 얼굴을 장착하고 고개를 숙인 채 팀장 맞은편에 앉아 있었다. 그리고 그들은 말없이 다시 한번 잔을 부딪치고 각자의 술을 입에 부었다. 노아 팀장은 다시 얘기를 시작했다.

"선수야! 전선수"

항상 팀원들에 존칭을 하고, 지금까지 한번도 누군가의 이름만 부르는 걸 본 적이 없던 팀장의 입에서 갑자기 동생을 부르듯이 본인의 이름을 부르니 선수는 깜짝 놀랐다.

"너무 답답해서 나도 그냥 편히 이야기 해야겠어. 지금부터 형으로서 편하게 얘기할게. 너 괜찮은 녀석이야! 일도 잘하고 예의도 바르고 인간관계도 다 잘하고 있어. 그런데 지금보다 더 성장하고 앞으로 회사에서 리더로 성장하려면 이번 프로젝트가 너에게 좋은 기회라고 생각해. 그냥 나 믿고 한번 열심히 해봐! 아니다. 그냥 널 믿고, 너의 능력을 믿고 한번 도전해 봐! 지금까지 잘 해왔고 잘 하고 있고 앞으로도 더 잘 할 거니 너 스스로를 믿고 한번 해봐! 뭘 이렇게까지 두려워하고 고민하고 있어. 그냥 열심히 하자! 무조건 잘 해! 넌 잘 할 수 있으니까!"

선수는 노아 팀장을 존경했다. 선수가 꿈꾸는 미래의 이상적인 리더는 언제나 노아 팀장이었다. 항상 팀원의 입장에서 생각해 주고 논리적인 충고나 방향을 제시하던 노아 팀장이 갑자기 그냥 까라면 까라는 식으로 얘기를 하니 매우 어색했지만, 한편으로는 진심이 느껴졌다. 그리고 잔에 채워진 소주를 들이키며 드디어 입을 열었다.

"팀장님, 저 좋게 봐주셔서 감사합니다. 지금까지 계속 갈팡질팡했는데 오늘 팀장님 말씀 들으니 조금은 확신이 생겼습니다. 솔직히 아직도 두렵고 걱정이 많이 되지만 한번 열심히 해보겠습니다! 팀장님 말씀대로 제 자신을 믿고, 제 능력을 믿고 한 번 도전해 보겠습니다. 한참 부족한 절 이렇게 좋게 생각해 주시고 이 프로젝트에 추천해 주셔서 진심으로 감사드립니다."

선수는 솔직히 아직도 걱정이 되고 두렵기도 하지만 노아 팀장이 이렇게 얘기하는 건 다 이유가 있을 것이고, 팀장의 얘기처럼 회사 입사 후 지금까지 일해오면서 많이 배웠고, 큰 사고 없이 잘 해왔으니 자신의 능력을 한 번 믿어 보기로 했다. '이렇게 코스모스 성공사례를 만들겠다. 노아 팀장의 일원으로 부끄럽지 않게끔 열심히 하겠다.' 등 이야기는 점점 긍정적인 방향으로 마무리되며 그들은 기분 좋게 점점 취해 갔다. 선수는 집에 가는 택시 안에서 다시 한번 생각한다.

'노아 팀장님! 저 정말로 잘 할 수 있을까요?'

② 잘 될 거라는 확신을 가져라

'코프'(코스모스 프로젝트, 여덟 자가 너무 길어 줄여 부르기로 했다) T/F

2일 차, 수정 팀장의 주도 하에 어제에 이어 두 번째 미팅이 시작되었다. 수정 팀장은 화면에 본인이 직접 작성한 팀의 방향성과 미션, T/F 운영 방향 등을 어제보다 좀 더 구체적으로 설명했고, 멤버들은 각자의 방식으로 주요 내용을 정리했다. 선수는 수정 팀장의 설명을 들으면서, 어제 노아 팀장과의 술자리에서 한 다짐이 조금씩 녹아내리기 시작했다.

"와우, 저걸 3개월 내에 다 한다고? 말이 돼? 그리고 아무리 생각해도 왜 내가 이 안에 들어와 있는지가 해결이 안 되네, 안 그래도 사업 영역이 충분히 넓은 우리회사가 왜 또 이걸 해야 하는 거지?" 머리속에서는 어제 소주로 죽여 놨던 의구심들이 다시 또아리를 틀기 시작했다. 포부에 가득 찬 목소리로 T/F의 미래를 그리고 있는 수정 팀장의 목소리는 점점 아련하게 느껴졌다. 선수의 혼란스러운 머릿속과는 달리, 수정 팀장은 더욱 또렷하게 T/F 운영계획을 제시했다. 팀장 본인을 포함, 총 11명의 T/F팀을 서비스 파트, 플랫폼 파트, 가행성 분석 파트로 삼분하고 제이, 선수, 지은은 신규 서비스 기획에, 피터, 헨리, 제니퍼, 루이스를 플랫폼 디자인에, 쟈니, 콰지, 줄리아는 가행성 분석 파트에 배치하여 각자의 전문 분야에 맞게 서로 협력하며 시너지를 낼 수 있게 구조화했다.

혹시 불분명하거나 고쳐야 할 부분이 있냐는 수정 팀장의 질문에 지은 사원이 이번에도 가장 먼저 이야기를 꺼냈다.

"팀장님! 우선 구체적인 T/F 운영 계획을 들으면서 '팀장님 혼자서 정말로 많은 고민을 하셨구나!' 라는 생각을 했습니다. 그리고 우리 팀이 정말로 중요한 업무를 하는 팀이고, '우리 업무가 향후 회사의 발전에 한 획을 긋겠구나'라는 생각도 들었습니다. 이 팀에 오게 되어 너무 영광이고, 앞으로의 회사생활이 너무 너무 기대됩니다. 그런데, 팀장님께서 그리신 목표를 제대로 달성하려면 우리 T/F에서 해야 할 일이 상당히 많을 것 같은데 과연 이 모든 일을 3개월 안에 성공할 수 있을까 걱정이 되는 건 사실인데요. 아니, 해야 하고 할 수는 있을 것 같은데 T/F의 성공을 위해 팀을 어떻게 운영하실지 궁금합니다."

지은의 질문이 끝나기가 무섭게 수정 팀장은 본인이 작성한 3개월 간의 업무 계획Workplan을 띄웠다. 각 파트별로 해야 할 미션을 각 주Week 단위로 세팅한 계획표를 보이면서 '다 죽었습니다' 라고 짧고 굵게 언급하고는 말을 이어갔다.

"지금의 T/F 운영계획을 본부장께 보고하겠습니다. 아직은 구체적인 사업에 대한 그림이 없으니 본부장도 큰 이견은 없을 겁니다. 혹시라도 계획과 다른 피드백을 받게 되면 멤버들께 공유하겠습니다. 여러분은 현재의 업무 분장과 업무 계획Workplan을 기반으로 시동을 걸면 됩니다. 해야 할 일, 필요한 것, 예상되는 문제점 등을 각 파트별로 고민해 보세요. 내일은 파트별 미팅을 진행하겠습니다. 그럼 잘 부탁합니다."

운영계획 보고를 마친 수정 팀장은 잠시 멤버들을 모아, '본부장의 특별한 피드백은 없었습니다. 기대가 크니, 필요한 게 있으면 거리낌 없이 얘기하세요. 우리에게 중요한 건 주어진 시간 내 결과를 만들어내는 것입니다.' 라고 결과를 공유하고는 잠시 선수를 불렀다.

"선수 선임, 아까 보니 표정이 좀 안 좋더라고요. 뭔가 고민이 있을까요? 혹시나 해야 할 일, 막연함, 왜 내가? 이런 이유로 얼굴에 수심이 가득한 걸까요?"

수정 팀장의 돌직구 같은 질문에 선수는 뜨끔하며 얼굴이 빨개졌다.

"혹시 제가 잘못 본 걸까요? 그럼 다행인데요. 혹시 싫어서 먼저 얘기를 꺼냅니다. 우리가 짧은 시간 안에 해야 할 일이 많고, 그 일들이 모두 우리 회사 누구도 해보지 않은 일들이라는 것도 알아요. 그런데 해야 할 일이고 우리에게 주어진 일이잖아요. '왜 나지? 이걸 어떻게 하지?' 혼자 답을 낼 수 없는 이런 고민은 지금 별 의미가 없고 오히려 본인한테 불필요한 스트레스만 될 거예요. 선수 선임이 이 일을 할 수 있고 잘하니까 T/F로 발령난 거고 저도 그런 분인줄 알고 흔쾌히 함께하겠다 한 거예요. 저도 걱정되요. '왜 나한테 이런 일을 시키지? 잘하면 대박이지만 잘 안 되면 지금까지 내가 쌓아온 커리어에 밑줄이 가는 건 아닐까?' 걱정도 했었죠. 하지만 저 오수정, 자신을 믿어요. 제게 주어진 일은 언제든 성공시켰고 앞으로도 그렇게 할 거예요. 그런데 이렇게 하려면 저 혼자서는 안 되요. 우리 맴버들 모두 같은 생각으로 함께 해야 해요. 그러니 선수 선임도 '우리'가 잘해낼 거라는 확신, '내'가 만들어낸다 라는 자신감을 가지고 함께 달렸으면 좋겠어요. 전 자신과 우리 맴버들을 믿습니다. 할 수 있어요!"

"네, 팀장님, 부끄럽지만 지금까지 걱정만 하고 있었던 게 맞습니다. 지금의 팀장님 말씀으로 그 걱정들이 완전히 사라진 건 아니지만, 자신과 맴버들을 믿고 함께 해보자는 말씀은 너무 좋네요. 저도 한 번 해보겠습니다. 앞으로는 잘될 거라고 긍정적으로 생각해 보겠습니다. 솔직히 어제도 노아 팀장께 업무량, 개인의 삶, 저 자신의 능력 없음 등 걱정을 쏟아냈었습니다. 하지만 결국 제가 선택해서 왔고 이제 더 이상 걱정만 하면 안 될 것 같아요. 팀장님 믿고 우리 프로젝트가 성공하게끔 긍정적인 마인드로 무장하겠습니다. 이렇게 솔직하게 말씀해 주셔서 감사합니다."

선수의 말을 들은 수정 팀장은 다시 말을 이어갔다.

"맞아요. 이렇게 이야기해 줘서 고마워요. 제가 지금까지 일 하면서 가장 중요하다고 생각하는 것이 '마인드셋, 마음가짐'이에요. 지금의 저는, 나 자신을 믿고 항상 다 잘될 거라는 긍정적인 마음가짐으로 일한 결과라고 생각해요. 선수 선임도 그런 확신을 가졌으면 좋겠어요."

그렇게 얘기를 마친 수정 팀장은 격려하듯 선수의 어깨를 쳐주고는 자리를 떴고, 선수는 수첩을 챙겨 본인의 자리로 돌아왔다. 그간 쳇바퀴 돌 듯 주어진 일들을 하면서 익숙해서 잊고 살았던, 자신의 마음가짐을 다시 한번 돌아보며, 마음 한구석에 작지만 뜨거운 열정이 피어오름을 느꼈다. '자, 선수, 인제 달려야 할 때다.'

③ 회사에 가치 없는 일은 없다_일의 가치를 스스로 낮추지 마라

코프 T/F에 합류한 지 벌써 3주가 지났다. 3개월 프로젝트로 한 달에 한 번씩 경영진 대상의 경과 보고가 예정되어 있었다. 우리 팀은 다음 주 예정되어 있는 첫 보고 때문에 모두가 매일 야근 중이었다. 아니 야근도 아니고 매일 집에 가서 살짝 눈만 붙였다가 씻고

옷만 갈아입고 다시 출근하는 수준이었고, 주말에도 비슷한 상황이었다.

그런 생활을 이어 가던 어느 날 핸드폰이 울렸다. 보미였다.

선수와 대학에서 만나 연애중인 보미는 현재 금융사에 다닌다. 대학 생활 동안에는 거의 매일 만나 함께 공부하거나 데이트를 하는, 소문난 캠퍼스 커플이었다. 보미가 먼저 졸업 후 사회생활을 시작하였고, 선수는 보미보다 3년 늦게 지금의 회사에 입사했다. 보미의 순탄한 취업에 선수는 자신의 일처럼 기뻐했고, 보미가 입사 후 일에 치여 이전만큼 자주 보지 못하는 건 서운했지만 선수는 그 시간들을 영어, 자격증 공부 등에 할애하며 자신의 미래를 준비했다. 보미가 업무에 적응이 되어 조금은 여유가 생긴 시점이 되자, 이번에는 선수가 취업을 위한 출발선에 서 있게 되었다. 얼른 좋은 회사에 취직하여 내가 번 돈으로 보미와 맛집 투어를 다녀야겠다는 선수의 생각과는 달리, 현실은 호락호락하지 않았다. 꽤 오랜 시간 취준생의 시간을 보냈고, 보미는 항상 선수의 곁에서 묵묵히 응원했었다. 선수는 꾸준한 노력 덕에 결국 지금의 회사에 취직을 했고 본인의 월급으로 맛집도 가고 대학 때는 생각도 못한 뮤지컬, 콘서트도 즐기며 보미와 즐거운 시간을 보내왔다. 이제 곧 서로 연애를 한 지 8년이 넘어간다. 이제는 미래에 대한 얘기를 해야 할 때가 된

거 같은데, 아직은 가진 것도 없고 이룬 것도 없다. 보미도 그런 선수의 마음을 모르는 건 아닌 듯 하지만, T/F를 하면서 여유를 내서 보지도 못하고 전화 통화도 잘 못하는 시간이 길어지니, 선수가 비혼주의자인 건 아닌지, 또는 딴 사람이 생긴 건 아닌지 이런 생각들이 '선수' 응원단장 보미에게도 생긴 듯하다.

"지이잉~ 지이잉~"

보미의 전화라는 것을 확인 한 선수는 전화기를 들고 비상구로 나갔다.

"어 보미야, 나 오늘도 야근 중이야."

"카톡을 몇 번을 보냈는데 안 보길래 혹시 싫어 전화를 했더니 아직도 일해? 회사 일 혼자 다해? 오늘이 무슨 날인지 잊었어?"

선수는 멍한 머리를 추스리며 생각했다. 아, 맞다. 오늘은 보미 어머니의 생신이었다. 모시고 저녁 식사를 하기로 했는데, 아침만 해도 생각하고 있었는데, 일에 빠져 까마득히 잊었다. 시계를 보니 이미 6시반, 약속장소인 여의도까지 아무리 빨리 가도 8시가 넘는 상황이었고 퇴근 전에 마무리할 일도 남아 있었다.

"보미야, 진짜 미안해. 아무래도 오늘은 안 되겠다. 지금 달려가도 너무 늦고 일도 마무리를 못했고. 어머님께는 따로 죄송하다 말씀을 드릴 테니 네가 부모님 모시고 식사해야겠다. 미안해."

선수는 T/F 발령 때부터 이런 상황이 벌어질까 봐 걱정을 했었다. '일이 뭐라고 이렇게까지 해야 하고, 내 개인의 삶과, 소중한 사람과의 관계를 이렇게 안 좋게 만들어야 할까?' 생각하며 보미에게 계속 미안하다는 말만 하고 전화를 끊을 수밖에 없었다. 보미와의 통화 후, T/F 이전의 생각들과 걱정들이 다시 떠오른 선수는 자리에 돌아와 우울한 표정으로 다시 일을 시작하였다.

다음날, 경영진 보고를 위해 부문장에게 먼저 지금까지 경과를 보고하는 자리가 마련되었다. 수정 팀장과 T/F 멤버 전원이 함께 보고하는 자리에 참석하였고, 보고를 받은 다니엘 부문장이 이야기했다.

"고생이 많네요. 현재까지는 순조로운 거 같고, 생각한 것보다 진척이 빠르네요. 고맙습니다."

다니엘 부문장은 만족한다는 듯한 표정으로 이야기를 이어갔다.

"이제 시작인데 벌써 이렇게까지 준비하신 여러분께 진심으로 감사드립니다. 이 프로젝트는 회사의 사활이 달린 중요한 프로젝트의 시작입니다. 우리 회사의 미래 먹거리를 찾는 매우 중요한 업무로 각 팀에서 우수한 팀원들을 뽑아 T/F를 꾸렸습니다. 여러분이 현재 성과가 잘 나오고 있는 기존 부서에서도 당장은 회사가 더 큰 수익을 낼 수도 있겠지만, 회사는 그보다 미래를 더 중요시하고 있습니다. 그래서 이렇게 우리 T/F가 발족한 것이고, 그만큼 회사에서 매우 중요한 일을 하고 계신 겁니다. 정말로 고생 많으셨습니다."

다니엘 부문장은 이야기 후, 회의실 나와 집무실로 향했다. T/F 팀원들도 회의실을 나와 각자의 자리로 복귀 후 안도의 한숨을 내쉬었다. 하지만 선수는 지금의 상황이 너무 답답한 나머지 바람을 쐬기 위해 바로 회사 밖으로 나갔다. 선수는 회사 밖에서 한참을 서성이며 먼 하늘을 바라보고 있었다. 이때 담배를 피우기 위해 밖으로 나온 다니엘 부문장이 깊게 한숨을 쉬고 있는 선수의 모습을 보았다.

"선수 선임, 무슨 한숨을 그렇게 깊게 쉬어요. 무슨 걱정 있어요?"

깜짝 놀란 선수는 아무 일도 아닌 듯 정중하게 인사하며 사무실로 돌아가려고 돌아섰다. 이때 다니엘 부문장이 시간 되면 커피 한잔 하자고 제안하였고, 선수와 다니엘 부문장은 함께 근처 커피숍으로 향했다.

"선임님 무슨 걱정 있어요? 표정이 왜 그렇게 안좋아요?"

다니엘 부문장의 질문에 머뭇거리다가 답답한 마음으로 답변 같은 질문을 했다.

"부문장님, 아까 보고 후 말씀 중에 저희 업무가 매우 중요한 업무라고 하셨는데, 저는 솔직히 납득이 잘 가지 않습니다. 현재 우리 T/F 업무가 우리 회사의 주요 사업과 전혀 상관이 없는 일이고, 우리 회사보다 먼저 본 사업에 진출한 회사들도 이렇다 할 성과를 못 내고 있는데 왜 이렇게까지 해야 하는지 모르겠습니다."

선수의 이야기를 들은 다니엘 본부장은 T/F 팀원들이 이런 생각을 하고 있을 거라고 이미 생각을 했다는 듯이 이야기했다.

"선임님이 걱정하는 부분에 대해 저도 백프로 공감합니다. 저도 선임님처럼 팀원일 때 비슷한 경험을 했고, 내가 지금 뭐하고 있는 거고 왜 이렇게까지 해야 하는지 불만이 있었어요. 선임님의 이야기처럼 지금 우리가 하고 있는 업무가 성공할지, 이 프로젝트가 우리 회사의 미래 먹거리가 될 주요 사업이 될지는 아무도 모릅니다. 하지만 지금 하고 있는 T/F 업무가 가치 없는 일이라고, 속된 말로 '삽질'을 하고 있다고 생각하지 않았으면 좋겠어요. 그리고 일의 가치는 누가 만들어 주는 게 아니고 본인 스스로 어떤 일을 하고 있는지 잘 생각해 보고 스스로 부여해야 한다고 생각해요. 저는 작은 일이라도 그 일을 하고 있는 본인이 어떻게 생각하느냐에 따라 일의 가치가 부여된다고 생각합니다."

안 좋은 표정으로 이야기를 듣고 있는 선수를 바라보며, 커피 한 모금을 마신 다니엘 부문장은 이야기를 이어나갔다.

"지금 제 이야기가 선임님의 걱정을 얼마나 덜어줄지 모르겠지만, 한 가지 확실한 것은 지금 이 프로젝트는 회사의 어떤 일보다 더

가치 있는 일이고 중요한 일이라는 점이예요. 그래서 선임님처럼 각 부서의 에이스들을 모아 T/F를 구성한거고요. 요즘 T/F 멤버들이 얼마나 고생하고 있고, 본인들 시간을 빼가면서 얼마나 열심히 하고 있는지 다 알고 있습니다. 저는 우리 프로젝트가 가시화되면 회사의 방향성과 사업이 변화할 거라 믿어 의심치 않습니다. 그만큼 중요한 업무를 하고 있으니 힘드셔도 조금만 참고 끝까지 힘을 내 줄 수 없을까요? 저도 전폭적으로 지원하도록 하겠습니다."

다니엘 부문장과 이야기 후 자리로 돌아온 선수는 걱정과 불만이 사라진 것은 아니지만 지금의 상황을 긍정적으로 바라보려고 노력하며, 다니엘 부문장의 이야기를 되새겨 보았다. 비록 지금은 힘이 들고 이게 뭐하는 짓인가?라는 생각이 들지만 프로젝트 최고 책임자가 인정해 주며, 이 프로젝트가 회사에 가치 있는 일이라는 확신을 주어 기분이 조금은 나아졌고, 아주 조금이지만 나름 보람도 느껴졌다. 그리고 오랜만의 꿈 같은 주말을 그동안 소원했던 보미를 위해 온전히 투자하기로 마음 먹으며 업무를 마무리하기 시작했다.

2 시작하는 힘 2
— 일념

1 일단 해보자 _ 시작이 중요하다

　월요일 아침, 주말 동안 보미와 즐거운 시간을 보내고 또 자신이 하는 일의 가치에 대해 조금이나마 눈을 뜬 선수의 출근길 발걸음이 매우 가벼웠다. 이제는 본격적으로 신규 아이디어에 대한 고민이 필요한 시기였다. 가슴 속 한 구석에서 '일에 대한 열정'이라는 불꽃이 피어 오르기 시작한 선수는 배달 사업 관련된 기사와 정보 등을 구하는 데 최선을 다했다. 일단은 관련 정보를 최대한 많이 끌어 모으는 데 집중하고 배달 서비스 관련 회사에 대한 기사와 정보 그리

274

고 관련 앱 등 검색 포탈에서 배달이라는 검색으로 관련된 정보를 모으기 시작했다. 그리고 어느 정도 관련 내용들이 모아지면 이를 본인만의 기준에 따라 정리하고 또 다시 관련 정보를 모으기 시작했다. 이렇게 배달 관련 정보를 모으고 정리하면서 동시에 유명한 배달 어플 활용을 병행해 보며 무엇 때문에 고객들이 이 회사를 이용하는지, 부족한 것은 없는지 등을 파악했다. 국내는 물론이고 월트 딜리버리, 중국의 메이투완 등 해외의 어플들도 설치했다. 직접 주문은 못하더라도 뭔가 인사이트를 찾기 위해 꼼꼼히 살펴봤다.

"팀장님, 금일 점심은 배달시켜 먹으면 어떨까요? 각자 먹고 싶은 거 다른 배달 어플로 시켜보고 뭐가 좋은지 점심 먹으면서 이야기해 보면 좋을 것 같습니다."

좀처럼 의견을 개진하지 않는 선수지만, 일에 대한 가치를 확인하고 열정이 피어난 선수는 본인 맡은 업무를 보다 다양한 방식으로 접근해 보려고 노력 중이었다.

"그… 그럴까요?"

선수의 갑작스러운 제안에 살짝 당황하였지만, 그래도 주말 이후 표정도 밝아지고 열정적으로 업무에 임하는 선수의 모습을 보고 기분이 좋아진 수정 팀장은 웃으며 말을 이어나갔다.

"그럼 우선 각자 어떤 어플을 쓰고 있는지 이야기해 보고 각 어플을 통해 각자 먹고 싶은 음식을 시켜 봅시다. 그리고 배달 온 음식은 서로 나눠 먹으면서 배달 어플별, 개선이 필요한 사항이 무엇이 있을지 이야기해 보는 건 어떨까요? 커피랑 디저트는 제가 시킬게요."

수정 팀장의 이야기가 끝나자 팀원들 모두 각자 주로 사용하는 배달 어플을 공유하고 본인들이 먹고 싶은 음식을 시켰다. 점심식사를 하며 배달 어플 관련 각자의 생각을 이야기하였고, 선수는 이를 잘 메모하여 지금까지 모아둔 자료에 정리한 내용을 추가했다.

점심 식사 후 다시 업무 시간이 되었고, 선수는 다양한 측면으로 여러 배달 서비스 현황을 확인해 보고자 조용한 곳에서 고민을 하다가 '과연 어떤 물품까지 배달이 될까?'라는 궁금증이 생겨 관련 내용을 또 마구잡이로 수집하기 시작했다. 이렇게 몇 차례 고민하고 정보 수집을 반복하던 선수는 순간 '내가 뭐하고 있는 거지?'라는 생각이 들었다. 다양한 측면으로 배달 관련 내용만 찾고 정리하고 또 찾고 정리하고를 반복하였지만, 특별한 개선 사항이나 새로운 무언가는 전혀 찾지 못하고 있었다. 오히려 배달 관련 내용만 찾으면 찾을수록 '다른 회사에서 이미 다 선점한 레드 오션에서 우리가 어떻게 하면 시장의 판도를 재편할 수 있을지, 한 번 익숙해진 소비자를 우리의 서비스로 옮겨오게 할지 뚜렷한 아이디어가 떠오르지 않았다. 지식과 정보는 그간 충분히 찾았다 싶었지만, 가시화되는 아이디어가 없으니 그 막막함을 다시 검색과 정보수집에 온전히 몰두했다. 효율은 다소 떨어질 수 있지만 '기존 서비스 업체들이 다들 잘하고 있는데 어떻게 하지?' 라는 막연함에서는 한발 빠져나온 느낌이었다.

 2 **아는 것이 전부가 아니다_시야를 넓히자**

배달 서비스 정보를 수집하고 정리하는 것을 반복하며 뭔가 뚜렷한 돌파구를 찾지 못하던 중, 일이 있어 T/F 사무실이 있는 층에 왔던 션 선임이 T/F 사무실 근처를 지나가다 고개를 깊숙하게 숙이고 고민하는 선수 선임을 봤다.

"선수 선임님! 또 무슨 걱정 있어요? 머리는 왜 그렇게 쥐어뜯고 표정은 대놓고 '나 걱정 있어요.'라고 써 있어요? 또 무슨 일이에요?'"

"다른 게 아니고요. T/F업무가 쉽지 않네요. 배달사업 관련 신사업을 찾아야 해서 배달 관련된 모든 내용을 수집하고 정리해 보는 중인데 딱히 개선이 필요한 사항도, 새롭게 시도할 사업도 안보이고. 기계처럼 관련 정보만을 모으고 정리, 또 모으고 정리만 반복하고 있는 것 같아서 답답하네요."

마침 션 선임이 반가웠던 선수는 본인의 고민을 션에게 토로했다. 그리고 선수의 이야기를 들은 션 선임은 웃으며 말했다.

"선수 선임님, 저는 뭔가 창의적인 일을 하거나 아이디어가 필요할 때 완전 엉뚱한 새로운 무엇인가를 해요. 그러다 보면 새로운 것들이 보이고 생각 나더라고요. 얼마 전 본 책에서도 '관심 있는 일을 하다 막힐 때는 전혀 무관한 새로운 분야로 관심을 돌려볼 것'이라는 문구를 봤거든요. 다른 의미로는 시야를 좀 더 넓게 높게 보려 하는 거죠. 선임임도 지금 어딘가 막혀 있는 것 같으신데 완전 생뚱맞은 딴짓을 해보시면 어떨까요?"

션 선임은 선수에게 이렇게 이야기하며 본인의 생각을 추가로 더 전달했다.

"새로운 것을 찾으셔야 하니 배달 관련 내용을 빼고 그냥 요즘 세대들은 무엇에 관심이 있는지, 무엇을 하고 노는지 알아보시는 것도 좋을 것 같아요. 물론 젊은 세대 뿐 아니라 우리 부모님 세대 그리고 우리들은 무엇에 관심이 있고, 어떻게 살고 있는지 등에 대해 알아보는 거예요."

이렇게 이야기하며 션 선임은 핸드폰을 꺼내 본인이 주로 사용하는 어플을 소개했다.

"제가 운동화에 관심 많은 거 아시죠? 'Kream'이라는 어플인데 한정판 운동화부터 구하기 힘든 아이템을 사고 팔 수 있어요. 나이키 운동화가 사고 싶어서 나이키 매장에 가거나 나이키 온라인 매장에서만 사는 게 아니고.. 한정판은 구하지도 못하는데 여기서는 돈만 있으면 살 수 있고, 그 가치로 어떤 모델이 인기가 있는지를 바로 알 수 있죠. 기존에 우리가 알고 있던 전통적인 온라인 상거래와는 다른 소비 패턴을 제공하는 거죠."

션의 이야기를 들으면서, 선수의 머리에는 작은 파장이 일었다.

'왜 그동안 나는 배달이라는 단어에 꽂혀서 그 안에서만 답을 찾으려고 했을까? 그러니 이미 다른 회사들이 자리 잘 잡고 있고 비집고 들어갈 틈이 없다고만 원망하면서. 조금만 시야를 넓히고 높여보자. 분명히 게임 체인저가 될 수 있는 아이디어들이 세상 어딘가에 있을 거야.'

이렇게 생각하며 션 선임에게 고맙다 인사하고는 서둘러 팀장에게 외근을 신청하고 밖으로 나갔다.

그렇게 사무실을 나온 선수는, 뚜벅뚜벅 지하철역을 향해 걸으며 어디로 갈지를 생각했다. 머릿속에 불현듯, 코엑스가 떠올랐다. "그래, 그곳에 가면 전시회도 하고 있을 거고, 쇼핑몰과 서점 등에 많은 사람들이 있을 테니 한 번에 다양한 아이디어를 얻을 수도 있겠다." 하며 검색을 해보니 코엑스 전시장에서는 '서울 국제 주류&와인 박람회'가 진행중이었다. '뭐, 지금 내가 고민하는 사업도 먹거리 서비스이니 어쩌면 좋은 아이디어를 얻을 수 있겠다' 생각하며 삼성역을 향해 지하철에 올랐다.

선수는 평소 광역버스를 타고 출퇴근을 하는지라, 지하철을 자주 타는 편은 아니었고, 지하철을 타는 경우에도 보미와 함께 있을 때는 수다 떨기, 혼자일 때는 SNS나 유튜브 보기를 주로 했었다. 오늘 선수에게는 아이디어가 간절했다. 스마트 폰은 잠시 접고 지하철 안의 사람들, 특히 젊은 세대 들을 주로 관찰했다. 지하철을 타고 가는 내내, 대학생 정도로 보이는 많은 요즘 새대 들은 쉴새 없이 엄지손가락을 위로 올리며 스마트폰을 보고 있었다. 그들의 화면을 유심히 봤더니 엄지를 위로 올리는 그 화면들은 틱톡, 릴 등 숏폼 서비스가 아니면 인스타그램이었다. 특히, 좀 더 어려 보이는 친구들이 숏폼 영상을 보는 비중이 높았다. 광역 버스로 출퇴근하며 본인의 스마트폰을 보거나 부족한 수면을 채우기에 급급했던 선수에게, 삼성역까지 이동하며 요즘 세대들의 모습을 보면서 말로만 듣던 숏폼 서비스의 위력을 실감했다.

삼성역에서 내려 코엑스로 향하면서 지하철역 내 양쪽 벽을 가득 메운 아이돌 생일 축하 광고판에 다시 한번 놀라며, 보미와 종종 코엑스에 놀러오던 몇 년 전과는 다르게 세상이 빠르게 변화하고 있음을 느꼈다.

코엑스 A홀에서 진행되는 서울 주류&와인 박람회에 입장했다. 안내서를 보니, 15개국 약 300개의 업체가 참여했다고 적혀 있었다. 그중 선수의 눈에 띄는 건 우리 전통주나 와인을 소비자에게 직접 유통하는 업체들이었다. 전시 부스에 나와 있던 업계 분들과 얘기하면서 전통주 이외의 주류는 온라인 판매가 불가하다는 점을 알게 되었고, 그나마도 온라인 판매가 크게 활성화되어 있지 않다 보니, 구독과 같은 고정적인 매출을 일으킬 수 있는 서비스를 만들고, 이 서비스의 구독자를 늘리기 위해 다양한 방법을 모색하고 있음을 알 수 있었다. 주류 제품의 특성 상. 소비자의 마음에 든다면, 지속적인 구매가 이어질 것이고 또 대부분의 주류가 비교적 장기 보관이 가능한 점을 고려하면 구독 서비스는 꽤나 주류 산업에서 유효할 가능성이 높아 보였다. 그렇게 명함을 내밀고 부스의 업계 분들과 얘기를 주거니 받거니 하다 보니, 상당히 많은 양의 전통주와 와인을 시음했다는 느낌이 들었다. 위험하다는 생각이 들 때쯤 전시장을 나왔다. 그러고는 인근 인터× 호텔 로비에서 커피를 한잔 마시며 정신을 좀 가다듬고는 집으로 향했다.

다음날 아침 선수는 출근하자 마자 팀원들에게 메일을 썼다.

'팀원 여러분! T/F 업무로 매우 바쁘실 텐데 혹시 괜찮으시다면 금일 점심시간에 미팅 좀 할 수 있을까요? 여러분과 꼭 함께 논의해 보고 싶은 주제가 있어서요. 점심은 워킹런치(점심을 먹으면서 동시에 업무를 하는 것)로 제가 햄버거 쏘겠습니다. 꼭 참여 부탁드립니다.'

그렇게 오전 시간이 흐르고 점심시간이 되었다. 선수는 어제 본인의 경험과 '배달 관련 사업만 국한하여 분석하는 우리의 모습'을 설명했다. 그러면서 T/F 팀원들의 시야를 넓혀 다양한 관점에서 새로운 사업 모델을 구성해 보는 것이 좋을 것 같다며, 어제 본인이 고민한 아이디어들을 팀원들에게 공유했다.

"요즘 세대들은 길게 오래 보는 것보다 짧게 많은 것을 보는 것을 좋아하는 것 같습니다. 그래서 알아보니 숏폼 콘텐츠가 인기더라고요. 그리고 본인이 많은 고민을 해서 고르기 보다는 알아서 척척 해

주는 것을 좋아하는 성향도 있고, 출산이 처음인 부부나 다양한 체험을 하고 싶은데 아는 정보가 없어서 무엇을 못하는 등….”

이렇게 그간 고민한 생각들을 풀어내며 팀원들과 현재 하고 있는 배달 사업에서만 찾지 말고 사고를 확장해서 다른 서비스 와는 다른 무엇을 찾아보자고 이야기했다. 수정 팀장도 좋은 생각이라며, 사고의 확장을 위해 하루에 1시간씩 창의시간을 갖자며, 희망하는 시간에 사무실이 아닌 다른 어디서든 창의적인 활동이나 생각을 하자고 제안했다. 수정 팀장의 의견에 지은 사원은 밝게 웃으며 이야기했다.

“역시 우리 팀장님 최고세요. 창의적인 생각을 하려면 꽉 막힌 사무실보다는 다른 새로운 공간에 가는 것이 좋을 것 같아요. 저도 주말에 머리가 복잡해서 이태원에 있는 ‘그래픽’이라는 곳을 갔었는데 공간 자체가 매우 특이한 구조로 되어 있고, 편안한 의자, 음향 좋은 오디오에 만화책을 보면서 술도 마실 수 있고, 너무 좋았어요. T/F 시작 전에 갔었던 ‘소전 서림’이라는 곳은 비싼 입장료를 받는 개인 도서관이에요. 종일 이용권이 5만원인가 그랬는데, 매우 안락한 분위기에서 자기 자신만의 프라이빗한 도서관을 즐길 수 있어서 돈이 아깝다 라는 생각은 들지 않았어요. 그 자체가 체험해 보지 못한 경험을 제공하는 것이니까요. 머리도 무거운데, 밖으로 나가볼까요?"

회의가 끝난 후 선수는 계속적으로 사고를 확대해 가며 새롭게 떠오르는 아이디어를 팀원들에게 공유했다. 팀원들도 본인의 창의 시간을 통해 떠오른 아이디어들을 서로서로 공유하고 선수가 이를 취합했다. 그렇게 며칠이 지나고 수정 팀장이 선수를 불렀다.

"선수 선임, 이제 사고의 확장은 어느 정도 된 것 같아요. 우리에 게는 T/F 종료 시점이 정해져 있으니 이제는 사고를 좁히는 작업을 해보면 어떨까요? 선수 선임이 제안한 사항이니 그동안 팀 내 확보 된 아이디어를 가지고 선택과 집중을 할 수 있었으면 좋겠어요."

선수 성격상 이렇게 아이디어를 제안하고 회의를 주관한 것도 대 단한데 팀의 방향성을 잡는 업무를 하라고 하니 부담을 느끼며 표 정이 점점 어두워졌다. 수정 팀장은 이런 선수의 표정을 읽었지만 선수가 분명히 할 수 있다고 믿었고, 이 기회를 통해 선수가 한 단계 더 성장할 수 있다고 생각하며 별 다른 말없이 업무를 계속했다.

자리로 돌아온 선수는 한숨을 쉬며 무엇을 어디서부터 어떻게 해 야 할지 고민하다 일단은 그동안 팀원들과 함께 발산한 아이디어 취합 파일을 열었다. 그리고 어떻게 정리해서 선택과 집중을 할 수 있는 아이디어를 뽑을지 고민하다 금년도 상반기에 수강한 문제 해 결방식 관련 교육이 떠올랐다. 무엇인가 방법이 있을 것 같은 느낌을 받은 선수는 지난 교육의 교재를 펼치며 하나하나 복기를 했다. 그리고 수많은 아이디어들을 어떻게 그룹핑 해서 어떠한 기준으로 우선 순위화를 할지 등을 고민했다. 그러면서 지금까지 나온 아이디어들을 보며 정말로 다양한 것들이 있고 '팀원들이 참 창의적인 아이디어를 많이 줬구나' 하면서 점점 업무에 빠져들었다.

6 3 유지하는 힘 1
— 전념

1 딥워크하라

"선임님"

"선임님"

"선수 선임!"

누군가 선수의 어깨를 툭 쳤다. 이런, 흐름이 깨졌다. 미간에 힘을
주고 돌아봤다. 션 선임이었다.

"아, 션 선임님!"

"메신저도 안 보고, 몇 번을 불러도 기척이 없길래 와봤어요. 뭘

그렇게 빠져 있어요?"

"곧 보고가 있어서 수요 분석 자료 만드는데, 여러 시사점 중 어떤 부분에 주목하는 게 맞는지 고민하고 있었어요. 조사하다 보니까 진짜 재밌는 게 많아요. 온 김에 한 번 들어볼래요? '텐박스'라고 임산부를 대상으로 배송 서비스를 하는 곳인데, 임신 기간 동안 한 달에 한 번씩 필요한 영양제나 사용할 물품을 알아서 배송해 주는 서비스에요. 몸의 변화도 당황스러운데, 친정 언니가 때 되면 알아서 챙겨주는 것 마냥 택배 상자가 도착하니까 임산부들 사이에서 꽤 인기 있더라고요. 요즘 또 수요가 급증한 것 중에 '고마워 반찬'이라는 곳도 있어요. 코로나19 덕에 마트에서 한창 밀키트 유행이었잖아요. 밀키트만 집중적으로 서비스 하는 곳인데, 집 밥 이상으로 퀄리티가 좋아서 서비스 권역을 넓혀 달라는 요청이 폭주하나 봐요. 후기를 보니까 워킹맘 만족도가 진짜 높더라고요. 애들이 엄마표인 줄 알고 "고맙습니다." 하는데 노코멘트 했다나? 엄마들 사이에선 죄책감 덜어주는 서비스로 유명해요. 아참, 선임님 고기 좋아하죠. '마장동 소도둑단'이라고 아세요? 우리가 다른 건 다 배달시켜 먹어도, 고기엔 진심이니까 꼭 눈으로 확인하고 사잖아요. 그런데 이걸 대신해 주는 곳이 있는 거죠. 마장동 축산시장 10곳에서 일단 물건을 받는다 해요. 그리고 나선 블라인드 테스트를 한다네요. 그렇게 해서 선별된 고기만 배송한다 하니 동네 정육점 보다 나은 거죠. 이것도 정기적으로 보내주는데, 요즘 1인가구, 2인가구 많잖아요. 우유 배달 받듯이 필요한 양만큼만 신선한 상태로 배송되는 거에요. 진짜 세상 좋아지지 않았어요? 이젠 돈만 벌면 되겠어요. 아 맞다. 선임님 LP 매니아죠. LP도 구독 되는 거 아세요…?"

"저, 잠깐만요, 죄송해요. 제가 점심 전까지는 자료 보내기로 해서 뭐 하나 확인하려고 했어요."

이런, 여태 뭐한 건가. 혼자 떠들어낸 것이었다. 선수는 순간 한없이 민망해졌다.

"죄송은요. 제가 죄송하죠. 급한 줄 모르고, 제 얘기만 신나서 했네요. 어서 말씀하세요."

"상반기 결산자료 있잖아요. 파일 버전이 여러 개라 어떤 게 최종인지 헷갈리더라고요. 제가 서버 링크 드릴 테니까 확인 좀 해주실래요? 한참 업데이트 시키는데, 안 맞는 부분이 있는 게 3일 동안 뻘짓 했나 싶더라고요. 바로 확인 좀 부탁드려요. 메신저로 보낼게요."

바로 메신저로 링크가 왔고, 광속으로 답변했다. 다행히 파일은 맞았고, 탭에 있는 정보만 일부 수정하면 되는 수준이었다. 선수의 업무를 백업하면서 발생한 일이라, 더 미안할 뻔했는데, 천만다행이었다.

288

바로 점심 시간, 션 선임과 마주치는 걸 피하고 싶은 선수는 사내 식당을 뒤로 하고 급히 건물 밖으로 나갔다. 샌드위치 하나 사 들고, 공원 한 바퀴 도는 게 낫겠다 싶었다. 하지만, 좀 전의 장면이 뇌리에서 계속 뱅뱅 도는 게 낯이 뜨거웠다. 누군가에겐 별거 아닌 일이겠지만 적어도 선수에겐 이례적인 일이었다. 질문을 받으면 바로 답 못하고 늘 뜸들인다고 동네 친구들은 '압력솥'이라고 불렀었는데, 묻지도 않은 사람에게 알아서 썰을 풀다니, 난생 처음 겪는 일이었던 것이다. 션 선임이 끊어서 거기까지 했지, 션 선임이 관심 가질 만한 몇 가지를 더 얘기해 주지 못한 점은 아쉬웠다. 내뱉은 말을 늘 후회하던 사람이 더 말을 못해줘서 아쉽다니! 스스로 어리둥절했다.

점심을 마쳤을 무렵, 선수에게 묘한 느낌과 생각이 올라왔다.

'요 근래 하루의 경계가 어딘지 모르게 살고 있던 터라 분명 피곤한데, 이 묘한 만족감은 뭘까?'

감정을 정의해 보고 싶었으나 당최 정체가 뭔지 알 수 없었다.

신선한 경험이라 좀 더 들어가 보고 싶었지만 점심 시간이 끝나가는 터라 분주히 발걸음을 옮겼다.

엘리베이터 앞, 결국 션 선임을 마주치고 말았다.

"밖에 나가서 먹었어요? 아까 내용 재미있던데요."

"그래요? 이따 시간 되면 부르세요. 조사하면서 선임님한테 딱이

다 싶은 게 많았거든요. 아니면, 그냥 미리 약속을 잡을까요? 4시에
커피 타임 어때요?"

② 몰입의 장애요소를 제거하라

흐름을 잘 타다가 요 며칠 이상하게 진도가 나가지 않았다. 주위
의 관심을 많이 받고 있는 신규 사업이다 보니, 윗사람들의 관심도
많았고 개인적으로도 기웃기웃 동향을 파악하려는 동료도 많았다.
또 그때그때 해야 할 일이 많다 보니, T/F내 미팅과 관련 부서 미팅
까지 하고 나면 진득하게 앉아서 실제적인 고민을 하고 작업할 시
간이 턱없이 부족했다.

시장 조사와 수요 조사를 할 때는 한창 재미있었는데, 정작 시사
점을 뽑아내고 사업 타당도에 대한 근거를 찾으려 하니 지지부진해
진 느낌이었다. 선수가 팀 클라우드에 보고서를 버전1, 버전2…로
업데이트 해갔지만, 수정 팀장도 피드백 하기가 마땅치 않은지 며
칠 지켜보는 눈치였다. 그러다 안 되겠다 싶었는지 선수에게 메신
저를 보냈다.

'선수 선임, 시간 괜찮으면 잠깐 볼까요?'

깜박깜박 메신저 알람이 떴지만 알아차리지 못했다.

"선수 선임!" 책상에 누군가 노크하는 소리를 듣고, 멈칫했다.

"뭐하고 있어요?"

"아, 팀장님, 오늘따라 집중이 잘 안 되어 잠깐 클라우드에 있는 파일 정리 중이었습니다."

"바쁜 거 없으면 잠깐 차 한잔할까요?"

말이 파일 정리지, 영 진도가 나가지 않아 검색 창에 이것저것 키워드를 넣어보며 갈피를 못 잡고 있는 터였다.

21층 카페테리아에 마주앉았다.

선수는 뭔가 딱 걸린 기분으로 온 터라 마냥 편하진 않았지만 레모네이드 한 모금을 들이키니 정신이 돌아오는 듯 했다.

"요즘 어때요? 작업은 잘 돼 가고 있어요?"

"아니요. 솔직히 아닙니다. 영 진도를 못 나가고 있어요. 탁 하고 어디 걸린 느낌입니다."

"우리 팀 에이스가 그러면 안 되는데, 뭐가 문제예요?"

"다음 주에 바로 정기 보고가 있잖아요. 부담이 커서 그런 건지 집중이 안됩니다."

"한참 재미있게 하길래 문제없는 줄 알았는데, 그렇군요. 그렇지 않아도 업데이트 된 내용을 보다 보니 방향성이 왔다 갔다 해서 한 번 정리가 필요하겠다 싶었어요."

"생각은 많은데, 차분히 정리할 시간이 없어서 그런 것 같기도 해요."

"원인으로 생각해 본 거 있어요? 내가 따로 도와줄 게 있으면 말해요."

수정 팀장은 자리를 고쳐 앉는 게 말만 하면 다 들어줄 것 같은 표정이다. 안심하고 속에 있는 얘기를 풀어냈다.

"음… 그러면, 회의를 좀 줄여볼 수 있을까요? 아니다. 회의가 매번 갑자기 잡히는 게 더 영향이 큰 것 같아요. 다른 사람들은 전환이 바로바로 되는 것 같은데, 전 그게 쉽지 않더라고요. 메신저로 즉시 소통할 수 있는 건 좋긴 한데, 늘 재촉 당하는 느낌이라 제 할 일에만 집중하기가 여간 어려워요. 하루가 바쁘게 돌아가니 상대방이 기다리지 않게 해주는 게 필요한데, 이게 최선인가 싶긴 해요. 제가 너무 남 탓만 했나요?"

선수는 말끝을 흐리며 수정 팀장의 표정을 슬쩍 살폈다.

"남 탓이라뇨! 솔직하게 말해줘서 오히려 고마워요. 션 선임만의 특성도 있겠지만 다른 사람들도 비슷하게 느끼고 있을 수 있으니 한 번 팀 내에 꺼내 놓고 얘기해 보죠. 우리가 정신없이 시작하느라 일하는 방식에 대한 룰을 정하지 못하고 지나간 게 있죠. 이제 막 본 게임 시작이니, 더 늦지 않게 정리해 봅시다. 몇 가지만 정리해도 업무 몰입하는 데 한결 나을 것 같네요. 솔직히 나도 마찬가지였던 터라 공감이 바로 됐어요. 다음 회의 때 봐요. 그 회의는 꼭 미리 공지할게요!"

미리 공지한 회의도 바로 다음 날이긴 했지만, 모여서 얘기하다 보니 다들 좋은 의견이라며 바로 아이디어를 보탰다. 우선 T/F 내부회의부터 정례화하기로 했다. 메신저에 대한 답도 2시간 이내에 하는 것으로 합의했다. 물론 급한 건은 별개다. 가장 반가워했던 아이디어는 돌아가면서 사무실 배경음악용 플레이리스트를 공유하는 것이었다. T/F만의 공간이 별개로 있기 때문에 충분히 가능한 일이었다. 가사가 없어야 한다는 제약 조건이 있긴 했지만 백색소음 마냥 집중도를 높일 수 있었다. 회의 말미에 지은 사원이 한 마디 하는데 솔직히 모두가 자극받은 눈치였다.

"그렇지 않아도 이번 3개월이 진짜 중요하잖아요. 집중해서 달리다 보니까 열심히 한 것에 대한 보상 심리가 있어서 그런지 잠 자기 전에 꼭 의식을 치르더라고요. 인스타그램에 들어갔다가 유튜브 구독 채널 업로드 된 거 몇 개 보다가 마무리는 '당근마켓' 스크롤 하면서 끝나는 거예요. 그렇다고 거래를 하냐? 안 해요! 한동안 하다 보니까 수면 패턴도 엉망이 되어서 며칠 전에 눈 딱 감고 앱 다 지워버렸습니다. 며칠 금단증상이 있긴 한데, 바로 적용되더라고요."

회의를 마치고 자리에 돌아온 선수는 본인도 앱을 즉시 삭제하고 싶었으나 바로 따라 하기 멋쩍었는지 책상 정리를 시작했다. 마블 히어로 피규어와 보미와의 사진 액자, 서칭 자료더미가 뒤섞여 있는 게 꼭 본인의 복잡한 머리 속을 들킨 것 같았기 때문이었다.

③ 의도적인 연습과 집착을 하라

선수는 이 핑계, 저 핑계가 많았지만 겨우 마음을 다잡았다. 이번 엔 개인 보고라서 피할 곳도 없었다. 며칠밖에 남지 않아 초조했지만 '몰입의 가장 강력한 동력은 데드라인'이라는 이론은 진리였다. 가까스로 일정에 맞춰 보고서 작업을 완료할 수 있었다. 급하게 파일을 전송하고 수분 후 수정 팀장에게 갔다. 중간 보고 격이라 꽤 신경이 쓰였다. 그래도 극도로 집중해서 한 작업이라 그런지 꽤 마음에 들었다.

"팀장님, 메일 드렸는데, 살펴보셨을까요?"

잠시지만 정적이 흘렀다.

'늘 명확하게 얘기하는 분이 왜 이러시지?' 수정 팀장의 표정을 살폈다. 미간에 힘이 들어간 게 어떻게 피드백 해야 할지 고심하는 눈치였다.

"선수 선임, 솔직히 무엇을 말하고 싶은 건지 모르겠어요. 선수 선임이 경영진이라면 투자해 볼 만하다고 판단할 수 있겠어요? 어떤 점에 설득되어야 하는 건지 적극적으로 살펴봤는데, 들여다보면 볼수록 혼란스러워져요. 이전 초안에서 더 발전된 버전을 기대했는데, 전혀 새로운 안이 제시되니 제가 아직 미처 파악하지 못한 부분도 있을 거예요. 어떻게 생각해요?"

이걸 어쩌나!

선수는 피드백을 받아 일부 수정할 생각이었는데, 재작업 해야할 수준으로 의견을 준 거였다. 결론적으로 보고서의 로직에 전혀 설득력이 없다는 것이다. 업그레이드를 위한 논의를 좀 더 해보려고 시간도 빼 두었는데, 통째로 흔들리니 더 이상 할 말이 없었다.

생각지도 못한 뼈아픈 피드백이었다. 구두로 몇 가지 보충 설명을 드렸지만 말을 할수록 꼬이는 느낌이 들었다. 나름 영혼을 갈아넣어 작성한 건데 그걸 모를 리가 없는 수정 팀장이 그렇게 딱 잘라지적하니 내심 서운했다. 다음은 지은 사원의 보고 차례였다. 슬쩍 보니 몇 장 되지도 않는다. 수정 팀장이 쓱쓱 넘기며 한 두 가지 확인하더니 금세 마무리되었다. 질문하는 걸 보니 내용도 대략 알고 있는 눈치다. 선수는 이게 무슨 상황인지 어리둥절했다.

자리에 돌아오는 길에 노아 팀장을 찾아 보고서를 보여줬다. 제삼자가 봐도 그 정도로 혼란스러운지 확인받고 싶었기 때문이다. 하지만 동일한 피드백이었다. 내용이 있을 건 다 있는 것 같은데, 장표 마다 핵심 메시지가 명확하게 보이질 않아 읽히지 않는다는 것이다. 노아 팀장은 '보고받는 사람 관점에서 고민해 보면 흐름이 더 잘 잡힐 거야'라며 선수의 어깨를 툭 치곤 회의가 있다며 서둘러 자리에서 일어났다. 씁쓸했지만 어떤 부분을 개선해야 할지 어렴풋이 감이 잡혔다.

퇴근 길에 서점에 들렸다. 우선 디자인센터 센터장의 사내 특강에서 강추했던 『Stick 스틱』이라는 책부터 장바구니에 담았다. 이외 논리 구성과 메시지를 효과적으로 표현하는 방법에 대한 도서 서너 권을 추가로 챙겨 들었다. 며칠 읽다 보니 그 정도로 피드백 받은 게 다행이다 싶을 정도로 부끄러워졌다.

선수는 다시 한번 보고서를 고치기 시작했다. 하고 싶은 메시지를 정하고, 경영진의 궁금증은 무엇일지 시뮬레이션 해보면서 순서를 재배치했다. 장표마다 타이틀을 다시 뽑았고, 그 타이틀에 맞춰

가독성을 높일 수 있는 구조로 디자인 했다. 과감히 몇 장은 삭제해 버렸다. 대략 마무리 된 것 같았지만 꺼림칙한 느낌이 영 가시질 않았다.

턱을 괴고 한참 고심하던 중 지은 사원이 눈에 들어왔다. 자존심이 올라와 잠깐 망설여지긴 했지만 프로젝트 이해도가 가장 높은 동료라 의미 있는 피드백을 들을 수 있을 것 같았다. 잠깐 미팅 요청을 하고 보고서를 내밀었다. 너무 잘 알고 있는 동료라 자세히 설명할 것도 없었다. 역시 얻는 게 있었다. 본인 파트와 연결해서 중복은 피하고 메시지 선후 관계를 따져 가져올 부분과 넘길 부분을 정리해줬다. 그렇게 하고 보니 선수가 맡은 부분의 메세지가 훨씬 명료해졌다.

그렇게 보고서 파일을 저장했지만 여전히 해소되지 못한 부분이 있다. 분명 고심해서 그린 장표였는데, 설명하다 보면 설득력이 반감된다는 것이다. 네모 동그라미 몇 개 그려두고도 의미를 한껏 담아 잘 전달하는 사람도 있던데, 난 왜 이렇게 꼬이는지… 나아질 방법을 꼭 찾고 싶었다.

문득 명함 하나가 떠올랐다. '이든' 이라고 외부 세미나에서 만난 아주 독특한 사람이 건넨 것이다. 떡 하니 본인 얼굴을 박아 넣은 명함을 건네면서 중요한 자리에서 스피치 할 일 있으면 연락하라는 것이었다. 명함을 받아 들면서 '웬 오지랖인지' 싶었지만, 이럴 때 쓰라고 내민 카드였나 보다.

혹시나 해서 검색창에 이름을 넣어봤다. 와우! 몇 년 사이에 유명인이 되어 있었다. 이 정도였어?! 가볍게 전화해도 될는지, 기억이나 할지 걱정이 앞서지만 목마른 놈이 우물을 판다고 했나? 명함 앱을 열어 바로 전화 연결을 시도했다. 연결음 세 번이 다 울리기 전에 반갑게 인사를 건네는 소리가 들렸다.

"오랜만이에요. 잘 지냈죠? 전선수! 이름이 인상적이라 한 번씩 생각났는데, 연락을 다 줬네요. 무슨 일이에요."

몇 년 알아오던 사람마냥 이름을 불러주니 순간 멈칫했지만 선수도 평상시 보다 한 톤 올려 대화를 이어갔다. '이든'이라는 이름이 예명이 아니라 착하고 어질다 라는 뜻의 순 한글이라는 등의 사담을 잠깐 나누다 본디 궁금했던 이슈를 툭 꺼내놓았다.

"솔직히 지금 족집게 과외가 필요하거든요. 자꾸 보고 할 일이 생기는데, 설명만 시작하면 어딘가에서 막히는 게 너무 답답해서요. 언제든 편하게 연락하라고 하셨던 게 생각나서 전화 드린 건데, 결례가 안됐는지 모르겠습니다."

"급하다고 하니까 특급비법 하나 얼른 알려줘야겠네요. 녹음하고 들어봐요! 말로 먹고 사는 직업이라 오만 가지 방법을 다 써봤는

298

데, 이만한 게 없어요."

말로 해보면 매끄럽지 못한 부분이 어느 부분인지 알 수 있고, 녹음된 메시지를 제3자의 입장에서 듣다 보면 상대방에게 어떻게 읽히고 들릴지 미리 가늠해 볼 수 있다는 설명이었다. 5분 남짓한 통화였지만 큰 도움이 되었다. 망설이면 스스로 부끄러워 실행이 안될 것 같아 그 길로 1인 룸을 찾았다. 녹음하고 듣기를 몇 번 하면서 메시지, 구조, 디자인을 다시 만졌다. 소소한 변경이었지만 한층 업그레이드 된 느낌이었다. 물론 아직까지는 선수 스스로의 자평이었다.

보고서 정리를 마친 선수는 다음 날 아침 수정 팀장에게 재보고를 했다. 수정 팀장은 매우 흡족했는지 격양된 목소리로 부담감을 안겨주었다. 며칠만에 급 반전이었다.

"완전 잘 읽히고 이해가 바로 되는데요? 이 보고서로 본부장님께 보고 바로 하시죠. 물론 선수 선임이 직접 보고하는 걸로 준비해 주세요."

그리고, 한마디 덧붙였다.

"다음부터는 중간 보고까지는 아니라도 저와 수시로 논의했으면 좋겠어요. 솔직히 이번엔 다행히 결과물이 좋았지만 고군분투하며 보고서 작성한 선수 선임한테 재작업을 요청할 때 저도 마음이 안 좋았거든요. 하여간 이번 보고서 작업하느라 정말로 고생 많았어요. 잘 해낸 거 축하해요!"

1막을 잘 마무리한 듯하여 가슴을 쓸어내렸다. 하지만 바로 본부장 보고라니, 2막을 직접 열어야 할 선수는 다시 걱정이 앞섰다.

4 유지하는 힘 2 — 집념

① 되게 하는 힘 _ 밀어붙여라

다시 거울을 보고 섰다. 옆으로 한 번 앞으로 한 번, 자세를 몇 번 고쳐봤다. '너무 진중해 보이나? 괜찮나? 그래도 신사업 발표인데, 범생처럼 보이면 오히려 마이너스일 거야! 여기에 조끼를 걸치면 좀 나아 보이려나? 아니다. 관두자.' 중얼중얼거리며 이번에도 뒤로 또 한 꺼풀 벗어던졌다. 선수의 원룸은 쌓여가는 옷들로 더 좁아보였다. 초조함에 힐끗 시계를 한 번 올려다보더니 휴대폰을 꺼내 들었다.

"보미야, 출근 준비 중이지? 나 옷 좀 봐줘."

"어디 가? 무슨 일인데? 나 오늘부터 지점으로 출근해야 해서 빨리 나가봐야 해."

"아 맞다. 그렇지! 빨리 말할게. 오늘 본부장 발표자가 나야. 맨투맨 티에 운동화만 신고 다니다 보니까 감을 확 잃었다. 네가 좀 봐주라!"

"그럼 빨리 톡으로 후보 사진 보내."

"알겠어. 바로 보낼게. 고마워"

3개의 스타일을 세팅해서 급하게 전송했더니 '그나마 1번. 주말에 옷 좀 사자! 발표 잘하고~'라고 답이 왔다. 역시 결정하고 보면 결국 처음 게 정답이다. 1시간 동안 뭐했나 싶었지만 오전 발표 일정에 맞추려면 서둘러야 했다.

급하게 회사 회전문을 통과하는데 수정 팀장과 마주쳤다.

"오~멋진데요! 못 알아볼 뻔했네. 준비 단단히 했나 본데, 우리 리허설 좀 할까요?"

"리허설이요?"

"PT 면접 이후로 마이크 잡아본 적 없다면서요. 내가 관객이 돼 줄 테니, 우리 같이 마지막 점검해봐요. 바로 회의실에서 봅시다."

"네. 그럼 바로 준비해서 갈게요. 다른 팀원도 부를까요?"

"아니에요. 더 부담될 테니, 그냥 우리끼리 해요."

선수가 회의실을 들어서니 이미 발표 자료가 띄워져 있었다.

"시간도 빠듯하니 바로 시작할까요?" 수정 팀장은 서둘러서 회의실 앞쪽 조명을 껐다.

생각할 새도 없이 바로 들어가서 당황했지만 그 편이 나았다. 빠르게 인사부터 발표까지 3번 정도 점검했다. 할 만하다는 생각이 들 때쯤 시간을 확인하니 딱 15분 남았다.

"그럼 마지막 점검만 하고 일어날까요? 인사부터 인트로 파트까지만 다시 해봅시다. 이 부분만 잘 넘기면 자신감 붙을 거에요."

'이 시간이 와 버리다니!' 스마트 워치에 심장 박동수가 계속 상승했다.

본부장실에 들어가기 직전 수정 팀장이 한마디 했다.

"선수 선임만큼 내용 알고 있는 사람 없으니 막 질러요! 꼬이면 수습은 내가 해줄 테니까!"

이렇게 든든할 줄이야. 수정 팀장이 순간 큰 산처럼 느껴졌다.

"선수 입장합니다. 박수로 맞이할까요?" 다니엘 본부장의 익살스러운 멘트에 경직된 분위기가 좀 누그러졌다. 연습만이 살길이라고 했나? 의외로 여유 있게 시작을 열었고, 30분이 훌쩍 지났다.

"발표 잘 들었습니다. 아주 흥미로운 방향이 제시되었는데, 궁금합니다. 구독형 배달사업으로 좁혔을 때 사업성이 있을까요? 시장성 검증을 어떻게 해볼 생각이에요?"

수정 팀장이 바로 나서줬다.

"예상 소비자군의 의견을 직접 청취할 계획입니다."

"좋아요. 다음 사장단 발표 때는 그 부분이 보강되면 아주 좋겠네요. 다음 발표자도 선수 선임인가요?"

"네. 그렇게 계획하고 있습니다. 예선 잘 치렀으니 결선 가야죠!"

수정 팀장은 선수를 쳐다보며 대답을 했다. 못하겠으면 바로 말하라는 눈치였다. 선수는 빠르게 제이 책임을 살폈다. 고개를 떨구고 있는 게 별 관심 없어 보이기도 하고, 발표자로 걸릴까 봐 의도적으로 피하는 것 같기도 했다. 그 사이, 거부할 타이밍은 지나갔다.

본부장 회의를 마치고 다시 T/F 사무실에 모였다.

"선임님, 생각보다 발표 잘 하시던데요? 우리가 저 정도로 깊이 있게 고민했었나 싶었어요." '생각보다'라는 표현이 마음에 걸리긴 했지만 '똘똘이 스머펫' 지은 사원의 인정이라 더 진정성 있게 들렸다.

"엄청 긴장했어요. 처음에 목소리 떨려서 당황했는데, 심호흡 한 번 하고 넘기니까 좀 낫더라고요."

선수 선임의 상기된 멘트를 바로 제이 책임이 받아친다.

"완전 속을 뻔했잖아요. 에이! 발표 체질이던데. 앞으로도 발표는 선임님이 도맡으면 되겠어요."

서로 간의 묘한 견제가 느껴졌다. 몇 초간의 정적을 깨고 수정 팀장이 박수로 집중시켰다.

"자자…다음 주 이 시간이 사장단 발표인 거 알죠? 어떻게 더 보강할지 협의하고 밥 먹으러 갑시다. 오늘은 제가 쏠게요!"

"앗! 그러고 보니 그 발표까지 한 주 남은 거군요! 이번엔 발표가 문제가 아니라 충분한 준비가 될 지가 관건인데요. 이게 가능할까요?" 이제야 현실로 돌아온 듯한 선수의 발언에 시선이 모아졌다. 일정 몰랐던 것도 아니면서 아까는 아무 말 않다가 갑자기 왜 그러냐는 눈빛이었다.

"이번에 구체적 실행계획, 경영진 지원 사항까지 발표하는 게 필요했는데, 우리가 방향 잡는데 시간을 쓰느라 거기까지 미처 못 갔죠. 한 주 유예해 줬으니 빠르게 움직여 봐야죠. 우리 뭐부터 할까요?"

"일주일 안에 해내려면 이번엔 전문가의 도움이 절대적으로 필요하겠습니다."

역시 일 얘기로 가니 바로 지은 사원이 빠르게 나섰다.

현실적으로 회의 일정을 연기해야 하는 거 아니냐며 제이 책임이 걸고 넘어졌지만, 프로젝트 일정을 고려했을 때 사장단에게 방향성 검토를 빠르게 받는 편이 낫겠다는 것으로 의견이 모아졌다.

사장단 회의에서 질의응답에 대응하려면 좀 더 명확한 근거가 필요했다. 내부 논리만으로는 쉽사리 넘어가지 못할 것이다. 전문가 의견 청취나 시장 동향 조사 등을 좀 더 세밀하게 해볼 수도 있었지만 바로 소비자 의견을 직접 확인하는 게 낫겠다는 데 모두 동의했다.

그러나 주어진 시간은 일주일. 조사 내용 설계와 대상군 선정, 실제 조사 진행까지 너무 타이트한 일정이었다. 하고 있던 업무의 우선순위를 다시 잡아 잔가지를 뒤로 미루고, 소비자 조사에 집중하기로 했다. 급하게 업체 선정과 소비자 조사 계획 수립을 동시에 진행했다.

꼬박 일주일을 매달려 계획한 일정과 거의 비슷하게 조사 결과를 손에 쥘 수 있었다. 극적인 결과치가 아니라서 고민이 되는 부분이 있었지만 하루 만에 발표 자료를 정리해야 해서 바로 준비에 들어갔다. 발행 시간을 코 앞에 둔 신문사 편집국 마냥 서로 자료를 토스해 가며 팀원 모두가 정신없이 작업에 매달렸다. 그 누구도 저녁 먹고 하자는 말을 꺼내지 않았다. 그렇게 10시를 넘길 무렵, Version 1 파일이 완성됐다.

"이게 되네요." 지은 사원이 뿌듯한 표정으로 말문을 연다.

"와, 일주일 동안 정말 초인적인 힘을 발휘했네요. Version 1이 바로 Version Final이어야 하는 현실이 야속하지만, 이제부터는 발표자 몫이니까 빨리 정리하고 퇴근해요. 내일 9시에 바로 9층 대회의실에서 봅시다."

수정 팀장의 말이 끝나자 일로 에너지를 충전해서 그런지 지은 사원이 애교 섞인 제안을 했다.

"팀장님, 그럼 우리 요 앞에서 맥주 한 잔 사주세요."

"절대 늦으면 안 된다니까! 고 홈! 나는 선수 선임이랑 정리 좀 하고 들어갈게요. 내일 봅시다."

모두 나가는 것을 본 수정 팀장이 선수를 재촉했다.

"바로 본부장님께 메일 써주세요. 이제야 최종안 공유드려서 죄송하다는 멘트 꼭 붙이고! 우리 앞으로 딱 1시간 안에 다 씁시다. 배고파서 더는 못하겠어요."

메일 작성 후 다니엘 본부장에게 전송까지 마무리한 선수와 수정 팀장은 사무실을 정리하고 건물 밖으로 나섰다. 새벽 공기가 코 끝에 닿았지만 선수는 묘하게 상쾌한 기분이 들었다. 그리고 내일도 잘 해낼 수 있을 것 같은 자신감이 올라왔다. 내색은 안 했지만 사장님 앞에서 발표하는 기회를 십분 잘 살려보고 싶었다.

"사업이 자리 잡기까지 얼마의 시간이 소요된다고 보나요?"

"저 정도 숫자를 믿고 투자해 봐도 된다고 보나요? 어때요? 당신이 사장이면 투자하겠어요?"

"타겟 고객을 MZ세대로 봤는데, 그들의 구매력이 어느 정도 유지될까요? 구독은 지속성이 핵심일 텐데, 이들의 구매가 호기심 위주로 일시적이지 않을까 하는 우려가 됩니다."

"이 시장의 성장성을 어느 정도로 보나요? 이미 메이저 기업이 잘하고 있는데도 들어갈 이유를 찾고 싶었는데, 전 아직 설득되지 않네요. 다른 분들은 어떻게 보세요?"

"뭔가 크게 착각하고 있다는 느낌을 받습니다. 우린 배달 사업은 이미 하기로 결정했어요! 어떻게 하면 성공적으로 런칭 할 수 있을지를 보자는 거였는데 배달사업을 해보는 게 어떻겠습니까? 라고 물으니 뭐라고 의견을 드려야 할지 모르겠습니다."

"배달업이 계속 도전 받고 있는 수수료 폭리 문제에 대한 대안은 있나요? 메이저 업체들도 여전히 마이너스 수익률이라고 하는데, 진퇴양난의 이 문제에 대한 묘책을 찾아내지 못하면 승산이 없다고 봅니다. 예상 매출에 대한 제시는 잘 해주셨는데, 배달업을 고민하면서 이 부분에 대한 설명이 안보여서 아쉬웠습니다. 다음 번에 이 부분에 대한 솔루션도 기대해 봐도 될까요?"

혼신의 힘을 다해 발표를 마친 직후부터 임원진의 질문 세례가 쏟아졌다. 다니엘 본부장, 수정 팀장까지 합심하여 대응했지만 역부족이었다. 1차 발표인 것을 감안하지 않고 마구잡이로 던진 질문이라고 하지만 팀원 모두 정신이 번쩍 들었다.

1시간이 그렇게 채워지고 마지막으로 브라이언 사장이 마무리 발언을 했다.

"사업엔 투자가 따릅니다. 상당한 규모의 사람을 채용해야 하고, 사업을 잘 영위해야 그들이 유지될 수 있습니다. 요즘 사업은 시작에 힘을 못 받으면 안착시키기가 여간 어려운 게 아닙니다. 이점은 다들 유념하고 있으리라고 봐요. 그러니 다시 한번 탄탄한 근거를 마련하고, 모두가 공감할 만한 방향성을 찾길 바랍니다. 구독형으로 시장에 침투해 보는 것은 좋은 시도인 것 같으니 우리는 어떤 차별점을 내세워 빠르게 안착할 수 있을지 구체적인 안을 가지고 고민해 봅시다. 그리고 다니엘 본부장님, 추가 인원 필요하면 인사팀에 요청하세요. 그럼 다음 일정에 봅시다. 수고했어요."

수고했다는 마지막 멘트를 하시면서 찡긋 웃어 보이셨지만 긴장이 쉽사리 풀리지 않았다. 질문 폭격에 1시간을 꼼짝없이 서 있었더니 다리에 쥐가 나는 느낌이다. 임원진들이 모두 나가고 나자 팀원들끼리 눈을 마주쳤다. 모두 할 말을 잃은 표정이다. T/F는 유지될 수 있을지 진심으로 걱정되었다.

"와우! 창업동아리 발표 때와는 차원이 다르네요. 저희 여태 뭐 한 거죠?" 지은 사원이 토끼 눈을 하고 말한다.

"이 정도면 잘 넘겼어요. 구독형 시장을 제시한 것에 대해서는 부정당하지 않았잖아요. 이 정도면 선방한 겁니다. 질문 나온 걸로 너무 겁먹지 말아요. 그 부분이 궁금하니 다음에 만날 땐 답을 좀 달라는 겁니다. 모두 고생하는 거 알면서도 슬쩍 모른 척했는데, 이렇게 발전된 안을 만들어 올 줄 몰랐습니다. 적어도 저는 감동이었어요." 기가 눌려서 그런지 다니엘 본부장의 다독거림은 귀에 들어오지 않았다.

"다른 건 몰라도 구독형 배달인데, 지속성을 검토하지 못한 건 아차 싶더라고요. 급하게 진행하다 보니 본질을 놓치고, 자료 만들기에 급급했던 것 같아요."

수정 팀장의 말에 진한 아쉬움이 느껴졌다.

선수는 안다. 야심 차게 진행한 소비자 조사가 의도한 결과와 정확히 매칭되지 않았음에도 주장하고자 하는 바에 억지로 가져다 붙였기 때문에 벌어진 일이다. 진행했던 과정을 복기해 보니 타겟 소비자층 설정도 너무 편협했고, 설문 내용도 사업 특성에 맞게 설계되지 못했다. 대행업체에 그 과실을 짚어야 했지만, 설문 디자인을 함께한 선수에게도 과오가 있음을 인정할 수밖에 없었다. 오늘 나온 질문에 답을 제시하려면 재설계가 필요하다. 급해서 건너 뛴 전문가 자문도 선행되어야겠다. 그러려면 추가 비용도 예상되고 또 시간적으로 압박이 된다. 스트레스가 치솟는다. 한 시간째 멍하니 앉아 있는 선수를 아무도 터치하지 못했다. 가만히 앉아 있자니 발표자로서 제대로 얘기하지 못한 부분이 계속 떠올랐다. 점점 실의에 빠졌다. 다음 날 오전은 반차를 내고 침대에서 계속 뒤척였다. 그러나, 밀려오는 책임감에 더 이렇게 있을 수가 없었다. 점심을 먹는 둥 마는 둥 서둘러 출근했다.

"팀장님, 우리 예산 빤하지 않나요? 협력업체 바꿔서 다시 작업해 보고 싶은데, 비용이 만만찮고 직접 하자니 시간의 압박이 큽니다. 괴로워서 잠도 안 오는데 어떡하면 좋을까요? 다 제 탓이에요. 죄송합니다."

수정 팀장은 깊이 고개를 떨군 선수를 일으켜 세웠다.

"혹시나 했는데, 혼자 고민 다 짊어지고 있고만! 시간 괜찮으면 따라와요. 본부장실에 가는 길인데 같이 갑시다."

"본부장실에요? 왜요? 제가 가도 되나요?"

"그럼요. 이 상황인데, 뭐든 도와주시겠죠. 일단 부딪혀봐요."

본부장실을 찾은 수정 팀장은 어제 사장님께서 말씀하신 T/F 인력 충원이 즉시 시행될 수 있게 요청했다. 그리고 상위 레벨의 협력 업체와 협업해야 해서 추가 비용이 발생할 수밖에 없음을 다니엘 본부장에 보고했다. 다소 뻔뻔한 일방적 소통이었지만 다니엘 본부장은 흔쾌히 승인해 주었다.

"저도 인사팀에 바로 알아봤는데, 즉시 지원 가능한 인력은 주재원 파견 대기자인데 이전에 사장님 직속으로 전략기획 담당했던 차장급이라 꽤 브레인 역할을 해줄 거라고 해요. 그런데 일주일 정도의 여력 밖에 없어서 어떨지 판단해서 회신 달라고 했어요. 어떻게 하는 게 좋겠어요?"

선수가 불쑥 나서서 대답한다.

"본부장님, 바로 지원 가능하면 좋겠습니다. 이전에 설문 디자인이 실패한 게, 신사업 전략에 어떤 부분이 반드시 검증되어야 하는지 목차를 제대로 잡지 못해서라고 봅니다. 일반적으로 담아야 하는 목차가 빠진 건 아니나 최상위 리더들의 뷰에서 궁금해할 만한 걸 충분히 검증해 드리지 못했던 것 같습니다. 사장님과 직접적으로 소통한 분이라고 하니 이 시점에 설문 디자인만 도와주셔도 큰 도움이 되리라 봅니다."

"그래요. 그럼 바로 요청하겠습니다. 수정 팀장에게 연락하라고 하면 되겠죠?"

주재원 파견을 준비 중이었던 쟈니 책임은 다음 날 바로 T/F 회의에 합류했다. 제이 책임과 입사 동기라며 반갑게 인사를 나눈다.

"제이, 이 친구가 찐이에요. 아직 실력 발휘 안 하던가요? 애가 꼭 자기 꽂히는 일만 하죠!"

쟈니 책임의 깜짝 발언에 모두 제이를 바라봤다.

"뭐라는 거야. 그냥 빨리 그림이나 그려줘 봐." 제이 책임이 말을 가로 막았지만, 수정 팀장은 이를 놓치지 않았다.

"책임님 눈빛이 예사롭지 않다 싶었는데, 재야의 고수라는 거죠! 그럼 이번 설계는 책임님이 맡아보시는 게 어떨까요? 그렇지 않아도 이번에 협력할 업체와 소통해 본적 있다고 해서 맡길까 했는데, 잘됐네요. 선수 선임은 책임님 옆에 착 달라붙어서, 눈빛에서 열정이 사그라들려고 하면 바로 신고해 주세요. 무슨 수를 써서라도 살려 놓을 테니까!"

"후회하실지도 모르는데, 괜찮으시겠어요? 보고 2차전에 더한 낭패를 볼 수도 있을 텐데요."

제이 책임의 엄살 섞인 발언이었지만, 여태 못 봤던 열의가 살짝 엿보였다.

쟈니 책임의 투입이 팀에 새로운 자극제가 되었다. 발표에서 와장창 깨진 이후로 오기가 발동되어 그런지 팀 멤버 간의 결속력도 더 강화된 듯했다. 발표날 나왔던 질의응답 기록을 살피며 다시 계획을 세웠다. 이번 가설은 꽤 구체적이고 그럴싸했다. 제 2, 제 3의 가설을 검증하는 것까지 반영하여 정리하고 나니 이제야 묵직한 '전략 기획' 다움이 느껴졌다. 바로 전문가 자문 일정을 잡고 1차 검토를 하고, 협력업체와 긴밀하게 작업을 진행해 갔다. 진행 프로세스마다 제이 책임의 첨삭이 엣지를 더했다. 쟈니 책임은 주재 파견으로 끝까지 함께하지는 못했지만 제이 책임이 크게 한 몫을 해주니 인원 보강을 추가로 요청할 필요성을 못 느꼈다.

③ 번아웃을 관리하는 힘을 키워라

"지은님, 경쟁업체 분석한 자료 지난 번 회의 내용 반영한 거 맞아요?"

"맞는데요. 무슨 문제 있나요? 오늘까지 꼭 달라고 하셨잖아요."

"오늘까지 가능하면 그렇게 해달라고 했죠…. 무리해서 억지로 해준 걸로 느껴지네요."

메신저 창에 썼다 지웠다를 반복하면서 지은 사원과 선수의 대화는 몇 줄 더 이어졌다.

그러던 중 지은 사원이 벌떡 일어나 나가버리면서 대화는 중단됐다.

선수는 순간 '그래도 나름 선배인데, 저렇게 나가버리다니' 하며 괘씸한 생각이 들었다. 하지만 생각해 보면 깐깐하고 야무져서 그렇지 꼬인 구석이 없어 소통하는 데 어려움이 없었는데, 요즘 은근히 부딪히고 있었다.

"팀장님, 저 잠깐 병원 좀 다녀올게요. 어깨가 너무 뭉쳐서 도저히 안 되겠습니다. 정형외과 좀 가봐야겠어요."

"그래요. 빨리 다녀와요. 그런데 거기 옆에 정신과도 같이 운영하지 않아요? 무기력증 이런 것도 취급하는지 한 번 봐줘요. 지금 집에 가고 싶은 게 정상인지 비정상인지 물어봐야겠어요."

수정 팀장이 농담을 하는 순간 때마침 T/F실을 지나가던 다니엘 본부장이 듣고 한마디 던졌다.

"시간 한 번 잡아요. 맛있는 거 사줄게요."

"본부장님, 말씀은 감사한데, 먹고 싶은 게 없어요. 늘 허기진데

정작 뭘 먹으면 무슨 맛인지 모르겠다니까요. 그냥 에너지 공급해야 해서 먹는 정도? 그래도 본부장님이 지갑 여신다는데, 시간 잡아봐야죠. 부족한 식욕으로 기대에 부응하기 어렵지만 바로 회식 일정 잡겠습니다."

다니엘 본부장의 제안이라 무시하지도 못하고 대답하는 수정 팀장의 낯빛도 그리 좋진 않았다.

근 2개월을 제대로 된 휴식 없이 달리다 보니, 팀원들이 지쳐가는 게 피부로 느껴졌다. T/F 구성원 간에 서로 사소한 일에도 얼굴을 붉히고 또 비교적 단순한 이슈 대응에도 둔해지기 시작했다. 이에 수정 팀장은 T/F Off Day를 제안했다. 이번주 목요일 업무시간까지 최대한 해야 할 일들은 마무리하고, 금요일 하루는 T/F 전원이 쉬자는 것이었다. 업무상의 어떤 연락도 하지 않을 것이고 또 누구도 해서는 안 된다는 게 규칙이었다. 주말까지 3일, 제대로 충전하고 복귀하기를 요구했다. 그리곤 금요일 하루는 수정 팀장이 혼자서 어떻든 막아내겠다고 약속했다.

선수는 수정 팀장한테 미안하긴 했지만, 거절할 수 없는 3일 간의 휴식이었다. 2개월을 거의 주말 없이 달리다 보니, 수시로 멍해지는 건 사실이었다. 이대로 더는 못하겠고, 더 해서도 안 된다는 생각이 들었다. 막상 휴가가 주어졌지만 어떻게 보낼지 계획을 세울

수가 없었다. '아니다. 이번엔 무계획이 계획이다.'

선수는 일단 보미에게 연락을 했고 나 자신의 재충전에 집중해야 겠다고 양해를 구했다. 흔쾌히 이해해 준 보미가 고마웠다.

금요일 정오까지 잠을 자다 암막 커튼 사이로 햇볕이 들어와 살짝 잠이 깬 선수는 햇볕을 쬐고 싶다는 생각이 들어 무작정 밖으로 나왔다. 잠깐 고민됐지만 핸드폰은 책상에 엎어두었다. 그렇게 나온 선수는 아무 생각 없이 한참을 걸었다. 무의식 중에 속도가 붙으면 다시 늦추며 걷고 또 걸었다. 아직 늦여름의 여운이 남아서인지 땀방울이 맺혔다. 다시 동네로 방향을 틀었다. 안 가본 길만 골라서 돌아 돌아 갔다. 그렇게 동네 목욕탕 앞에 닿았다. 미리 끊어 놓은 쿠폰이 있어 지갑이 없는 채로 들어갈 수 있었다. 모락모락 김이 나는 탕에 몸을 담그고 있자니 피로가 풀리는 듯했다. '사람이 이렇게 단순할 수가 있나? 어제까지만 해도 남들은 52시간제니, 재택근무니 해서 워라밸을 즐기는데 나만 이렇게 빡세게 사는 게 맞나?' 하는 의문이 들었는데, 그 생각이 싹 사라졌다.

그날 밤 알람 없이 제대로 한 번 자야겠다 싶어 누웠는데, 톡이 깜빡인다. 제이 책임이다.

'옆 동네인데, 내일 접선 할래요. 뒷산 가볍게 돌고 막걸리나 한잔 합시다. 부담 갖지는 말고!'

제이 책임에게 처음으로 부담이 느껴지지 않았다. 업무 외적으로 보니 이렇게 친근한 사람일 줄이야. 금기를 깬 연락이긴 했지만 반가웠다. 바로 답장을 보내고, 다음 날 오후 나절에 등산로 입구에서 만났다. 뒷동산 정도라 두 사람 모두 가벼운 차림이었다.

일대일로 만나본 게 처음이라 몇 초 낯선 감이 있었지만 바로 적응했다. 보미가 알면 서운하겠지만 업무와 사적인 영역을 넘나드는 대화가 나쁘지 않았다.

"어떻게 하면 그렇게 진정성 가지고 일할 수 있어요?" 제이 책임의 질문이 훅 들어왔다.

"제가요? 요즘 딱 일하기 싫었는데, 티가 안 났나 보네요?"

서로 동동주 기울이면서 농담처럼 한마디 더 했다.

"선수 선임, 진짜 멋진 사람이에요. 선임님만큼 순수한 열정을 가진 사람을 본 적이 없어요. 일을 정말 진심을 담아서 하니까 나도 모르게 따라 하게 되잖아요. 나 진짜 그 영향 안 받고 싶었는데, 전염성이 강해. 맘에 안 들어!"

선수는 괜한 농담으로 분위기를 깨고 싶지 않아 대화를 급히 돌렸다. 그리고 내내 생각했다.

오프데이 마지막 날, 오랜만에 일기장을 펴 들었다. 아침 일기다. 어제 제이 책임의 말이 뇌리에 남아 적어봤다.

318

'진심을 담아…진심을 담아 사랑하고, 진심을 담아 일 하고, 진심을 담아 삶을 살아내자. 그거면 됐다.'

선수는 과분한 중책을 맡았다는 부담감에 부단히 애쓴 스스로를 조용히 토닥였다. 돌아갈 힘이 생겼다.

5 끝맺는 힘 1
—유념

① 목적과 핵심을 정확하게 겨냥해라

사장단 2차 보고 일정이 잡혔다. 다음주 화요일 오후 4시, 딱 일주일이 남았다. 이제 T/F에 남은 일은 지난 3개월의 노력과 분석 결과를 한껏 담은 최종 기획서를 완성하는 일이다. 이제 마지막 잔업의 향연이 남아 있었다. T/F 멤버 모두 빠듯한 보고 일정에 두려운 얼굴이긴 하지만, 한편으로 상당수 멤버들의 눈에는 마지막으로 불살라 보자는 결연한 의지도 보였다. 수정 팀장은 팀원들을 불러서 보고 일정을 알려주면서 이렇게 얘기했다.

"우리가 3개월을 갈아넣은 이 배달 사업 기획의 끝이 보이고 있어요. 이제 최종 보고서의 허들만 넘으면 우리는 그 책임과 소명을 다하는 겁니다. 물론 이 멤버 중에 누군가는 이 배달 사업의 실행을 맡아 진행하게 되겠죠. 이 일을 누가 하게 되던, 지금 우리가 생각해야 할 일은 두 가지입니다. 첫 번째, 당연히 이 기획안을 경영진에 승인을 받는 것입니다. 이 보고를 통해 어떻게 경영진의 신뢰와 승인을 받아낼지에 대한 전략을 세워서 한 번에 허들을 넘어야 합니다. 모두 느끼시겠지만, 우리 코스모스 프로젝트는 사장단의 요구needs로 진행된 프로젝트입니다. 하지만 남들과 똑같이 또 하나의 배달 플랫폼을 세상에 얹는 건, 회사는 물론 경영진과 주주들까지 납득할 수 없겠죠. 명확한 명분과 방법이 보여야 합니다. 이걸 보고서에 녹여내야 합니다. 그게 우리의 첫 번째 미션이에요. 두 번째는 이 기획서를 받아 실행할 우리의 동료들에게 해야 할 의미가 있고 또 할 수 있게끔 만드는 것입니다. 자, 이 두 가지를 유념하면서 전체 보고의 스토리 라인을 잡고 그간 담당했던 업무에 맞춰 작성할 페이지를 분장하도록 하죠. 시장의 상황과 가능성을 중심으로 도입부를 작성하고, 그간 우리가 했던 조사와 분석 내용, 우리가 도출했던 아이디어와 차별화 포인트를 본문으로, 마지막 결론은 '그래서 무엇을 하겠다, 집행에 소요되는 자원은 얼마나 된다. 그리고 어떤 효과가 기대된다'를 정리하기로 하죠. 보고 시간은 1시간, Q&A 고려해서 30분을 실질적인 보고시간으로 잡고 큰 그림을 그리세요. 작성 포맷은 우리 센스쟁이 지은 사원이 조금 서둘러서 만들어 공유해 주세요. 불필요한 꾸미기는 필요 없습니다. 심플하고 깔끔하게 해주세요. '주필'은 선수 선임에게 맡길까 해요. 물론 혼자 다 쓰는 것은 아니고요. 전체의 스토리라인을 잡고 도입과 결론 중심으로 직접 써 내려간다 생각하면 될 거 같아요. 자, 그럼 서두릅시다. 우리에겐 일주일이 있지만 본인들 주말 살리고 싶으면 금요일에 끝낸다는 생각으로 달리죠. 1차 취합본 리뷰는 2일 후인 목요일에 하겠습니다. 필요한 사안이 있으면 언제라도 저한테 말씀하세요. 자, 화이팅입니다!"

선수는 당황스러웠다. 또 떨렸다. '나보다 고참이고 소위 '글빨'도 좋은 제이 책임도 있는데, 이번에도 내가 주필도 하고 발표도 해야 하는 건가? 게다가 지은 사원은 자기는 보고 양식이나 챙기라는 식이라고 옆에서 투덜대고 있고. 아, 난감하다. 하지만, 더 생각하지 말자. 이걸 나한테 시킨 수정 팀장이 의도가 있겠지. 달려보자.'

T/F멤버들과 수정 팀장의 가이드에 맞춰 보고서의 목차와 페이지 구성을 잡았다. 3개월간 작업하면서 1차 사장단 보고와 중간중간 본부장에 보고한 내용들이 있는지라, 전체 내용을 채우는 데는

큰 무리가 없어 보였다. 이렇게 잡힌 각 페이지 구성과 목차를 간단하게 메신저로 수정 팀장에게 보고하고 각자의 분장에 맞춰서 보고서를 작성하기 시작했다.

역시 지은 사원은 손이 빨랐다. 하얀 바탕에 코스모스의 색상이면서 한편으로는 밝은 미래가 떠오르게 하는 보라색 톤으로 포인트를 준 간결하지만 또 세련되어 보이는 양식을 문서, 그래프, 도표의 예시를 포함하여 이른 오후에 공유했다. 멤버들은 이 양식 위에 속도를 내어 보고서를 쌓아가기 시작했다.

최종 기획안 작성을 시작한 다음날 늦은 오후, 1차 취합본이 어느 정도 나왔다. 물론 구멍도 있고 작성 중인 부분도 많지만 사고의 흐름은 맞는지, 논리상 비약이나 누락이 된 점은 없는지 가늠해 볼 만했다. 선수는 샌드위치를 하나 사서 자리로 돌아왔다. 빈 회의실에 가서 출력한 취합본을 한 장, 한 장 회의실 탁자 위에 펼쳤다. 내용이 너무 많았다. 또 멤버들 개개인이 각자의 내용을 작성하다 보니 중복되는 내용도 많았고, 결과가 아니라 과정을 구체적으로 정리한 내용도 상당했다. 마음이 무거워졌다. 30분이라는 보고 시간, 긴 시간일 수도 있지만 3개월 간 해왔던 얘기를 하기에는 매우 짧았다.

어제보다 해가 더 길어진 느낌이었다. 선수는 창밖으로 분주히

퇴근하는 사람들을 바라보면서, '다들 이리 바쁜데 사장단은 더 바쁘실 테고. 우리가 뭘 했는지를 궁금해하는 게 아닐 테니 과감하게 줄여가자. 나 같은 일개 선임이 본인이 작성한 내용을 손댔다고 반대하는 멤버도 있겠지만 그게 살길이라 생각했다.

선수는 각 멤버들이 작성한 페이지들을 전달해야 할 안건 중심으로 재배열했다. 우선 우리가 해야 할 일, 하고 싶은 일을 정리했다. 재미와 실용성을 강조한 구독 서비스, 어플 내 추천을 포함한 짧은 영상 콘텐츠 등 우리의 핵심 차별화 포인트를 먼저 논리적으로 풀어갔다. 이에 맞춰 조사, 분석 내용 및 결과를 거꾸로 맞춰가며 수정했다. 각자가 진행했던 조사와 분석의 취지, 목적 등을 보고서 스토리라인에 맞춰 묶거나 삭제하고 지나치게 상세한 내용들은 과감하게 별첨으로 돌렸다. 한결 깔끔하고 가벼워진 느낌이었다.

막차가 끊기기 전까지, 선수는 못다한 도입부를 정리하기로 했다. 맨날 비슷한 분석과 또 비슷한 그래프를 보고 들을 사장단에게, 이 기획안 보고에 집중을 할 수 있게 할 방법이나 장치가 없을까? 딱히 떠오르는 아이디어는 없었다. 일단 도입부 얘기는 이전 기획서들을 참조하여 동일한 형태로 큰 틀만 잡고 내일 팀장 및 팀원들에게 도움을 받아야겠다고 생각하면서 막차에 몸을 실었다.

② 디테일은 필수다_부스러기를 다져 넣어라

자율 출퇴근제를 하는 회사라 고정된 출퇴근 시간은 없지만, 팀 장들은 8시 반, 팀원들은 9시라는 암묵적인 가이드가 존재하고 있었다. 물론 안 지키는 사람도 있지만, 그렇다고 이를 크게 문제 삼는 사람도 없긴 했다. 성과가 최우선시 되는 회사다. 선수가 편의점 김밥 한 줄을 사서 사무실에 들어선 건 아침 7시 반이었다. 어제 막차를 타고 퇴근해서 집에 들어가니 12시가 훌쩍 넘은 시간, 씻는 둥 마는 둥 쓰러져 잠이 들었는데, 아침 6시가 되니 눈이 번쩍 뜨였다. 기획서 리뷰 걱정 때문인 듯했다. 아침 일찍 보고서를 조금 손질하고 수정 팀장, T/F 멤버들 대상으로 스토리 라인을 설명할 준비를 서둘렀다. 선수 본인이 보기에는 70% 수준은 된 듯했다. 큰 틀에서 스토리는 무리 없어 보였다. 하지만, '이 보고서가 우리 코스모스 T/F가 3개월을 갈아 넣은 만큼의 완성도가 있는 걸까?'에는 자신이 없었다. 그간 T/F를 리드해 왔고 누구보다 이 프로젝트의 과정과 방향성을 잘 이해하는 수정 팀장이지만, 리뷰 회의에서는 '매의 눈'으로 지적을 할 것이 불 보듯 뻔했다. 우선은 팀원들에게 지금의 버전을 공유하면서 전체적으로 스토리 라인을 조정하며 선수 본인이

'빼기'와 '모으기' 중심으로 수정을 했고, 결론의 방향성에 맞춰 잔가지를 쳐냈음을 메신저로 설명했다. 그리고 팀원들에게 수정의견을 구했다. 멤버 본인이 작성한 부분이 수정되었음에 불만을 표하는 멤버도 있었지만, 스토리 라인 자체에는 큰 이견은 없었다. 하지만 자료를 너무 많이 들어냈다는 의견들은 있었다. 그래서 우선은 임박한 팀장 리뷰를 마치고 이를 같이 보완하기로 방향을 잡았다. 또, 지은 사원에게는 도입부에 대한 아이디어를 따로 부탁했다.

"지은 사원님, 들어갈 때 사장단을 집중시킬 한방이 있었으면 좋겠는데, 그게 무엇일까 잘 떠오르지 않아요. 우리의 타겟군이 누구인지, 왜 그들이 타겟인지, 그들을 타겟으로 하면 어떤 기대효과가 있을지를 도입부에서 언급을 해서 시선을 끌어 놓고 시작했으면 하거든요. 아무래도 센스도 좋고 아이디어도 풍부한 사원님이 같이 고민을 해주시면 어떨까요?"

지은 사원은 조금 시큰둥한 표정으로 대답했다.

"선임님이 제가 작성했던 구독 서비스 부분을 너무 줄여 놓으셔서 논리의 비약이 생기고 근거가 불충분해 보이는 부분을 보완하는 것도 종일은 걸릴 거 같은데, 도입부도 제가 고민해야 하나요? 그런 걸 고민하시라고 팀장님이 선임님한테 주필을 맡기신 거 아닌가요? 시간적 여유라도 있으면 뭐 어떻게 해볼 텐데… 일단 알겠습니다. 저도 짬짬이 생각을 좀 해 볼게요."

마지막 기획보고서에 조금 더 주도적인 역할을 하겠다고 기대를 했는데, 그 공이 선수에게 간 것을 내심 서운해하는 눈치인 것 같았다. 선수는 '진심으로 도와줄지는 모르겠지만, 혼자 고민하는 것 보다는 훨씬 낫겠지'라 생각하며 곧 있을 리뷰 보고 준비를 했다.

약속한 10시, T/F룸에 모여 수정 팀장, 멤버들과 함께 기획서 초안을 띄웠다. 선수는 한 페이지 한 페이지 간략하게 작성 의도 중심으로 설명을 해갔다. 수정 팀장은 여기는 왜 이 그래프를 넣은 거에요? 트래픽의 기준은 UV Unique Visitor에요? 혹시 PV Page View는 아닌 거죠? 같은 궁금한 사항 중심으로 질문을 했다. 근거에 대한 질문은 예리했다.

"틱톡 같은 숏폼 플랫폼을 우리의 배달 App.에 같이 탑재해서 고객들의 트래픽을 확보하고 놀이터처럼 만든다? 이런 서비스들이 우리의 매출을 끌어올릴 수 있을 것이다? 이렇게 얘기할 수 있는 근거가 있을까요? 우리는 서비스의 특성상, 대부분 배고픈 고객들이 빨리 주문해야겠다는 생각을 할 텐데, 이런 사람들이 비록 짧지만 그런 동영상을 볼 여유가 있을까요? 또 이렇게 플랫폼을 App.에다 얹었을 때, 속도와 서버 관리 등에 무리가 생기는 걸 아닐까요?"

선수는 T/F기간 중에 함께 고민했던 내용이라 나름은 논리적으로 대답을 했지만, '구체적으로 설명할 수 있고, 사장단에 근거로 보여줄 수 있는 페이지를 추가해야겠다'는 생각이 들었다.

1차 리뷰는 끝났다. 수정 팀장은 우선 멤버들에게 느낌을 얘기해 보자 했다.

"흐름에 끊김이나 어색함은 없지만 비약이 좀 보입니다. 이걸 매끄럽게 만들 보완이 필요합니다."

"구체적인 논거로 제시될 사실이 더 디테일로 추가되어야 할 거 같습니다. 기획안 본문에 모두 담기에는 한계가 있으니 별첨으로 보완해야 될 부분을 정리하고 추가해야 할 것으로 보이네요."

"너무 무난합니다. 드라마가 약하다라고 할까요? 특히 도입부에 시선을 끄는 장치가 필요해 보입니다."

멤버 개개인이 느낀 바를 가감없이 얘기했다. 수정 팀장은 이렇게 피드백 의견을 냈다.

"제가 하고자 하는 얘기는 대부분 멤버들의 입을 통해서 나온 거 같아요. 사장단은 더 많은 경험과 노하우를 가진 분들입니다. 여러분이 느낀 부분 이상을 보실 거예요. 우리는 그분들에게 이 기획서로 가이드를 제시하고 경영진이 자신들의 통찰력으로 빠른 판단을 할 수 있게끔 도와드리는 것입니다. 기획안 발표는 제가 하겠습니다. 제가 발표자의 입장에서 순서와 보완점이 있는지를 오늘 중으로 점검하겠습니다. 이제 멤버들 각자는 본인이 담당했던 내용에 맞춰 데이터 보완해 주세요. 뭔가 새로운 내용의 추가가 필요한 부분은 선수 선임이 주도해서, 본인의 자료에 수정이나 보완 부담이 상대적으로 적은 분들이 해주는 걸로 업무 분장을 해주세요. 물론 문장 수정도 선수 선임이 주도해서 해주시고요. 아, 그리고 도입부에 대한 부분, 아이디어가 있는 분이 있을까요?"

선수는 지은 사원에 눈을 맞추고는 이렇게 대답했다.

"도입부는 아무래도 아이디어가 좋은 지은 사원에게 부탁을 해뒀습니다. 아이디어가 나오는 대로 따로 말씀드리겠습니다."

"좋은 생각이네요. 지은 사원이 아무래도 가장 사고가 말랑말랑할 테니까요. 다들 공감하시겠지만, 2차 리뷰가 필요하겠죠? 내일, 금요일 오후에 한 번 더 보겠습니다. 저도 저의 생각을 서둘러 정리하겠습니다. 고지가 눈앞에 보입니다. 힘들지만 다시 한번 달려 주시기를 부탁드릴게요."

수정 팀장은 이렇게 얘기하고, 종종걸음으로 본인의 사무실로 돌아갔다.

멤버들은 자신이 작성한 내용 중 키워드들을 육하원칙에 맞춰 '물음표'를 달면서 리뷰했다. 예를 들어, '구독 서비스를 통해 트래픽이 집중되는 시간대의 주문을 분산'이라는 문장이 있다면 이를

'구독 서비스를 어떻게 늘릴 건지, 왜 소비자가 구독서비스를 신청할 건지? 구독 서비스로 무엇을 신청할 건지?' 이렇게 예상 가능한 질문을 미리 시뮬레이션 하면서 '주문이 집중적으로 발생하는 시간대와 이로 인한 '라이더'들의 병목현상에 대한 조사 결과, '배달' 앱을 자주 사용하는 소비층의 주문 음식 메뉴 분석 결과 및 이들의 VOCVoice of Customer' 와 같은, 사장단의 예상 질의에 좀 더 쉽게 대응하기 위한 데이터를 직접 기획서 내용상에 또는 별첨으로 보완하는 형태로 채워갔다. 한 번 줄였던 기획보고서의 페이지 수가 별첨을 포함해서 늘어갔다. 기획서 본문은 간결해졌지만 보고서가 포함한 백 데이터 등은 전보다 더 풍성해져 갔다. 선수의 가슴 깊은 곳에서는 이제 진짜 해볼만 하다는 자신감이 조금씩 차오르고 있었다.

③ 마법의 가루_자신만의 엣지Edge를 뿌려라

기획서는 일단락 되었다. 수정 팀장의 '미적지근한 컨펌'도 받았다. 수정 팀장이 뭔가 아쉬워하는 눈치가 느껴졌으나 딱히 구체적인 지시는 없었다. 선수 본인도 주필로서 데뷔하는 이 기획서에 꼭 집어 얘기하기 어려운 아쉬움이 남았다. 이제 사장단 보고회까지 남은 시간은 만 하루가 조금 더 남았다. 딱 하루만 더 몰입해서 이 보고서를 생생하게 만들어보자고 생각했다.

그때, 선수의 PC화면에 수정 팀장의 메시지가 떴다.

'선수 선임, 잠시 제 사무실로 와 줄래요?'

선수는 노트북PC를 들고 수정 팀장의 자리로 찾아갔다. 수정 팀장은 입가에 웃음을 띠며 선수를 맞았다.

"힘들죠? 이제 우리의 결과물이 죽이 될지, 밥이 될지 뜸을 잘 들여야 하는 시기가 왔어요. 요리에 대해 잘 아세요? 이 뜸을 들이는 시간 동안 주부들은 마냥 밥솥을 보며 기다리고 있지는 않죠. 뜸들임은 밥상을 차리는 과정의 한 단계일 뿐이지, 이를 바라보며 마냥 기다리는 주부는 없죠. 우리도 인제 남은 이 시간을 잘 활용해야 해요."

선수는 순간 뜨끔했다. 수정 팀장이 마치 나의 대학 때 별명 '압력 밥솥'을 알고 있는 것처럼 이런 비유를 들다니, 당황했지만 내색하지는 않았다.

"본부장님께 현재의 버전을 보고했어요. 사고의 흐름이나 보고서 내용에 대해서는 특별한 이견을 주시지는 않았어요. 주셨던 유일한 피드백은 '괜찮은데, 뭔가 아쉽다' 였어요. 제 느낌에는 선수 선임도 무언가를 더 해야 한다는 생각을 하고 있는 거 같던데, 그렇죠? 제가 강요하는 건가요? 하하, 이제는 우리 팀의 엣지Edge를 담아야 해요. 저는 두가지 최종 의견을 드릴게요. 첫 번째로는, 지은 사원과 도입부로 시선을 끌 수 있게끔 만드세요. 이게 없어도 현재의 기획서로 보고를 할 수 있지만, 밋밋합니다. 어찌 보면 이 도입의 순간이 전체의 성공 여부의 가늠쇠가 될 수도 있어요. 여기에 힘을 실으세요. 두 번째, 제 팀내 권한으로 우리 팀 웹 디자이너, 제이슨 선임에게 부탁을 해 뒀어요. 지금의 보고서 디자인이 문제가 있지는 않지만, 그렇다고 매력적이라고 하기에는 부족함이 있어요. 기획서 보고까지 딱 붙어서 챙겨 주기로 했으니 잘 활용하세요. 일일이 저한테 수정 사항을 얘기하면서 고치거나 할 필요는 없어요. 본인의 판단을 믿고 진행하세요. 자, 최종본이 나오면 그때 마지막으로 한 번 보죠."

자리에서 이쪽을 바라보고 있던 제이슨 선임과 인사를 하고 함께 T/F 사무실로 향했다. 보고가 잘 되면 맛있는 식사를 대접하겠다고 약속하고 지금 버전의 기획서를 제이슨에게 송부했다.

"제이슨 선임님, 아무래도 미적 감각이 있으실 테니 전체적으로 수정을 했으면 좋겠다고 생각되는 부분을 한 번 봐주세요. 그렇게 봐주신 의견을 저희 멤버들과 공유해서 함께 고쳐가면 좋을 듯 합니다."

선수는 이렇게 제이슨 선임에게 업무를 부탁하고는 지은의 자리로 갔다. 그는 수정 팀장의 피드백을 지은 사원에게 전하며 어떤 진척이 있는지를 물어봤다.

"선임님, 보고를 시작하면서 '우리가 타겟군으로 생각하는 소비자가 이런 사람입니다.'를 페르소나(제품이나 서비스를 사용할 가상의 핵심고객)로 부각을 하면 어떨까요? 퇴근 후 혼밥 하러 밖에 나가기는 싫은, 맨날 비슷한 음식을 시켜 먹는, 또 오이가 비려서 김밥이나 비빔밥이나 밑반찬에 오이를 빼달라고 의견을 꼭 다는 30대 초반의 남성, 친구들과 함께 여러 배달음식을 주문해 이걸 다시 플레이팅하며 이를 즐기는 자신들의 모습을 인스타그램에도 올리고, 틱톡에도 업로드하는 20대 초반의 여성 등, 이들의 이야기로 도입부를 풀어보면 어떨까요? 이들이 우리의 신규 서비스에 얼마나 유효할지, 이들이 원하는 게 무엇일지를 도입부에 얘기하고 가는 거죠."

"와우, 사원님, 완전 동의합니다. 좋은 생각인 거 같아요. 좀 더 입체적인 느낌을 주기 위해서 오이에 약한 고객은 '오이노'씨, 플레이팅이 중요한 고객의 아이디 '오다 흔들림 슬퍼요'님, 이렇게 네이밍을 하면 어떨까요? 이 사람들의 일상을 지은 사원님이 페이지로 만들어주세요. 제이슨 선임께 부탁해서 마무리는 이쁘게 하죠."

선수는 이렇게 대답하고는 전체 기획서를 다시 한번 읽어 내려가기 시작했다. 내용이 많다 보니 눈에 잘 들어오지 않았다. 적혀 있는 내용들의 부각점을 잘 보이게 하기로 하고, 핵심 키워드 중심으로 폰트 크기를 키우고 굵게 넣었다. 전체 편집에는 손이 좀 갔지만 확실히 눈에는 더 잘 들어오는 느낌이 들었다.

도입부를 살리고, 전체 디자인을 매끄럽게 하고 강조하고 싶은 포인트를 부각하면서 확실히 좋아진 느낌이다. 마지막으로 기대 효과 페이지를 숫자 중심으로 재배치를 했다. 이로 인한 예상 매출이 ×××억원입니다. 이런 문장을 '×××억원, 3년 후 목표 매출' 이런 식으로 숫자를 앞으로 뽑아냈다. 엄청난 뭔가는 아닐 수 있겠지만 선수는 이렇게 기획서를 마무리하면서 조금 다른 무엇인가를 넣기 위해 노력했다.

6 끝맺는 힘 2 ─개념

① 정리Wrap-up 해라_그래야 또 찾아 쓴다

　기획안 보고는 성공적으로 끝났다. 회사의 중점 프로젝트로 지정하고 전사차원의 역량을 모아 실행에 옮겨보자는 결론을 도출했다. 이런 결론이 도출되기까지 쉽지 않은 과정이었다. 선수는 3개월 가까운 시간을 한 가지 목표를 향해 매진하다 보니 진이 빠진 느낌이었다. 나름 자신에 대한 믿음도 생겼고, 그간 갈고 닦은 실력도 있다고 생각하고 있었지만, 크게 눈에 띄지 않는 '전선수'라는 플레이어를 발굴해낸, 뛰어난 선구안을 보여준 노아 팀장과 수정 팀장이 고

마웠고, 서로가 의지하고 때로는 부딪혀가며 함께 고생한 해준 T/
F 멤버들이 사랑스러웠다. 감회도 새롭고 만감이 교차하지만, 일단
은 피로 회복이 급선무였다. 조금 느슨하게 있고 싶다는 생각뿐이
었다. T/F팀 모두가 달콤함 성취감을 즐기면서, 그간 마음 편하게
하지 못했던 티타임도 가지고, 한 번 가야지 하고 미뤄뒀던 서판교
스테이크 맛집에서 느슨한 점심 회식도 즐겼다. 확실히 좀 낫다. 이
제 T/F 해산까지는 앞으로 2일하고 반나절이 남아 있다. 오래간만
에 일없이 여유있는 시간을 보내니 한껏 재충전이 된 느낌이 들었
다. 짧게나마 즐긴 유튜브와 틱톡도 지겹고, 뭔가 의미 있는 일을 해
야 할 시간이 된 거 같았다. 선수는 T/F 룸에서 적당히 시간을 보내
고 있는 멤버들에 무심한듯 얘기를 꺼냈다.

"우리 극강의 T/F 멤버님들, 이후로도 우리보다 더 젊고 신선한
후배들이 그 젊고 신선하다는 이유로 좀 더 앞선 트랜드를 쫓는 비
슷한 상황을 맞이하는 경우가 있을 거 같은데, 우리가 했던 코스모
스 프로젝트를 하나하나 정리해서 하나의 레전설로 남기면 어떨까
요?"

구석에 앉아 있던 제이 책임은 평소 의견도 잘 내지 않고 마지못
해 업무하던 모습과는 달리 매우 적극적으로 의견을 개진했다.

"노노, 누가 알아준다고요. 월요일부터 원래 부서로 복귀하면 밀

려 있던 업무에 그간 비워 뒀던 부서 업무를 이제는 같이 나눠 하자는 식의 수명 업무들이 쏟아질 텐데, 지금의 여유로움을 2일간이라도 즐기게 해주세요. 선수 선임의 책임감과 열정은 여기까지로 충분한 거 같아요."

선수가 뭔가 해보자는 의견을 개진했을 때 피어올랐던 몇몇 T/F 멤버들 눈동자의 불길은 마치 포말 소화기라도 만난 양, 제이 책임의 현실적이고 본능에 충실한 멘트 앞에 너무나도 쉽사리 사그라들었다. 선수 본인도 흔들렸다. '어차피 급여는 똑같아'라는 월급 요정과 '조금이라도 더 주도적이고 의미 있는 삶을 살아보자'는 열정 마왕이 선수의 대뇌 안에서 심하게 충돌해 갔다. 최근의 달콤한 성취감에 지친 열정 마왕이 마음속의 월급 요정을 설득해 냈다.

"저는 우리의 이름으로 뭔가 남는 일이 있으면 좋겠어요. 또 그간의 업무들을 정리해 보면 개인한테도 분명 느껴지는 인사이트도 있을 것이고, 또 어떤 일은 아, 그때 이렇게 했었으면 좀 더 매끄러웠겠구나 하는 아쉬움도 있을 거 같아요. 누군가의 지시가 아닌, 우리 자발적으로 이런 일을 또 한 번 만들어낸다는 게 얼마나 즐겁겠어요? 다같이 그간의 자료들을 정리하고 이를 시간순으로 배열하여 하나하나 백서로 만들면 어떨까요? 우리 회사 사람들이 코스모스만 보면 우리 생각이 나지 않을까요?"

선수는 이렇게 멤버들을 설득하면서 동시에 원래의 업무로 조기 복귀했던 수정 팀장에게 메신저를 보냈다.

"팀장님, 혹시 시간되시면 오셔서 남은 T/F 기간 동안 어떻게 보낼 건지 T/F 멤버들에 한 번 물어봐주실 수 있을까요?"

"네네, 바로 갈께요"

때마침 회의가 끝난 수정 팀장은 바로 T/F 사무실로 찾아왔다. 그는 11명의 멤버에게 이렇게 말했다.

"반나절 놀았으면 노는 것도 지치지 않나요? 하하. 우리가 뭘 꼭 해야 하는 미션이 있는 건 아니지만, 이제 남은 기간은 어떻게 보낼 거에요?"

제이 책임이 이 질문에 마치 기다렸다는 듯이, 손가락을 살짝 올리며 대답했다.

"아, 팀장님, 안 그래도 저희도 그 얘기를 하고 있었습니다. 우리끼리 그간의 업무를 정리해 보면 어떻겠냐? 코스모스 백서라는 이름으로 3개월의 장정을 정리해 보자는 방향으로 의견을 모으고 있었습니다."

다른 T//F 멤버들은 제이의 태도 급변에 당황스럽긴 했지만, 딱히 틀린 얘기도 아니었던지라 속으로 살짝 웃으면서 고개를 끄덕였다.

"와우, 그래요? 정말 좋은 생각이에요. 이걸 정리한다고 무리할 필요는 없고 노하우와 노웨어를 쌓는다는 느낌으로 정리해 주면 좋겠네요. 참조가 될 파일들은 서버에다 넘버를 붙여 하나하나 같이 정리하면 더 좋을 것 같네요. 항상 뭔가 프로젝트로 T/F 활동을 하고 나면 프로젝트 결과보고서가 끝이었던 게 아쉬웠었거든요. 항상 허덕대며 프로젝트가 마무리되곤 해서 그럴 여유가 없었었는데, 우리 멤버들께서 잘 해내 주신 덕분에 조금이지만 시간적 여유도 생겼고, 이 시간을 이렇게 건설적인 일에 쓰겠다고 생각하는 걸 보면 진짜 우리 코프 T/F는 극강의 멤버들이었어요. 그럼 또 한 번 기대하겠습니다."

수정 팀장이 나가자 마자 이걸 왜 하냐며 다시 투덜거린 멤버도 있었지만, 결국은 또다른 업무의 재미에 빠져들어갔다. 모아 놓고, 또 이를 사실중심으로 정리하다 보니 이건 진짜 올바른 의사결정이었던 것 같다는 생각부터 아, 여기서 이렇게 했었으면 불필요한 시간을 줄일 수 있었을 텐데 하는 아쉬운 부분까지 각자의 머리속에는 배운 것들과 느낀 것들이 채워지고 있었다. 그렇게 또 하나의 성과가 만들어졌다.

'코스모스 프로젝트 백서'

백서 정리가 끝났다. 단기 속성반에서 공부한 것처럼 평소와는 조금 다른 업무를 통해서 자신의 업무 능력이 한 단계 레벨업 한 느낌이 들었다. 게다가 업무를 수행하면서 대내외 많은 네트워크를 쌓을 수 있는 계기도 되었고, 모래알 같던 '전선수'라는 일개 구성원의 존재감이 조금은 올라간 거 같기도 했다. 이로 인해 따라온 자존감은 보너스였다. 원래의 마케팅 부서로 돌아왔다. 기존에 담당했던 소셜 마케팅 업무로 다시 복귀했다. 3개월의 공백 기간 동안 옆자리 선이 해당 업무를 잘 커버해줬다. 평소에 가끔 맥주도 사주고 고민도 들어주고 했던 게 조금은 긍정적인 영향을 미친 거 같았다. 고마웠다. 조만간 맛난 저녁을 사기로 약속을 했다. 업무는 3개월의 단절이 있다 보니, 따라잡아야 할 일들도 있었지만, 때마침 업계의 비수기이기도 하고 일회성으로 진행된 프로모션 등은 어떤 내용이 있었다는 파악만 하면 되었기 때문에 상대적으로 시간적인 여유가 생겼다. 마치 훈장이라도 되는 것마냥, 정리된 백서를 다시 한번 읽어봤다. 백서 작성 그 자체에 매몰되어서 정리하지 못했던 잘한 점, 느낀 점, 아쉬운 점들이 다시 주마등처럼 머리를 스쳐갔다. 백서가 주로 사실 기술 중심으로 작성이 되다 보니, 소위 '느낀 점', '배운 점'이 좋은 내용 중심으로만 간단히 기술되었다.

뭔가 좀 더 얘기하고 싶다는 욕구가 치솟았다. 잘한 점도 더 살려서 알리고 싶지만, 실수했던 점, 효과가 없었던 포인트 등을 정리해 보고 싶었다. 물론 잘 써서 상사들에게 보고하고 어필하겠다는 생각이 아예 없다면 거짓말이겠지만, 일단은 이렇게 정리를 해보면 자신의 학습 결과를 정리해 보는 도움이 될 거고, 또 비슷한 상황에 처하게 된 다른 동료, 후배들에게도 좋은 참고서가 될 수 있지 않을까 하는 생각이 더 컸다. 철저히 실무에 맞춰서 실무자에 도움이 될 내용으로, 이번 프로젝트를 수행하면서 성공했던 일과 실패했던 일, 이렇게 크게 두 단락으로 정리하기로 했다. 성공했던 일은 비교적 쉽게 정리할 수 있었다. 물론 우리의 사업 기획안이 실제 시장에서 T/F가 예상한 대로 영향을 해낼 지까지는 미지수였지만, 내부적으로 긍정적인 평가를 받은 기획안의 내용과 구상을 베스트 사례로 보고 그 내용들에 살을 붙였다. 시장 수요 분석은 어떻게 주효한 반응을 이끌어냈는지, 타겟 소비자군은 어떻게 선정했고 또 선정 결과가 내부적인 공감대를 이끌어냈는지 등 배경을 중심으로 베스트 사례의 몸집을 키워 갔다. 또 해당 우수 사례를 주도한 담당자의 성명을 같이 기재하여, '이거 제가 한 거예요!'라는 어필과 함께 추가적인 궁금한 사항이 있는 사람들은 직접 커뮤니케이션 할 수 있게 끔 서비스 하는 것도 잊지 않았다. 이름 적힐 T/F 멤버들은 처음에 는 '안 그래도 바쁜데 이런 대응까지 해야 돼?'라는 부정적인 반응 이 있긴 했지만 개인의 브랜딩, 자신의 존재감… 등등 결국에는 사 내, 사외적으로도 가치를 높일 수 있지 않겠냐며 설득하였고 결국 대부분은 설득에 넘어왔다. '코스모스라면 이제 할 만큼 했다.'고 끝 까지 싫다고 한 제이 책임에게는 '선수 본인'과 병기해서 그런 부담 이 많이 가지 않게끔 하겠다 하고는 겨우 승낙을 받았다.

문제는 실패했던 일과 실수했던 일이었다. 첫 번째 소비자 조사 의 질의서를 잘못 기획해서 크게 수정해야 했었던 사례였다. 예를 들어 프로젝트의 실질적 수행보다 불필요한 내부 보고에 쫓겨 막판 에 실제 성과물을 만들기 위해 쫓겼던 경험, 과도한 경쟁사 분석으 로 오히려 경쟁사가 우리의 관심을 인지하고, 또 경쟁사의 고객관 리 노하우까지도 알아보려 해서 컴플라이언스 이슈 제기 직전까지 갈 뻔한 동향 조사 등의 사례를 본인이 아는 수준에서 하나하나 풀 어 내려갔다. 그런데 이렇게 정리한 실패 사례를 T/F 멤버들이 공 개하고 싶어하지 않았다. 당연히 실패한 에피소드에 실명이 언급되 고 싶지 않기 때문일 것이다. 심지어 그런 적 없다고 딱 잡아떼는 상 황도 생겼다. 강요할 수 있는 건 아니었던 지라, 우선은 수정 팀장을 통해서 T/F 멤버들을 설득해 달라고 다시 한번 도움을 요청했다. 한편으로는 이런 실수와 실패가 당사자들에 불이익이 절대 없게끔 하겠다는 인사팀의 답변도 문서로 받아냈다. 그래도 못하겠다는 T/F 멤버한테는 '알겠다. 실명을 거론하지 않겠으니, 최대한 상세하게 사례를 작성해 달라.'고 수차 부탁하여 실패 사례의 내용을 좀 더 풍성하게 만들어갔다. 선수는 본인의 사례를 보고 미리 질의 응답이 나올 내용들로 추가 질의를 하고 그 답변을 보완해서 내용을 좀 더 촘촘하게 만들었다.

이렇게 정리된 내용을 일단 수정 팀장에게 보고했다. 수정 팀장은 선수의 진심에 놀라며 경영진에게도 보고해서 의미를 좀 더 심자고 의견을 개진했다. 그리곤 수정 팀장은 선수에게 지시했다.

"다음 주 본부장 정례회의에 안건 산정은 내가 할 테니 선수 선임은 보고가 가능하게끔 요약 정리하고, 직접 발표해 주세요. 그리고 이게 혼자만의 업적이 아니고 T/F 멤버 전원의 성과가 되게끔, 안건 산정이 확정되면 선수 선임이 T/F 멤버들의 팀장에게 공문을 보내고, 참석 가능한 멤버들이 참석할 수 있도록 해주세요."

본부장 정례회의의 보고는 성공적이었다. 선수 본인에게는 하얗게 불태운 3개월의 시간을 되돌아보고 그렇게 체득한 결과를 다시 한번 정리해 볼 수 있는 기회가 되었고, 다른 한편으로는 이를 통해 다시 한번 본인을 알릴 수 있는 좋은 기회였다. 물론 본부장 회의의 안건까지 산정된 이 결과를 본인 혼자 독식하지 않고 T/F 멤버들과 함께한 소중한 결과물이고 '말로나마' 그 공을 T/F 멤버들에게 돌리면서 모두를 내편으로 만들었고 결국은 T/F 멤버 전원으로부터 실명 공개에 대한 동의도 받아냈다. 몇몇 본부장들은 우리 본부에 사례 공유를 해달라는 요청도 있었다. 이런 요구는 해당 본부에 T/F 멤버가 있었으니 그에게 사례 공유를 말씀하시면 되겠다고, 소위 '떡고물'을 나눠 먹게끔 했다. 선수는 또 한 번 '레벨업' 한 느낌이었다. 결국 '혼자만 레벨업'이 아니라 '모두 함께 레벨 업'이 되었다.

③ 공유하고 쌓아라 _ 뿌듯해질 것이다

다니엘 본부장은 선수의 '코스모스 프로젝트, Lessons Learned'라는 인사이트 보고를 접하고는 본부장 정례회의 참석자들에게 이렇게 피드백 했다.

"그간 회사에서 부족했던 부분이 이런 부분이었어요. 항상 당면한 성과에 쫓기다 보니, 결과를 떠나 진행 과정을 축적할 시스템이 갖춰져 있지 않았고, 그러다 보니 서로의 경험들이 개인에게 단편적으로 존재하거나, 또 시간의 흐름에 묻혀 사라져버리는 상황이었어요. 금번 코스모스 프로젝트는 그 프로젝트 자체의 성과뿐만 아니라 그 진행과정을 상세히 남기고 또 프로젝트를 통해 배우고 느낀 인사이트까지 정리하는, 말 그대로 모범적인 프로젝트 사례라 생각됩니다. 인사/홍보부서는 이를 더 알릴 방법을 모색하고, 각 현업부서에서는 비슷한 프로젝트 진행 시에도 1주간, 최소 3일의 정리할 Wrap-up 시간을 반드시 고려하여 우리의 소중한 경험이 축적될 수 있게 해주세요. 그리고 또 하나, 그동안 우리가 너무 완벽함에 집착을 했던 거 같아요. 세상이 우리의 마음대로 되지 않음에도 우리는 애써 '실수한 적 없다, 우리가 한 건 실패가 아니었다' 라며 덮고 가리려 노력해 왔던 거 같아요. 빠른 실패를 장려해야 하겠습니다. 연말에 포상을 걸고 의미 있는 실패자를 독려하는 시스템을 갖추세요."

또 다니엘 본부장은 혁신팀장과 홍보팀장에게 이렇게 지시했다.

"우리 인트라넷에 '실수와 실패'라는 게시판을 만들어 주세요. 이 시스템은 작성자의 의지에 따라, 무기명 아이디로도 업로드가 가능하게끔 만들어서 같은 실수, 누군가 했는데 우리가 모르는 실수들이 많이 공개되고 공유되게끔 해주세요. 자, 좀 더 다르고 좀 더 나은 회사의 문화를 만들어 봅시다."

이렇게 만들어진 게시판의 첫 번째 게시물은 선수 주도로 작성한 인사이트 보고서였다. 이렇게 만들어진 '아놔, 망했~' 게시판에는 개설 공지와 동시에 크고 작은, 웃프기도 하고 또 매우 진지하기도 한 다양한 사례들이 업로드 되기 시작했다. 관리자들은 게시물에 댓글을 달수 있게끔 시스템을 보완하여 상호 간에 더 많은 내용 공유와 커뮤니케이션이 되도록 지원했다.

이제 코스모스라면 신물 난다는 제이 책임을 비롯한 T/F 멤버들은 어느 순간 사내의 유명인사가 되어가고 있었다. 멤버들이 속한 본부의 여러 팀에서 그 내용을 본인들에게도 소개해 달라는 요청이 빗발쳤고, 그간의 경험을 공유해 달라 하고 또 도움을 부탁하는 동료들의 연락도 빈번했다. 다들 본인의 업무만으로도 충분히 바쁜 와중이지만, 코스모스 얘기를 꺼내면 왠지 모를 뿌듯함과 함께 급 친절해지는 긍정의 기운을 뿜어내고 있었다.

보고가 있고 며칠 후, 잘 모르는 아이디로 메신저가 날라왔다. '브레드? 누구지?' 고개를 갸우뚱하며 메신저를 확인하니 홍보팀 브레드 수석이었다.

"아, 사내 웹진 인터뷰에 선수 선임과 T/F 멤버들의 인터뷰를 실었으면 합니다. 가능한 일정을 알려주시겠어요?"

수정 팀장과 시간을 낼 수 있었던 T/F 멤버 3명과 선수는 백서,

인사이트 보고서에서 다 얘기할 수 없었던, 1차 소비자 조사의 실패 사례, 또 T/F 기간 동안 즐거웠거나 어처구니없었던 에피소드들도 공개하면서 코스모스 프로젝트의 성과를 다시 한번 알렸고, 이는 멤버들 본인의 사내 가치를 높일 수 있는 계기가 되었다.

교육팀에서는 이 프로젝트 사례를 신입사원 교육에 활용하기로 했다. '플레이어의 일하는 방법'이라는 제목으로, 신입사원들과의 간극이 멀지 않은 젊은 T/F 멤버들이 강사가 되어서 회사가 원하는 긍정의 마인드를 입사 초기부터 새로운 동료들에게 심어주는 계기가 되었으나, 강의에 나섰던 멤버들은 '일 잘하는 선배'로 인식되어 신입사원들의 업무는 물론, 개인 고민 상담까지 해결사의 역할도 맡게 되었다. 몸은 피곤했지만 한편으로는 '사내 정보에 가장 빠르다'는 신입사원들과의 커넥션으로 항상 빠른 사내 정보의 업데이트가 가능했고, 멤버들 본인의 업무 진행에도 그들의 도움을 받는 일이 종종 생겼다.

매서운 바람에 두터운 패딩을 입고 출근을 하던 어느 날, 선수에게 한 통의 전화가 왔다. 인사팀 로라 책임이었다.

"선임님, 사장님 지시로 전체 회사 차원에서 우리의 조직문화를 점검하고 이를 바꿔보기 위한 프로젝트를 진행합니다. 여러 경영진, 팀장들께 적합한 인원을 추천받아 저희 인사교육팀에서 1차 검토해서 멤버 중 한 명으로 선임을 선정했습니다. 하지 못할 특별한 사연이 있지 않다면, 꼭 이번 T/F에서 다시 한번 옳은 생각과 능력을 보여주셨으면 합니다. 선임님이 이번 프로젝트에 꼭 필요합니다."

그렇게 또 한 번 선수는 본인의 경험을 바탕으로 회사의 현재와 미래를 고민하는 업무를 하게 되었다. 머리띠 동여매고 다시 한번 달릴 예정이다. 아자!

부록

선수의 신입사원 입문교육 강의안
플레이어로 사는 법

선수는 회사 신입 사원들을 대상으로 한 입문교육의 강의를 맡았다. 코스모스 프로젝트를 통해 본인이 직접 겪었던 경험과 학습을 공유하는 자리다. 작게는 선수 본인의 회사, 크게는 사회에서 경험을 쌓기 시작한 선배로서, 신입 사원들이 겪게 될 상황에 대한 대처 방법과 업무를 대하는 마음가짐에 대해 도움이 되었으면 하는 마음으로 강의를 시작한다.

안녕하세요? 입사를 진심으로 환영합니다. 오늘 저는 여름에 진행했던 코스모스 프로젝트 T/F로 참여하면서 배우고 또 느낀 내용들을 여러분께 말씀드릴 예정입니다. 이건 강의라 받아적으실 필요는 없고, 우리 회사에 몇 년 먼저 다니기 시작한 동료의 경험담 공유라고 생각하시면 될 거 같아요. 그럼 시작해 볼까요?

시작하는 힘 1
신념

✦ **자신의 능력을 믿어라!**
　- 본인의 업무 분야에서는 본인이 최고의 플레이어다.
　- 겸손은 하되 본인의 역량을 스스로 낮추거나 의심하지 마라.

✦ **잘 될 거라는 확신을 가져라!**
　- 한 번 시작했으면 항상 긍정적인 생각을 갖고 업무에 임하라.
　- '다 된다!' 정신을 가지고 다 잘 될 거라고 생각하라.

✦ **일의 가치를 스스로 낮추지 마라!**
　- 회사는 자선단체가 아니다. 가치 없는 일을 시키지는 않는다.
　- 본인의 업무에 대한 가치는 본인이 결정하는 것이다.

　탁월한 플레이어가 되기 위한 첫 스텝이 무엇일까요? 바로 마음가짐 또는 마인드 컨트롤일 것입니다. 회사를 처음 시작하는 여러분과 같은 신입사원들이 회사에 입사하자마자 업무를 빠르게 파악하고 이어서 바로 성과로 창출하기란 쉬운 일도 아니고 회사에서 원하는 길도 아닐 겁니다. 회사에서 지금 막 입사한 신입사원 여러분께 바라는 점은 앞으로 우리 회사의 핵심인재로 성장할 수 있는 기본 발판을 마련하는 것입니다. 즉, 개개인이 강력한 마인드셋을 구축하는 것이죠. 지금 앞에 계신 신입사원 여러분께서는 정말로 어려운 절차를 거쳐 최종 합격되신 후 입사하신 것으로 알고 있습니다. 이에 신입사원분들의 마인드셋 구축을 위해 제가 드릴 수 있는 말씀은 **자기 자신의 능력을 믿으라!** 능력이 있고 우리회사에서 잘 적응해 최고의 성과를 창출할 수 있을 것 같아 뽑히셨으니 스스로를 믿고 당당하게 회사 생활을 하셨으면 좋겠습니다. 또한 앞으로 여러 업무를 하시면서 고난과 어려움에 봉착할 경우가 있을 겁니다. 그럴 때마다 항상 '잘 될거야!!'라는 **긍정적인 생각으로 무장**하셨으면 좋겠습니다. '다 된다!!' 정신으로 항상 모든 일이 잘 될 거라는 확신을 가지고 회사 생활을 하시길 부탁드리고, 마지막으로 회사에는 가치 없는 일은 없고 누구도 그런 일을 하고 싶어하지도 않습니다. 본인의 업무에 가치는 본인이 만드는 것임을 명심하시고 '내가 하는 모든 일은 다 가치 있는 일이니 열심히 해보자'라는 마음가짐으로 **본인과 우리 회사에 대한 신념**을 가지셨으면 좋겠습니다.

일념 ....

+ 일단 해보자. 시작이 중요하다!
  - 누구나 처음 해보는 일은 두렵다! 하지만 쫄지 말고 일단 시작해 보자.
  - 플레이어의 가장 큰 무기 중 하나가 바로 도전정신이다! 안되면 뭐 어때? 일단 해보자!

+ 아는 것이 전부가 아니다. 시야를 넓히자!
  - 우리가 과연 얼마나 알고 있을까? 본인이 아는 것만으론 최선의 선택을 하기 어렵다.
  - 새롭게 시작하는 일이 생겼을 때는 일단 시야를 넓히고 다양한 관점으로 바라봐라.

+ 사고의 발산 후 수렴은 필수, 관심사를 분명히 해라!
  - 다양한 것을 봤으면 그중 가장 최선의 해결책(가설)이 될 것 같은 것을 선택해라.
  - 관심이 생겼으면 이제 파기 시작하면 된다! '덕후'가 될 때까지 한번 해보자.

본인과 회사에 신념이 생겼으면 이제는 하나의 일에 몰입할 수 있는 **일념**을 키울 차례입니다. 일념을 키우기 위한 첫 단계는 바로 해보는 것입니다! 실행력 말이죠. 우선은 일단 무엇이든 시작을 해 보시면 좋을 것 같아요. 일을 하시다 보면 그리고 연차가 쌓일수록 일단 해보는 방식이 조금씩 변화가 있을 겁니다. 하지만 지금은 신입사원으로서 그냥 **일단 무엇이든 해보는 것**이 중요한 것 같습니다. 무작정 일단 무엇이든 해보는 행동은 신입사원 때 아니면 불가능하니깐요. 우선은 강력한 실행력을 바탕으로 시작을 하십시오.

그러다 보면 '지금 내가 뭐하는 걸까? 이게 맞나?'이란 생각이 드는 시점이 있을 겁니다. 그런 생각이 들면 일단 하던 일을 멈추고 다양한 것을 볼 수 있도록 생각과 시야를 넓히시면 좋을 것 같습니다. 어떠한 업무를 맡았을 때 본인이 아는 내용으로 깊게 파 들어가다 보면 운이 좋아 딱 맞는 답을 찾을 수도 있지만 쉽지는 않을 것입니다. 이에 우선은 **다양한 것을 넓게 보는 것**이 중요합니다. 그리고 이거다 싶은 것이 있을 때 그때부터는 그 동안 쭉 이 일만 해온 **덕후처럼** 그 분야를 파고들어 가는 겁니다. 그렇게 일을 하면 최선의 답을 찾고 최고의 성과를 낼 수 있는 직원으로 성장하실 수 있을 겁니다. **일념을 갖되 꼭 다양한 것을 넓게 보는 시각도 함께 갖추시길 부탁드립니다. 그리고 이거다 싶으면 바로 덕후로 변신할 수 있는 역량도 함께요.**

전념

- ✦ 딥워크 하라.
  - 명료한 계획, 강력한 동기는 주변의 모든것을 무력화시킨다.
  - 딥워크가 차이를 만든다! 생산성을 높이는 업무루틴이 있는가?

- ✦ 몰입의 장애요소를 제거하라.
  - 의지력은 한정되어 있고, 많이 사용하면 고갈된다. 그런데 그것에 의존하겠다고?
  - 소요하는 마음을 어떻게 관리할 것인가? 디지털 미니멀리즘을 실천하라.

- ✦ 의도적인 연습과 집착을 하라.
  - 노력에 배신 당하지 않으려면, 그 안에 의도적인 연습과 집착이 있어야 한다.
  - 의미없는 반복 vs. 의도적 연습, '숙련가'가 되어가는가? '전문가'가 되고자 하는가?

일을 시작할 마음가짐이 생겼다면, 이제는 어떻게 실질적인 일에 **전념**할지를 고민해 보죠. 여러분도 현업에 배치가 되고, 신입사원이 피해가기 어려운 각종 수명업무와 잔일들, 또 상사 선배들이 수시로 띄우는 메신저, 메일의 홍수 속에서 본인의 성과를 이뤄내기 위해서는 얼마나 몰입하는지가 중요한 포인트입니다. 미친 듯한 잔업, 그런 잔업 속에 억지로 쥐어짜 만들어내는 성과물, 이게 과연 효율이 있는 걸까요? 아주 오랜 시간은 아니지만, 여기 계신 신입사원분들보다 조금 먼저 직장 생활을 시작한 입장에서 이건 멍한 머리와 무서운 몸뚱이만 만들 가능성이 높습니다. 우리는 주어진 시간

하에 어떻게 효과적으로 일할지를 고민해야 합니다.

그러려면 **몰입을 해야** 합니다. 나의 두뇌와 주위, 업무 환경을 일하기 좋게 세팅하고, 연습과 집착을 통해 본인의 숙련도를 높여 투입한 시간 대비 최고의 성과를 낼 수 있는 능력을 만들어야 합니다. 물론 쉽지 않죠, 하지만 '이렇게 해야겠다', 조금 더 전문 용어로 '딥워크 해야겠다'는 생각으로 부단히 노력해야 합니다. 본인의 업무 능력과 이에 기반한 성과는 하루아침에 하늘에서 뚝 떨어지는 게 아닙니다.

유지하는 힘 2
집념

✦ 되게 하는 힘! 밀어붙여라.
  - 다 방법이 있다! 무조건 그 전제에서 출발하면 해결 방안은 무조건 찾아진다.
  - 일 년만 미쳐라. 아니면 한 달만 미쳐라. 그것도 힘들면 한 주만 미쳐라. 뭐든 하나는 확실하게 이룬다.

✦ 실패를 대하는 힘을 키워라!
  - '운빨'이 우리를 오만하게 한다. 그 오만함이 가장 큰 실패를 부른다.
  - 그러나, 업무 실패를 존재 자체의 실패로 가져오지 말라! 지극히 어리석은 자의 프레임이다.

✦ 번아웃을 관리하는 힘을 키워라!
  - 끝까지 갈 게 따로 있지, 에너지는 바닥보지 말자. '방전됐다' 탓하지 말고, 느낌오면 바로 충전!
  - 번아웃은 힘들어서 오는게 아니라 의미가 없어서 온다. 존재감을 느낄 한마디가 필요하다.

물론 우리의 모든 선배, 동료는 아니겠지만, 일을 하다 보면 '여기가 끝이 아닌 거 같은데 어떻게 이렇게 마무리하지?'라는 생각이 드는 상황에 부딪치곤 합니다. 여러 이유는 있겠죠. 원래 해당 업무의 담당자가 여기가 끝이라고 생각을 했다거나, 또는 중간에 봉착했던 실패로 나약해졌다거나 또는 완전히 지쳐버렸거나, 다양한 이유가 있을 겁니다. 바로 이때 **'집념'**이 빛을 발하게 되죠.

일의 성과물은 본인 자신이고, 이 성과물에 대한 책임은 온전히 담당자의 몫입니다. 이제 우리의 일은 전공수업 과제 조로 만들었던 리포트가 아닙니다. 이제 적게는 몇 백만 원, 크게는 천문학적이 비용의 투자가 수반되고 실패에 대한 뼈아픈 손실이 돌아오는, 그런 현실이 눈앞에 닥쳐 있습니다.

독해져야 합니다. 원하는 결과물이 나올 때까지 밀어붙여야 합니다. 이런 마음가짐이 없으면 좋은 성과? 기대하기 어렵습니다. 또 그렇게 준비한 계획이 큰 실수에 봉착할 수도 있겠죠. 물론, 실패하지 않는 게 최선이겠지만 세상일이 어떻게 그럴 수 있겠어요? 다들 실수하고 실패합니다. 겸허히 받아들이면 됩니다.

마지막으로 지치면 안됩니다. 지쳐서는 아무것도 할 수가 없죠. 번아웃, 이제는 남의 일이 아닙니다. 지금의 내 옆자리 동료, 나 자신에게도 올 수 있습니다. 그런데 번아웃은 결국 멘탈의 얘기거든요. 잠시 충전하고 훌훌 털고 일어설 수 있는 멘탈을 갖추세요. 그러면 번아웃은 하루 이틀의 이슈가 될 겁니다.

끝맺는 힘 1
유념 --

✦ 목적과 핵심을 정확하게 겨냥해라.
  - 해야 할 이야기만 해라. '제가 힘들게 이런 걸 했습니다.'가 중요한 게 아니다.
  - 생략, 삭제가 아닌 축약이다. 핵심과 본질을 구체적으로 발라내야 한다.

✦ 디테일은 필수다. 부스러기를 다져 넣어라.
  - 나에게 주어진 시간과 공간을 최대한 활용해라. 빈 공간, 빈 틈을 채워라.
  - 결과물에 쉴 새 없이 의문을 제기해라. 그렇게 디테일을 매워가라.

✦마법의 가루, 자신만의 엣지(Edge)를 뿌려라
  - 누구나 힘들고 지친다. 마지막 힘을 짜내는 사람이 위너(Winner)다.
  - 결과물에 자신만의 색깔을 입혀라. 그것이 곧 개인의 경쟁력이다.

이제 마무리에 대한 얘기를 해보려 합니다. 우리 신입사원들이 회사에 입사하기 전에도 과제, 아르바이트, 다른 회사 등을 통해 직간접적으로 업무를 겪어봤을 텐데, 몰입해서 일을 하다 보면 이 얘기를 왜 하는지, 이 서비스와 제품을 누가 쓰는지 같은 본질을 잊는 경우가 생깁니다. 항상 **'유념'**해야 할 점입니다. 그래야 길을 잃지 않습니다. 본질을 기반으로 최대한 담아야 합니다. 우리는 단순함

속에 감춰진 디테일이 담긴 제품이나 서비스를 보면 희열을 느낍니다. 우리도 그렇게 일을 해야죠. 일을 하는 사람이 아니라, 이 일의 성과를 누리는 사람으로서. 그것만 잊지 않으면 길을 잃을 가능성은 매우 줄어듭니다. 마지막으로 한 가지 더, 일에 있어 중요한 건 결국 내가 만들어낸 성과물입니다. 보고서가 되었든, 서비스나 제품이 되었든, 마지막까지 힘을 들여 맺음을 만들어내는 것이 중요합니다. **본질, 디테일, 엣지 이렇게 3가지를 '유념' 하시면 좋은 성과가 있을 겁니다.**

끝맺는 힘 2
개념

+ 정리(Wrap-up) 해라. 그래야 또 찾아 쓴다.
 - 끝났다고 끝난 게 아니다. 어떻게 마무리하는지가 어쩌면 더 중요하다
 - 지겹다 생각하지 마라. 일기처럼 생각하고 정리해라. 그래야 남는다.

+ 무엇을 배웠는지 생각하라. 같은 실수 두 번은 실력이 된다.
 - 성과는 회사의 몫일 수 있지만, 배움은 온전히 자신을 위함이다.
 - 부끄러워 하지 마라. 실수할 수 있다. 또 안 하면 된다.

+ 공유하고 쌓아라. 뿌듯해 질 것이다.
 - 경험과 실패를 시스템화하여 축적하라. 그래야 옆자리 김대리도 X볼 안 찬다.
 - 경험과 배움을 담담하게 나눠라. 자랑은 인스타에서 해라.

어디서 일을 끝내야 할까요? 보고서인지, 제품 출시, 아니면 서비스 개시일지 '나에게 주어진 일이 기획, 실행, 성과관리까지인지' 각 어디까지일지는 미션을 받아봐야 알겠지만, 그 미션의 완성을 어디까지 볼지는 개개인의 몫입니다. 회사를 물론, 우리 본인을 위해서도 경험과 지식, 노하우를 쌓아야 보다 나은 미래가 있지 않겠어요? 보고 끝났다고 거기서 손을 털지 말고 개인의 마무리를 지어야 합니다. 나의 성과물들을 잘 정리하고, 그 정리 속에서 인사이트를 찾고, 또 이걸 잘 모아두는 거죠. 또 이를 여러 사람에게 공유하여 좋은 점은 살리고 실수한 부분은 재발하지 않게 하는 것, 전 여기까지가 일의 끝이라고 생각합니다. 네, 피곤하고 쉽지 않죠. 게다가 전 손발이 늦은 편이거든요 별명이 압력밥솥이에요. 하하, 저도 가끔 칼퇴해서 친구들과의 술자리에 가고 싶지만, 전 이렇게 마무리를 지어서 돌아오는 성취감이 너무 좋습니다. 나 자신이 한발 한발 성장하는 느낌입니다. 저한테는 이게 **'개념'** 있는 삶인 거 같아요.

여기까지 저의 이야기였습니다. 여기 계신 우린 신입사원들도 팀을 함께하는 플레이어로서, 멋지게 연주를 하는 플레이어로서, 만렙의 실력을 보여주는 플레이어로서 자신과 회사에 선한 영향을 미치시길 바랍니다. 그럼 파이팅입니다!